工业和信息化普通高等教育
“十三五”规划教材立项项目

市场营销名校名师
新形态精品教材

广告学

理论、方法与实务

微课版 第2版

李东进 秦勇◎主编

Advertising:
Theory, Methods and Practice

人民邮电出版社
北京

图书在版编目（CIP）数据

广告学 : 理论、方法与实务 : 微课版 / 李东进，秦勇主编. -- 2版. -- 北京 : 人民邮电出版社，2022.8
市场营销名校名师新形态精品教材
ISBN 978-7-115-59249-1

Ⅰ. ①广… Ⅱ. ①李… ②秦… Ⅲ. ①广告学－教材 Ⅳ. ①F713.80

中国版本图书馆CIP数据核字(2022)第077875号

内容提要

本书结合当前广告行业发展的新趋势，从广告受众的视角来阐述广告学的理论、方法与实务。本书内容涵盖广告活动过程中所涉及的各个方面，编写主线清晰，内容较为全面和新颖。

全书共 14 章，涉及广告基础、广告与消费者、广告的具体活动、广告专题 4 个方面，主要内容包括广告导论，广告的起源与发展，广告计划、目标与预算，广告与消费者，广告调查，广告创意，广告文案创作，广告设计与制作，广告媒体及媒体策略，广告效果测定，广告模特与广告音乐，网络广告，广告监管，以及国际广告等。

本书适宜作为高等院校本科、专科及各类成人高等教育广告学课程的教材，也可作为企业的培训用书和广告从业者的学习参考用书。

◆ 主　　编　李东进　秦　勇
责任编辑　刘向荣
责任印制　李　东　胡　南
◆ 人民邮电出版社出版发行　　北京市丰台区成寿寺路 11 号
邮编　100164　　电子邮件　315@ptpress.com.cn
网址　https://www.ptpress.com.cn
固安县铭成印刷有限公司印刷
◆ 开本：787×1092　1/16
印张：13.25　　　　2022 年 8 月第 2 版
字数：363 千字　　　　2025 年 6 月河北第 5 次印刷

定价：49.80 元

读者服务热线：(010)81055256　印装质量热线：(010)81055316
反盗版热线：(010)81055315

前言

FOREWORD

广告被誉为国民经济的晴雨表，在现代经济活动中扮演着极为重要的角色，这表现为广告市场的增速往往与 GDP 的增速同步，它能充分反映一个国家或地区经济发展的活力。在当前的市场经济时代，商品日渐丰富，同类商品间的竞争日趋激烈，企业更需要借助广告的力量来开展有效的营销活动。故掌握必要的广告学知识，是高等院校营销等专业学生今后从事相关工作的基础。广告学也因此在市场营销专业人才培养体系中占有重要的地位。

为了适应新形势下广告学课程的教学要求，我们在 2019 年编写了本书第 1 版。该版教材因体系新颖、视角独到、注重理论联系实际以及内容紧跟广告学的发展动态而受到广大读者的欢迎，在 3 年的时间里累计印刷 8 次，销量近 2 万册。数十所高等院校选择本书作为教学用书，不少企业也将本书作为培训教材使用。一些读者向我们反映了用书体会和学习收获，并提出了修改意见和建议，让我们获益匪浅，使我们的再版工作有了更加明确的方向。在此，谨向这些热心的读者表示我们最衷心的感谢。

本版在保持原有编写风格的基础上，根据广告理论与实践的新发展，对篇章结构进行了调整，删去了一些陈旧的知识并增加了一些与时俱进的新内容，全书的整体更新程度在 40%以上。修订后本书的编写主线清晰，结构合理，内容更为精炼。本版进一步强调了广告的基本理论、方法与工具在新媒体环境下的实践与运用，注重引发读者对当前广告问题的深入思考。本版的具体修订内容如下。

（1）优化篇章结构，全书由 16 章精简为 14 章，删去了第 1 版的第 4 章“广告信息的认知反应与处理过程”、第 5 章“广告信息的情感反应”和第 15 章“广告与社会”，在本版中新增“广告与消费者”一章。

（2）更新和替换了第 1 版中的大部分开篇引例、案例讨论及阅读资料。

（3）在每一章正文中增加了能够引发读者思考的小问题，同时增加一个附有案例评析的小案例。另外，在书中插入二维码形式的阅读资料，以拓展本书的学习资源。

（4）根据近年来广告环境的变化，我们重新编写了第 1 章“广告导论”中的“广告组织”、第 2 章“广告的起源与发展”中的“中国现代广告”和“国外广告的发展历程”、第 3 章“广告计划、目标与预算”中的“广告预算”、第 6 章“广告创意”中的“迁移型广告创意策略”、第 7 章“广告文案创作”中的“广告文案概述”与“广告附文”、第 9 章“广告媒体及媒体策略”中的“广告媒体组合的方式”、第 10 章“广告效果测定”中的“确定广告效果测定的具体问题”、第 11 章“广告模特与广告音乐”中的“名人模特”及“专家模特”、第 13 章“广告监管”中的“我国广告行业组织与行业自律”、第 14 章“国际广告”中的“国际广告的含义”和国际广告“经济环境的特殊性”等内容。

（5）突出强调广告与消费者购买行为的关系以及广告对不同消费者群体行为的影响，增加一章，即第 4 章专门进行阐述。

（6）本版第 5 章“广告调查”中新增了网络问卷调查的有关内容，将第 8 章“广告制作”改为“广告设计与制作”，对第 12 章“网络广告”的内容进行了全面修订。

为贯彻党的二十大精神，在润物细无声中推进立德树人这一根本任务，我们对本书配套教学资料进行了调整。除了继续提供多媒体授课课件、教学大纲、电子教案、PPT 版案例精选、补充阅读资料、各章知识点导学、各章思考题答案、习题集、题库、试卷和实训指导等教学资源外，还新增了课程思政指引等资源，欢迎用书教师登录人邮教育社区（https://www.ryjiaoyu.com）关注本书并认证下载。

本书由南开大学市场营销系主任李东进教授和秦勇副教授担任主编。在编写过程中，编者参考和借鉴了众多学者的研究成果，在此对他们表示诚挚的感谢。尽管我们付出了很多努力，但由于编者学识有限，书中可能存在一些不足，敬请各位读者批评指正。

编者

目录

CONTENTS

第1章 广告导论 1

开篇引例 “100年润发”经典广告 1

1.1 广告的概念 2

1.1.1 广告的定义 2

1.1.2 广告的构成要素 3

1.2 广告的分类与作用 4

1.2.1 广告的分类 4

1.2.2 广告的作用 8

1.3 广告组织 10

1.3.1 广告组织系统的构成 10

1.3.2 广告主 10

1.3.3 广告公司 11

1.3.4 媒介广告组织 11

1.3.5 广告团体 11

1.4 广告环境 12

1.4.1 广告的宏观环境 12

1.4.2 广告的微观环境 13

1.5 广告学的研究对象与方法 14

1.5.1 广告学的研究对象 14

1.5.2 学习和研究广告学的方法 15

习题 16

综合案例 香奈儿——极简的奢华 17

第2章 广告的起源与发展 19

开篇引例 二十世纪三四十年代的中国商业广告 19

2.1 中国广告的起源与发展 20

2.1.1 中国古代广告 20

2.1.2 中国近代广告 22

2.1.3 中国现代广告 24

2.2 国外广告的发展历程 27

2.2.1 国外古代广告 27

2.2.2 国外近现代广告 27

习题 29

综合案例 可口可乐百年广告变迁 30

第3章 广告计划、目标与预算 32

开篇引例 广告主广告预算投入新趋势 32

3.1 广告计划 33

3.1.1 广告计划的分类 34

3.1.2 广告计划的特点与作用 34

3.1.3 广告计划的内容 35

3.1.4 广告计划的制订 36

3.2 广告目标 37

3.2.1 广告目标的概念 37

3.2.2 广告目标的类型 37

3.2.3 广告目标应遵循的原则 37

3.3 广告预算 38

3.3.1 广告预算的概念 38

3.3.2 广告费的内容 38

3.3.3 广告预算的编制 39

3.3.4 广告预算的分配与管理 41

习题 41

综合案例 小企业做广告，好钢用在刀刃上 42

第4章 广告与消费者 44

开篇引例 婚恋广告惹众怒 44

4.1 消费者与消费者购买行为 45

4.1.1 消费者的含义 45

4.1.2 消费者购买行为概述 46

4.1.3 影响消费者购买行为的主要因素 49

4.2 广告与儿童消费者 53

4.2.1 儿童消费者概述 53

4.2.2 儿童信息处理过程 53

4.2.3 广告对儿童消费者的影响 53
4.3 广告与老年消费者 54
4.3.1 老年消费者概述 54
4.3.2 老年消费者的购买决策过程 54
4.3.3 广告中的老年消费者形象 55
4.4 广告与女性消费者 55
4.4.1 女性消费者的消费心理与购买行为特征 55
4.4.2 广告中的女性消费者形象 56
习题 57
综合案例 海尔的《不新鲜超市广告》 58

第5章 广告调查 59

开篇引例 索尼公司在泰国发布《让佛祖动心》广告惹众怒 59
5.1 广告调查概述 60
5.1.1 广告调查的含义 60
5.1.2 广告调查的内容 60
5.1.3 广告调查的步骤 61
5.2 广告调查的方法 63
5.2.1 二手资料调查法 64
5.2.2 一手资料调查法 65
习题 69
综合案例 百威啤酒在日本的广告调查 70

第6章 广告创意 71

开篇引例 乡愁诉求广告 71
6.1 广告创意概述 72
6.1.1 广告创意的概念 72
6.1.2 广告创意活动的过程 72
6.2 广告创意策略 73
6.2.1 广告创意策略的含义 73
6.2.2 广告创意策略的类型 74
6.3 广告创意的表现方式与技巧 75
6.3.1 广告创意的表现方式 75
6.3.2 广告创意的表现技巧 78
习题 80
综合案例 南方黑芝麻糊经典广告 81

第7章 广告文案创作 82

开篇引例 大众甲壳虫汽车经典广告文案 82
7.1 广告文案概述 83
7.1.1 广告文案的特征 83
7.1.2 广告文案的构成要素 84
7.2 广告标题 84
7.2.1 广告标题的作用 84
7.2.2 广告标题的类型 85
7.2.3 广告标题的创作 86
7.3 广告正文 87
7.3.1 广告正文的结构与内容 88
7.3.2 广告正文的类型 88
7.3.3 广告正文创作的原则 91
7.4 广告标语与广告附文 92
7.4.1 广告标语 92
7.4.2 广告附文 94
习题 94
综合案例 为什么海底捞广告从不强调“服务”？ 95

第8章 广告设计与制作 97

开篇引例 江小白连发100条声明海报登上热搜榜单 98
8.1 广告设计与制作的含义 98
8.1.1 广告设计的含义 98
8.1.2 广告制作的含义 99
8.2 报纸广告的设计与制作 99
8.2.1 报纸广告的设计与制作程序 99
8.2.2 报纸广告画面布局应遵循的原则 101
8.2.3 报纸广告的制作要求 102
8.3 杂志广告的设计与制作 102
8.3.1 杂志广告的设计与制作要求 103
8.3.2 杂志广告的布局设计技巧 104
8.4 广播广告的设计与制作 105

8.4.1 广播广告的构成要素与表现方式 105
8.4.2 广播广告的设计与制作技巧 107
8.4.3 广播广告的制作类型 107
8.5 电视广告的设计与制作 108
8.5.1 电视广告脚本的构成 108
8.5.2 电视广告的设计与制作要求 109
8.5.3 电视广告的摄制类型 110
8.5.4 电视广告画面的景别与构图 111
8.6 其他类型广告的设计与制作 112
8.6.1 网络与新媒体广告的设计与制作 112
8.6.2 户外广告的设计与制作 113
8.6.3 售点广告的设计与制作 114
8.6.4 直邮广告的设计与制作 114
习题 114
综合案例 白加黑感冒药的电视广告设计 115

第9章 广告媒体及媒体策略 116

开篇引例 "环境即媒介"的思考 116
9.1 广告媒体概述 117
9.1.1 广告媒体的概念 117
9.1.2 广告媒体的分类 117
9.2 广告媒体的选择 122
9.2.1 广告媒体的评价指标 122
9.2.2 确定广告媒体时应考虑的因素 124
9.3 广告媒体的组合与发布策略 126
9.3.1 广告媒体的组合策略 126
9.3.2 广告媒体的发布策略 127
习题 128
综合案例 83%的流行广告语来自电梯媒体，户外媒体的推动力究竟有多强? 129

第10章 广告效果测定 131

开篇引例 如何证明自己在看奥运会——迎面走来的是拼多多代表队! 131
10.1 广告效果测定概述 132
10.1.1 广告效果的含义、类型与特征 132
10.1.2 广告效果测定的意义与原则 135
10.1.3 广告效果测定的程序 136
10.1.4 广告效果测定的基本类型 137
10.2 广告经济效果测定 138
10.2.1 广告经济效果测定的含义 138
10.2.2 广告经济效果测定的方法 139
10.3 广告沟通效果测定 142
10.3.1 广告沟通效果测定的内容 142
10.3.2 广告沟通效果测定的方法 142
10.4 广告社会效果测定 147
10.4.1 广告社会效果测定的内容 147
10.4.2 广告社会效果测定的原则 147
习题 147
综合案例 脑白金的广告和睡眠者效应 148

第11章 广告模特与广告音乐 151

开篇引例 "寸土寸金"，C罗全身都是宝 151
11.1 广告模特 152
11.1.1 广告模特的含义和类型 152
11.1.2 广告模特的可信性 156
11.1.3 广告模特的选择 157
11.2 广告音乐 158

11.2.1 广告音乐概述 158
11.2.2 广告歌曲 159
习题 160
综合案例 男明星代言美妆品牌 161

第12章 网络广告 162

开篇引例 网易严选“双11”广告短片不走寻常路 162
12.1 网络广告的概念与特点 163
12.1.1 网络广告的概念 163
12.1.2 网络广告的特点 163
12.2 网络广告的发布方式与类型 164
12.2.1 网络广告的发布方式 164
12.2.2 网络广告的类型 165
12.3 网络广告策划 168
12.3.1 确定网络广告目标 168
12.3.2 确定网络广告的目标受众 169
12.3.3 选择网络广告的发布渠道 169
12.3.4 打造网络广告创意 171
12.3.5 选择网络广告发布平台 173
12.4 网络广告预算与效果评估 173
12.4.1 网络广告预算 173
12.4.2 网络广告效果评估 174
习题 175
综合案例 100岁的五芳斋，广告比电影好看！ 176

第13章 广告监管 178

开篇引例 谁是虚假违法广告的“钉子户”？ 178
13.1 广告监管及监管体系 179
13.1.1 广告监管的概念 179
13.1.2 广告监管的体系 180
13.2 政府对广告的监管 180
13.2.1 政府对广告实施监管的手段 180
13.2.2 广告法规 181
13.2.3 广告监管的行政部门 183
13.3 我国《广告法》的主要规定 183
13.3.1 《广告法》对商品、服务广告的规定 183
13.3.2 《广告法》对特殊商品广告的法律要求 184
13.3.3 《广告法》对广告主、广告经营者与发布者的法规管理 186
13.3.4 《广告法》对广告代言人的法律规定 187
13.4 我国广告行业自律及社会对广告的监督 187
13.4.1 我国广告行业自律 187
13.4.2 社会对广告的监督 188
习题 188
综合案例 P2P 产品“爆雷”，代言明星需要担责吗？ 189

第14章 国际广告 191

开篇引例 百威“蚂蚁”广告穿越大洋传递春节气息 191
14.1 国际广告概述 192
14.1.1 国际广告的含义 192
14.1.2 国际广告环境的特殊性 192
14.1.3 国际广告的作用 194
14.2 国际广告的创意要求与策略 195
14.2.1 国际广告的创意要求 195
14.2.2 国际广告的创意策略 196
14.2.3 国际广告创意策略实施的原则 199
14.3 国际广告媒体 200
14.3.1 国际广告媒体的类型 200
14.3.2 选择国际广告媒体应考虑的因素 201
习题 201
综合案例 “恐惧斗室”广告事件 202

参考文献 204

第 1 章　广告导论

本章导读

当今社会，我们每一个人都生活在广告的海洋之中。翻开报纸、杂志，打开广播、电视，随意浏览网页，甚至是走在大街上，映入眼帘的、充斥在耳边的都是无处不在的广告。毫不夸张地说，当今人类社会总是弥漫着浓郁的广告气息。作为企业促销的重要手段，广告发挥着日益重要的作用。它架起了一座沟通的桥梁，成为连接企业与消费者的纽带。本章作为全书的开篇章节，将主要介绍广告的概念、分类与作用，阐述广告组织和广告环境，并对广告学的研究对象与方法进行探讨。本章知识至关重要，是读者进一步学习的基础。

知识结构图

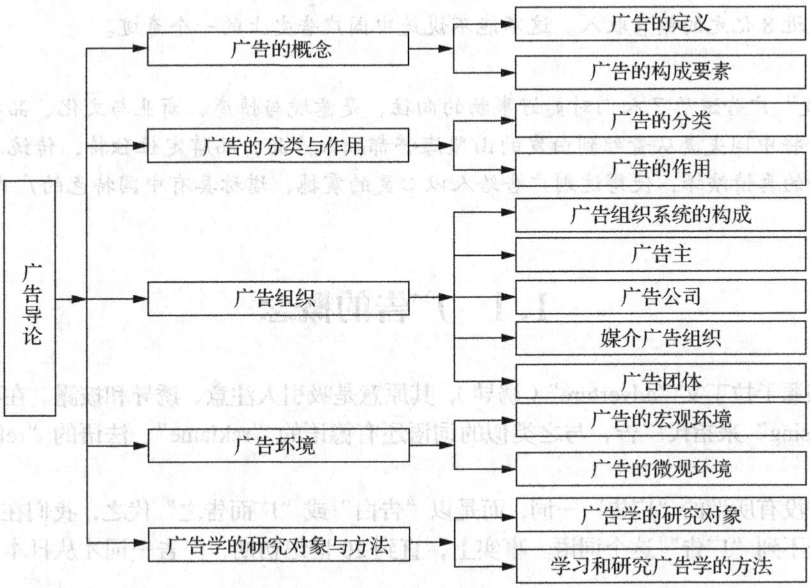

开篇引例

“100 年润发”经典广告

“如果说人生的离合是一场戏，那么，百年的缘分更是早有安排。青丝秀发，缘系百年。”多年过去，我们依然会被“100 年润发”广告打动。

“100 年润发”广告堪称中国广告史上“文化”与“商业”完美结合的典范。在京剧的背景音乐声中，该广告为观众讲述了一段温婉感人的爱情故事。借助于周润发与女模特精彩的表演，广告中男女主人公从相知相恋到离别重逢再到牵手一生的故事淋漓尽致地展现了出来（见图 1-1）。尤其是男主人公一往情深地给“发妻”浇水洗头的一幕，更是让人久久不能忘怀。

图 1-1 “100 年润发”广告截图

“100 年润发”是当时名不见经传的重庆奥妮公司的洗发产品。但借助这则电视广告，该产品迅速走红。当时的一项调查显示，众多观众被广告中的故事情节和周润发的表演深深打动，广告播出后，该产品为企业创造了近 8 亿元的销售收入。这不能不说是中国广告史上的一个奇迹。

案例分析

“100 年润发”广告道尽了人们对美好事物的向往，是意境与情感、商业与文化、品牌与明星完美融合的典范。广告将中国夫妻从青丝到白发的山盟海誓都融入产品，品牌定位独特，传统文化气息浓郁。周润发与女模特的真情演绎，使得这则广告给人以心灵的震撼，堪称具有中国特色的广告经典之作。

1.1 广告的概念

广告一词来源于拉丁文“adverture”（诱导），其原意是吸引人注意、诱导和披露。在英文语境中，人们常用“advertising”来指代广告，与之类似的词语还有德语的“reklame”、法语的“relame”和拉丁语的“clame”等。

我国古代并没有所谓的“广告”一词，而是以“告白”或“广而告之”代之，我们在《辞源》和《康熙字典》中都查不到“广告”这个词语。事实上，直到 20 世纪初期，广告一词才从日本引入我国。

1.1.1 广告的定义

学术界对广告的定义有广义和狭义之分。广义的广告是指一切面向目标受众的告知行为，即所谓的“广而告之”，它不仅包含商业性质的广告，也包含非商业性质的广告。而狭义的广告就是指商业广告，是指商品经营者或服务提供者为了促进商品销售，支出一定的费用，通过各种媒介向目标受众传递产品或服务等有关经济信息的大众传播活动。

综合各家观点，本书从市场营销的角度对广告做出如下定义：所谓广告，是指可确认的广告主为了促进商品交换或树立企业及品牌形象，主要以付费的方式，通过各种媒体所进行的单向或双向的营销传播活动。

此定义主要强调以下 5 点。

（1）广告的目的具有多重性，除了促进商品交换，还包含树立企业及品牌形象等其他目的。

（2）广告是可确认的广告主开展的活动。在广告中，广告主不能用歪曲的方式表示自己的身份，广告主的身份必须是明确的。

（3）广告一般是以付费的方式进行的，但并不是所有的广告都需要支付费用。例如，企业在自己的网站上发布广告并不需要支付媒体的使用费。

（4）广告是通过各种媒体以单向或双向的方式进行的。广告主可以借助传统媒体进行单向的信息传递，也可以利用网络等新媒体实现信息的双向传播。

（5）广告是营销传播活动。广告是市场营销的重要组成部分，是实现营销目标的有效手段。广告活动要在营销计划的框架下进行。

思考题

为什么广告的定义会有多种？你是如何理解广告的定义的？

1.1.2 广告的构成要素

广告的构成要素即广告活动的基本组成单位，主要包括广告主、广告信息、广告费用、广告媒介、广告公司和广告受众等。

1. 广告主

广告主是广告行为活动的主体，包括各类组织和个人。为了促进商品交换，广告主需要设计、制作并在各种媒介上发布广告。在通常情况下，广告主会将广告业务外包，委托广告公司代为完成。广告主支付广告费用，在整个广告活动中居于主导地位。同时，广告主也是广告的责任主体，需要对所做广告承担相应的法律责任。

2. 广告信息

广告信息是指广告主所传递的广告内容，包括商品（产品或服务）信息以及广告主的某种主张或理念。广告主对广告信息的发布具有决定权，经由广告公司创作的广告作品必须得到广告主的认可才能在广告媒体上发布。

3. 广告费用

广告费用是广告主开展广告活动所产生的各种开支，包括广告调研费、广告设计费、广告制作费、媒体发布费等。广告费用的多少取决于多种因素，如广告发布媒介的地位和影响力、广告发布时间段及时间的长短、版面的位置和大小、发布的频率、制作的复杂程度等。如今，一些广告主为了吸引受众的关注，热衷于聘请名人代言，由此所产生的代言费也是一笔巨大的开支。

4. 广告媒介

广告媒介，既是广告信息的载体，又是联结广告主和广告受众的纽带。没有广告媒介，广告内容就无从展示，因此，广告媒介在广告运作系统中具有极为重要的作用。

广告媒介有很多种类，传统的广告媒介主要有报纸、杂志、广播、电视等。如今，网络媒介迅猛发展，已成为当今毫无争议的第一大广告媒介。

5. 广告公司

广告公司，俗称为广告代理商，是指专门从事广告业务活动的企业。广告公司为广告主提供广告调查、策划、设计、制作、发布等多项服务，并从中获取收益。经济高度发达的城市往往也是广告公司云集的地方，如我国的北京和上海、美国的纽约、日本的东京和英国的伦敦等。

6. 广告受众

广告受众是广告信息的传递对象，可以是组织和群体，也可以是个人。广告信息只有有效传递给受众并为受众所接受，广告活动的目标才有可能实现。正如广告大师李奥·贝纳所言："一则广告在没有印刷、播放、张贴出来之时，或是在一切应该刊播的方式应用之前，以及已经刊播出来但没有发挥传播作用之前，都不能被称为真正的广告。"因此，在广告活动中，应该重视对广告受众的研究，制作目标受众乐于接受的广告内容，同时要选择目标受众方便接收广告信息的媒介。

1.2 广告的分类与作用

1.2.1 广告的分类

微课堂

广告的分类

在电波媒体出现之前，报纸和杂志是最主要的广告媒介。被誉为"现代广告之父"的阿尔伯特·莱斯克（Albert Lasker）把广告称为"印刷品上的推销人"（salesman in print），正是基于这一原因。如今，新的广告媒介不断涌现，广告信息的传播方式呈现出新的特征，广告的形式和种类也日趋多样化。

广告的分类方法很多，常见的主要有以下几种。

1. 根据广告媒介分类

根据媒介对广告进行分类是最常见的广告分类方法，此种分类方法可以将广告分为以下7类。

（1）电波广告。电波广告是指主要通过电波手段来表现广告信息的广告形式，主要包括电视广告和广播广告。此外，电影和幻灯播放的广告亦属于电波广告。

（2）印刷品广告。印刷品广告是指主要通过印刷品传递广告信息的广告形式，包括报纸、杂志、招贴、函件、册子、日历、产品目录、传单等。

（3）户外广告。户外广告是指通过存放于开放空间的媒介发布的广告。户外媒介主要有交通类和建筑类两种。户外广告的发布载体具体包括户外的电子显示屏、大型广告牌、霓虹灯、专门设置在公路旁及重要交通路口的路牌、流动广告车，以及车体、船体内外等。

（4）网络广告。网络广告是指利用互联网来传播广告信息的广告形式。近年来，国际互联网迅猛发展，对传统的广告媒介产生了巨大的冲击。2015年，我国网络广告的收入就已超过传统四大广告媒介的收入总和。2020年，我国网络广告的市场规模高达4 972亿元，同比增长13.85%，再创历史新高。

（5）直接邮递广告（direct mail advertising）。直接邮递广告是指直接将印刷品广告、录像带、影碟甚至实物等寄送给广告受众的广告形式。近年来，随着网络媒体的兴起，直接邮递广告逐渐被电子邮件（E-mail）等新兴的广告形式所代替，影响力已经大不如前。

（6）售点广告（point of purchase advertising）。售点广告是指在销售现场所做的广告（见图1-2），它是购物场所内外设置的广告的总称。从建筑物外悬挂的巨幅旗帜，到商店内外的橱窗广告、商品的价目表以及展销会等，都属于售点广告的范畴。

（7）其他广告。还有许多利用其他媒介发布广告信息的广告形式，如利用飞艇等飞行物悬浮标语（见图1-3），喷洒烟雾以组成特定图案的空中广告，利用包装物和手提袋传播广告信息的包装广告，等等。这些媒介丰富了广告媒介的形式，也发挥出了较好的广告效果。

2. 根据广告主分类

根据传递广告信息的主体即广告主进行分类，广告可以分为以下3种。

（1）制造商广告（manufacturer's advertising）。制造商广告是指直接生产或制作产品的广告主所做的广告。

（2）中间商广告（retailer' s advertising）。中间商广告是指商业批发企业或零售商所做的广告。

图 1-2 超市里的加多宝售点广告

图 1-3 固特异轮胎所做的飞艇广告

（3）合作广告（cooperative advertising）。合作广告是指广告由经销商来做，但制造商共同承担部分广告费用的广告。

3. 根据广告受众分类

根据广告受众的不同，广告可以分为消费者广告和商务广告。

（1）消费者广告（consumer advertising）。消费者广告是指以最终消费者为目标受众的广告，一般发布在大众媒体上。在全部广告活动中，这类广告占有较大的比例，我们平常接触的广告大都属于此类。

（2）商务广告（business advertising）。商务广告以企业为目标受众，主要是通过专业媒体进行发布。商务广告又可分为主要针对工业企业，以原材料、生产设备为主要广告内容的产业广告和针对批发商、零售商等商业流通企业，以商品交易为主要广告内容的商业广告。

4. 根据广告内容分类

根据广告传递的内容的不同，广告可分为产品广告和非产品广告。

（1）产品广告（product advertising）。产品广告是指企业为吸引消费者直接购买产品，而突出产品本身的性能、特点、功能及价格等方面优势的广告。

（2）非产品广告（nonproduct advertising）。非产品广告是指企业为提高知名度和美誉度以及树立良好的社会形象而做的广告。非产品广告不直接宣传产品，而是通过传递企业的精神、理念及象征等，在消费者心目中建立良好的形象，所以这类广告也被称为企业形象广告。

5. 根据广告目的分类

（1）营利性广告（commercial advertising）。营利性广告也叫经济广告，是指以谋求利润为目的的广告。企业所做的大部分广告都是营利性广告。

（2）非营利性广告（noncommercial advertising）。非营利性广告是指做广告的目的不是谋求利润，而是表明立场、态度以及对社会问题的关切。公益广告（public interest advertising 或 public service advertising）是其中最主要的一种。

公益广告一般是非营利性的，内容为传播公益观念，其目的是以倡导或警示等方式把有关社会公共利益或社会公众关心的信息传递给社会公众。因此，公益广告更容易引起受众的共鸣，能够起到营利性广告所无法替代的作用。

与一般的营利性广告相比，公益广告有以下特征。

① 公益性。公益广告的最显著特征是公益性而非营利性，公益广告应是纯粹的“公益服务广告”，不应含有任何商业目的。公益广告虽然也是在进行一种诱导性信息的传播，但是其广告信息均围绕公众利益，而不是广告主利益。

② 义务性。开展公益活动、履行社会责任是每一个社会组织应尽的义务。公益广告内容与广告主的商业利益虽无直接关系，但能够体现出广告主对社会公益事业的责任感和义务感。

③ 社会性。公益广告的主题及公益广告所产生的效益带有显著的社会性。公益广告的内容存在深厚

的社会基础，取材于日常生活，再通过广告以鲜明的立场、健康的方式实现导向正确，力求解决与人民生活息息相关的社会问题。

④ 大众性。公益广告的目标受众是社会公众，公益广告是面向全体社会公众进行信息传播。公益广告从性质上讲是公众服务类广告，从内容上讲是社会性题材广告，从目标上讲是宣传教育类广告，这一切都决定了公益广告具有最大的受众面。

这则《常回家看看》公益广告（见图 1-4），表现了一家三口在瑞雪纷飞的寒冬即将踏进家门时那种喜悦的心情，提醒现在忙碌的年轻人即使工作再忙也不能忘记亲情，要多回家看看老人。

图 1-4 《常回家看看》公益广告

⑤ 教育性。公益广告以广告的表现手法和独特的艺术魅力，对社会公众施加教育，负有教育使命。

公益广告寓宣传教育于情理之中，以倡导、鼓励、规劝、警醒，甚至批评等方式引起受众的共鸣，从而起到一般教育所不及的社会效应。下面两张令人震撼的公益广告图片（见图 1-5 和图 1-6），警示我们“驾驶时接打电话是一件多么可怕的事情”，图中虽然没有血腥的画面，但仍然触目惊心。

图 1-5 交通安全公益广告 1

图 1-6 交通安全公益广告 2

案例讨论

江西消防的公益广告

黑色老爷车、有轨电车和旗袍美女……这些元素组合在一起，往往能营造出旧日上海的街头生活氛围，不由让人想起《上海滩》之类的大片里的场景。2020 年，江西消防推出的公益广告融入了这些元素，在让人好奇的同时，再次刷新了人们对消防宣传的认知。

在人们传统的印象中，消防宣传往往注重反复讲道理，虽然说的都是正确的话但很难让人记住。而江西消防发布的一部防火公益宣传片《我的店铺，为啥不能住？》（见图 1-7），通过一则小故事向人们揭示了“店铺住人”导致的安全隐患，让人印象深刻。

图 1-7 《我的店铺，为啥不能住？》公益宣传片画面截图

短片讲述了民国时期一位店主因长期住在自己的店铺中而被邻里轰赶的故事。视频中，一位店主遛

鸟回店，看到别人正将他的东西往外扔，原来是邻居认为其“店铺住人，害人害己”，要求店主赶紧搬走。

这位店主不想搬，于是请正好路过的女房东为他做主，女房东顺势拿起他手里的鸟笼做了个比喻，“店铺住人，如笼中之鸟”，言外之意就是一旦遇到火灾，全家都跑不了，吓得店主赶紧搬走了。

案例评析

比起注重知识输出的传统消防宣传公益片，江西消防发布的这部故事短片在信息密度上有所不及，但在用户注意力被大量网络内容高度分散的当下，通过娱乐化的影视故事情节吸引观众的注意力，让观众对主题内容留下深刻印象，这不失为一种成功的宣传策略。

资料来源：营销智库。

6. 根据产品的生命周期分类

根据产品所处生命周期阶段的不同，企业常采用不同的广告策略。例如，在产品引入期，广告的主要目的是通过向消费者介绍产品，让消费者尽快了解和认识产品，所以企业一般采取认知性的广告策略。具体而言，根据产品的生命周期，广告可分为以下3种。

（1）认知性广告（awareness advertising）。认知性广告通过向消费者介绍产品的性质、性能、用途、价格等，促进消费者对产品的认知，并使之产生初步的需求。

（2）竞争性广告（competitive advertising）。竞争性广告是一种以说服为目的的广告，通过有效的说服手段促使消费者加深对某品牌产品的印象，进而刺激其选择性需求。

（3）提醒性广告（remind advertising）。提醒性广告也叫备忘性广告，是指针对消费者已有购买习惯和使用习惯的产品，提醒他们不要忘记这个产品，刺激其重复购买。

7. 根据广告诉求分类

广告诉求是指通过广告传播来促使消费者认知和行动，也就是广告诉说有关内容，消费者按广告内容指示购买。根据广告诉求，广告可分为以下2种。

（1）感性广告（emotional advertising）。感性广告也叫情感广告，是指广告内容的选择主要是从感性的角度出发，寻求产品特色与目标受众情感之间的和谐或共鸣。感性广告可划分为以下两种。一是愉悦感性广告，这类广告着重运用富有人情味的诉求方式，吸引消费者为获得美满感去购买产品。多数消费品均用这种方式，如温馨广告、幽默广告等。二是恐惧感性广告，这类广告强调不幸情景，从而促使消费者为了预防或阻止不幸情景出现而购买产品。保险等广告会用这种方式。

（2）理性广告。理性广告是指广告内容的选择主要从理性的角度出发，直接陈述产品的好处或能给消费者带来的物质利益，从而促使消费者产生理智购买行为。理性广告主要有产品提示性广告等。

8. 根据广告传播范围分类

按照广告传播的范围，广告可分为以下3种。

（1）全国性广告，即选择全国性的媒体进行的广告活动。这类广告是以全国市场为目标市场的，所以根据全国性市场的特点进行设计与制作。同质性较强的产品及在全国范围内销售的品牌产品，可能会更多地采用这类广告形式。

（2）区域性广告，即选择区域性的媒体进行的广告活动。由于我国幅员辽阔，各地区之间经济发展不平衡，人们的消费水平也有一定的差距，因而许多产品并不是以全国市场为目标市场，而是在区域市场内销售的。这类产品的广告是针对此类市场的特点进行设计与制作的。区域性广告与全国性广告相辅相成、各具特色，从而增强总体广告效果。

（3）国际广告，即选择国外的广告媒体进行的广告活动。国际广告又可分为标准化（standardization）国际广告和本土化（localization）国际广告。标准化国际广告是把同样的广告信息和宣传主体传递给各国或地区市场的广告形式，这种广告要求忽视各国或地区的市场个性，而强调各国或地区市场需求的一致性；本土化国际广告是指通过向不同的国家或地区传递不同的信息，强调各国或地区市场的差异性。采取哪种国际广告形式，实际上是国际广告策略的选择问题。

1.2.2 广告的作用

随着科学技术的不断进步，机器在某些领域逐渐取代人工劳动，企业生产效率得到了极大提高，大规模工业化生产使得市场竞争日趋激烈。因此，作为促进商品交换的有效手段的广告活动正在为越来越多的商家所重视，并日益发挥着越来越重要的作用。

1. 广告对市场经济发展的作用

在理想的市场环境下，有限的社会资源是按照市场需求进行合理配置的。但要实现这一目标，必须要有完全的信息传播，而广告在实现信息传播的过程中起着非常重要的作用。广告活动使得社会资源能够在更大的市场范围内优化组合，在更有效率的条件下进行配置，有力地促进了市场经济向更高的阶段迈进。

2. 广告对企业生存和发展的作用

（1）广告是企业获取信息的重要途径。在广告传播过程中，任何一家企业都会在一定程度上将自己的经营理念、市场定位、产品特色、渠道、价格策略等重要信息通过广告传播给目标受众，以此来吸引目标受众关注，进而让目标受众购买企业的产品。因此，企业可以根据同类企业的广告传播活动，获取大量有价值的信息，从而有效制定本企业的经营策略。

（2）广告有助于提高企业的知名度和美誉度。企业知名度和美誉度的提高是一个较为漫长的过程，需要企业长期不懈地投入和努力。一旦美誉度提高到了某种程度，企业就拥有了一项重要的无形资产——良好的企业形象，这是企业发展的巨大财富。在此过程中，广告往往发挥着关键性的作用。例如，海尔集团一贯重视对企业形象的广告宣传，其“真诚到永远”的服务理念也因此深入人心。

（3）广告支持业务人员进行销售活动。业务人员是直接与客户（消费者）打交道的企业员工。业务人员业绩的好坏，与企业的广告活动密切相关。良好的广告活动能够帮助业务人员顺利实现销售目标。

（4）广告能够帮助企业降低成本，增加收益。广告活动能够促进企业提高产品销量，实现规模经营，从而有效降低成本。成本的降低，可以使企业在同样的价格水平下获得更多的利润。

不过值得注意的是，广告并非企业的“万能良药”，即使获得了央视的“标王”，也不能保证企业的经营一帆风顺。在1995—2017年的23年时间里，央视总共诞生了17个广告“标王”（注：有企业多次上榜，所以“标王”企业数不到23个），如表1-1所示，但现在已经销声匿迹或出现经营危机的企业超过了1/3。曾经风光无限的秦池酒业、爱多等，早已成为明日黄花。其中，以3.7亿元拿下2016年央视广告“标王”的翼龙贷因涉嫌非法集资，广告仅发布了不到一个月就被央视叫停。现在还在正常运营的“标王”企业，到底从当年央视“标王”广告中获取了多少广告收益、投入与产出是否对等，实在是难以统计，但是多家央视“标王”企业走向衰落确实是不争的事实。

表1-1 央视历届广告“标王”（1995—2017年）

年份	“标王”企业	年份	“标王”企业
1995	孔府宴酒	2007	宝洁
1996	秦池酒业	2008	伊利
1997	秦池酒业	2009	纳爱斯
1998	爱多	2010	蒙牛
1999	步步高	2011	美的
2000	步步高	2012	茅台
2001	娃哈哈	2013	剑南春
2002	娃哈哈	2014	露露
2003	熊猫手机	2015	王老吉
2004	蒙牛	2016	翼龙贷
2005	宝洁	2017	云南白药
2006	宝洁		

3. 广告对消费者的作用

（1）广告是消费者获取商品信息的重要渠道。随着广告媒体的飞速发展和广告创意制作水平的不断提高，广告信息的渗透力和影响力都在进一步增强，广告很自然地被消费者作为获取商品信息及知识的重要途径。

（2）广告影响着消费者的消费观念、消费行为和消费结构。广告信息往往具有时代感和流行性，而崇尚流行和求美尝新是大多数消费者共有的心理。因此，广告的示范作用自然会影响人们的消费观念，从而导致消费行为甚至整个消费结构发生变化。

例如，中国传统婚姻观中的“三大件”是非常贵重的物品，定情信物随时代的变迁也有所不同，但从未将“石头”用作结婚之物。戴比尔斯公司“钻石恒久远，一颗永流传”的经典广告语将钻石与婚姻相结合。这句广告语用钻石的永恒品质象征爱情的美好、婚姻的永恒，诱发了无数人的幸福联想，并使钻石作为定情信物或爱情见证而永存。从此之后，钻戒成了婚礼的必备，备受消费者的青睐，从而掀起一股经久不衰的“钻石流行风”。①

（3）广告影响消费者社会阶层的归属性。广告的创意表现必须围绕着广告商品的市场定位展开，通过广告向目标受众展现商品利益，引起他们的注意，使其产生好感，进而促进其产生购买行为。市场细分将整个消费群体划分为多个不同的社会阶层，每一阶层的消费者有着相似的消费习惯和特征。广告以此为创意基础，使得目标受众的社会阶层归属性得以强化。

（4）广告影响消费者的生活态度。广告所传递的内容丰富多彩，有些广告能够从商品的特征与企业的理念之中找到共通之处，通过对这些理念进行阐释，对大众产生一定程度的影响，甚至起到警示的作用。如海尔的广告语“真诚到永远！”其实就是一种生活态度的写照，它的作用也许超越了广告信息的传递，而上升为对受众生活态度的影响。

4. 广告对媒体发展的作用

广告信息必须通过媒体传播，没有媒体，广告就失去了传播的载体。媒体的存在和发展需要大量的资金支持，广告收入是其中最主要的资金来源之一。报纸、杂志、电视、网络等媒体能够越办越好，节目能够日益丰富多彩，其中一个原因在于媒体获得了不菲的广告收入。例如，中国互联网三巨头之一的腾讯公司，受惠于平台整合及算法升级，以及来自互联网服务及电子商务平台等行业的广告主需求的增加，其2020年的广告收入同比增长20%，达到823亿元，社交及其他广告收入增长29%，达到680亿元。广告收入的增加进一步推动了媒体的发展。因此，广告与媒体同生存、共繁荣，相互促进、相得益彰。

5. 广告对艺术发展的作用

为更好地吸引目标受众的注意力、激发其购买欲望，广告需充分利用各种艺术表现形式来创作和传递信息。艺术表现形式多种多样，可以是文字、舞蹈及音乐等。而为了使广告更具感染力，广告创作又往往将几种艺术形式进行综合加工处理。广告虽然时间很短或篇幅很小，但通常体现了制作者深厚的艺术功底，可以说是艺术水平的一种集中体现。

例如，五粮液集团为五粮春白酒量身定制的广告宣传片《爱到春潮滚滚来》，不仅曲调委婉悠扬，画面唯美感人，而且歌词颇具浪漫唯美气息，让人难忘。

6. 广告对生活环境及文化的作用

广告尤其是好的户外广告对于城市环境的美化起着重要的作用。好的户外广告，装扮着城市的街道，营造了良好的人文环境。当夜幕降临，华灯初上，都市中无数的霓虹灯广告（见图1-8和图1-9）展示着城市的美丽和繁华，丰富了人们的文化生活，也带动了城市第三产业的发展。

---

① 王敬超．广告口号对消费心理的影响．新闻世界，2016（6）：84-88.

图 1-8　霓虹灯广告 1

图 1-9　霓虹灯广告 2

1.3　广告组织

1.3.1　广告组织系统的构成

广告组织是广告经营活动的相关机构，广告组织系统由在广告传播过程中承担不同职能的专门机构组成。我们将广告组织系统归纳如下，如图 1-10 所示。

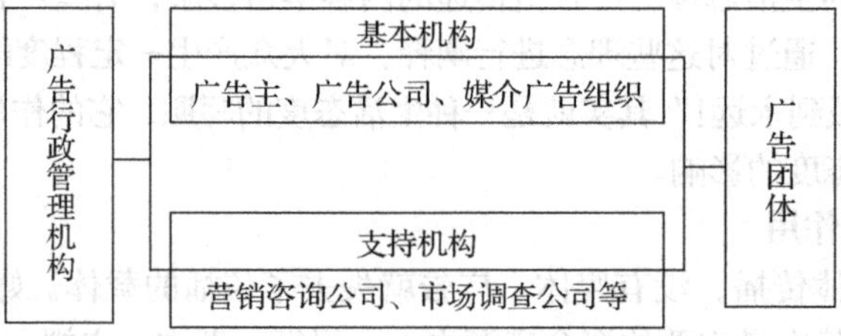

图 1-10　广告组织系统

广告的主体是广告主，但大部分广告活动是由专业的广告公司来完成的，广告信息也是发布在第三方媒体平台上的。广告公司的工作包括为广告主制订广告计划、确定广告信息内容以及通过媒介向消费者传递广告主的信息等。因此，广告主、广告公司、媒介广告组织就构成了广告组织系统的基本机构。

广告组织系统的基本机构在执行广告职能时通常会寻求营销咨询公司、市场调查公司等的支持，上述机构构成了广告组织系统的支持机构。

广告行政管理机构是广告组织系统的一个很重要的组成部分。为了防止虚假广告和违法广告损害消费者权益，必须要有广告行政管理机构实施监管职能。此外，广告组织系统还包括由与广告相关的企业和个人自愿组成的广告团体这一社会性组织。

1.3.2　广告主

广告主（advertiser）是指直接或委托广告经营者（主要是指广告代理公司）实施广告宣传活动的主体，是广告信息的发出者。广告主可以是企业、事业单位，也可以是机关、社会团体和自然人。一般情况下，广告主无法独立完成全部的广告活动，因为除了缺乏专业的广告创意、设计以及制作人才之外，也缺乏相应的广告制作设备，还不太可能拥有具有较强营销力的广告发布媒体。因此，一般情况下，广告主需要通过付费的方式，与广告公司和广告媒体以及广告组织系统的支持机构合作完成广告活动。

1.3.3 广告公司

广告公司是指专门从事广告代理与广告经营的商业性服务组织。广告公司按照服务功能与经营业务的不同，可以分为广告代理公司、广告制作公司和媒介购买公司 3 类。而不同类型的广告公司，也就相应地具有不同的组织形式和机构设置。

拓展知识

4A 广告公司

1. 广告代理公司

广告代理公司是为广告主提供广告代理服务的机构，一般又可根据规模大小分为综合型广告代理公司和专项服务型广告代理公司两类。

综合型广告代理公司为广告主提供全方位的广告代理服务，包括产品的市场调查和研究、广告策略的制定与执行、广告的具体设计与制作、广告媒介的选用与发布、广告效果的跟踪与反馈等一系列活动。它还能为广告主提供信息咨询、企业形象设计、大型公关活动等战略层面的服务和建议。

专项服务型广告代理公司的广告经营范围较狭窄，服务项目较单一，一般不承担广告运作的整体策划和实施。但它能满足特定广告主的特殊需要，具有一定的专业优势，同时顺应了广告专业化分工的趋势，有利于广告专业水平的提高。一般来说，专项服务型广告代理公司的业务又可分为 3 类：一是提供某一特定产业的广告代理专项服务，如房地产广告代理；二是提供广告活动中某一环节的广告服务，如广告创意、广告调查等；三是提供特定媒介的广告服务，如户外广告服务、交通广告服务等。

2. 广告制作公司

广告制作公司是指专门提供广告制作服务的企业，平面广告制作公司、影视广告制作公司及路牌、霓虹灯、喷绘等专营或兼营制作机构等都属于这一类。它可以直接为广告主提供制作服务，也可以接受广告代理公司的委托，通过提供广告制作服务收取广告制作费用。与广告代理公司相比，广告制作公司最大的优势就在于拥有专业的广告制作人才和精良的设备。所以一些大型的广告代理公司也日益倾向于将广告制作业务外包给广告制作公司，公司内部不再设置广告制作部门。

3. 媒介购买公司

媒介购买公司的主要职能是专门提供媒介研究、媒介购买、媒介策划及实施等与媒介相关的业务服务。媒介购买公司一般设有媒介研究、媒介策划、媒介购买与媒介执行等几大业务部门，对广告媒介有系统的研究，能够帮助广告主更合理地选择广告媒介，并有很强的媒介购买能力和价格优势。

1.3.4 媒介广告组织

媒介广告组织是指媒介内部设立的专门从事广告经营的广告组织，如报社、杂志社、广播电台、电视台等的广告部均是媒介广告组织。早期的媒介广告组织集招揽广告、设计制作广告以及发布广告等多种职能于一身，但随着广告行业的业务分工细化，媒介广告组织逐渐转向专司广告发布。

1.3.5 广告团体

广告团体是指由从事广告业务、广告研究、广告教育或与广告业有密切关系的组织和人员自愿联合组成的社会团体，其宗旨是通过组织活动，交流广告学术知识和经验，互相参观学习，评选优秀广告作品，出版广告刊物，加强广告业组织之间、人员之间的联系，共同振兴广告事业。我国主要的广告团体组织有中国广告协会、中国商务广告协会（前身为中国对外经济贸易广告协会）等。

其中，中国广告协会是我国最大的全国性广告行业组织，会员为团体会员，由国内的广告经营单位联合组成，每两年举行一次会议，其最高权力机构是会员代表大会。它对我国的广告行业具有较强的指导力和监督力。

1.4 广告环境

1.4.1 广告的宏观环境

广告环境是指影响和制约广告活动的诸多因素，包括宏观和微观两个层面。广告的宏观环境主要有人口环境、经济环境、社会文化环境、政治法律环境、自然地理环境和科学技术环境等，下面分别予以介绍。

1. 人口环境

人口环境主要包括人口规模及人口的增长情况、人口结构和人口的地理分布等。

（1）人口规模及人口的增长情况。人口规模即某一国家或地区总人口的多少。虽然人口多并不意味着市场购买力水平高（还要受到支付能力、购买意愿等的影响），但其对食品、服装、医药、民用建筑、日用品、基础教育等消费市场具有决定性的影响。人口越多，这部分基本消费需求及派生的产业用品需求的绝对量就会越大。此外，人口的增长情况也会对市场产生重要的影响：人口增长率越高，意味着未来市场潜在的需求增长越快；同时人口的增长速度也会影响一个国家或地区的消费结构和人力资源供应情况。

（2）人口结构。人口结构是指将人口以不同的标准划分而得到的一种结果。构成这些标准的因素主要包括年龄、性别、受教育程度、职业、收入、家庭人口等。人口结构是重要的广告环境，不同结构的人口具有不同的需求和购买力。

以年龄结构为例，年轻人需要学习用品和娱乐用品，而中老年人需要保健品和医药用品，年龄结构不同的国家或地区有不同的市场需求和进口需求。人口结构的老龄化和低龄化，都会使国民负担率提高，市场购买力下降。因此，人口结构对企业的广告等方面有着较大的影响。

（3）人口的地理分布。人口的地理分布是指一个国家或地区人口的地理分布，一般用人口密度来表示。在人口密度较大、人口比较集中和城市化程度较高的国家或地区，开展经营活动会有更高的效率。

2. 经济环境

经济环境是影响组织活动，尤其是营利性组织活动的最为重要的因素之一。经济环境可以进一步分为宏观经济环境和微观经济环境两个层面。

（1）宏观经济环境主要指一国或地区经济发展的阶段和发展水平、经济制度与市场体系、财政预算、贸易与国际收支状况等。宏观经济的发展和繁荣显然能够为企业的发展提供有利条件，而经济萧条和衰退也无疑会给所有经济组织的生存带来困难。

（2）微观经济环境主要是指组织所在地区或所需服务地区消费者的收入水平、消费偏好、储蓄情况、就业率等因素。这些因素直接决定着市场规模的大小。

3. 社会文化环境

社会文化环境包括一个国家或地区的居民特定的受教育程度、价值观、行为方式、伦理道德规范、审美观念等内容。社会文化影响和制约着人们的消费观念、购买行为和生活方式，具体表现在价值观会影响居民对组织目标、组织活动及组织存在的态度，审美观念则会影响人们对组织活动内容、活动方式及活动成果的态度，等等。

任何人都在一定的社会文化环境中生活，存在于特定社会文化环境中的个体，其认识事物的方式、行为准则和价值观等通常会异于生活在其他社会文化环境中的个体。例如，价值观不同使得人们对周围事物的是非、善恶和重要性的评价不同。对于同一种款式的商品，甲国人民认为是美的，乙国人民也许认为是丑的；同一种消费行为，在这方土地上是习以为常的，在另一方土地上则可能被认为是不可思议的。再如，礼仪交往等方面的差异，往往影响到销售促进的内容（如广告内容的设计）与形式，使商务谈判的风格与技巧呈现出不同的特点等。因此，无论在国内还是在国际上开展市场营销活动，企业都必须全面了解、认真分析所处的社会文化环境，以便准确把握消费者的需要、欲望和购买行为，确定目标市场，制定切实可行的广告策略。对于要进入国际市场的企业来说，这样做尤为重要。

4. 政治法律环境

政治法律环境指的是组织所在国家或地区的政治制度，政治形势，政府的方针、政策及国家或地区制定和颁布的各种法律、法规等，上述因素都会对广告组织产生重大的影响。政治法律环境的突出特点是很难预测并且企业根本无法驾驭。但企业可以通过对政治和法律环境的研究，增强相应的预见能力，以使广告符合政策和法律的要求。

阅读资料 1-1　上海华与华营销咨询公司违法广告案

本案件当事人上海华与华营销咨询公司为华夏幸福基业股份有限公司在动车组列车展牌媒体及航机杂志上设计广告。广告中使用的中华人民共和国地图未将国界线完整、准确地标示出来，损害了国家尊严及利益。且当事人在以后的相关广告设计中，在已知其广告地图绘制错误的情况下，仍未将我国领土标示完整、准确，客观上持续了违法行为，放任了危害后果的继续发生，违反了《中华人民共和国广告法》（以下简称《广告法》）第九条的规定。2017 年 11 月，上海市静安区市场监管局做出行政处罚，没收广告费用 8.8 万元，罚款 100 万元。

资料来源：国家工商行政管理总局（现国家市场监督管理总局）官网。

5. 自然地理环境

自然地理环境主要指地理位置、气候条件以及资源状况等因素，它是人类赖以生存和发展的物质基础。自然地理环境对广告的发布区域、发布时机等均有影响。例如，某地气候反常，气温较往常明显偏高，酷暑提前到来，那么空调企业在该地的广告投放也要因此而提前进行。

6. 科学技术环境

在当今所有宏观环境因素中，科学技术环境的变化可能是最为剧烈也最难把控的。科学技术的发展会使某一畅销商品一夜之间变成过时品；也会使创新媒体短期内异军突起，形成对传统媒体的全面超越。

例如，随着网络技术的不断发展，网络媒体已成为人们获取信息的重要渠道，在发布广告信息方面也同样如此。2015 年，我国传媒市场发生了革命性变化，互联网媒体广告收入首次超过报纸、杂志、广播、电视四大传统媒体广告收入之和，从市场规模上看，互联网媒体已经开始在市场上占主导地位。

1.4.2　广告的微观环境

> **拓展知识**
>
> 四大传统媒体广告收入总和不敌互联网媒体

广告的微观环境又称广告的行业内环境，它对广告活动的影响更加直接和具体，从广告主的角度而言，主要包括广告的人力资源环境，广告的传播环境，广告的意识、批评与监督环境等。

1. 广告的人力资源环境

人力资源是推动广告行业优质、高速发展的重要因素，是广告发展的战略性资源。广告的人力资源环境主要包括以下几个方面。

（1）广告人才的需求条件

广告人才的需求条件主要是指对广告行业从业人员的基本素质和人员结构的总体要求，包括从业人员的数量、学历层次、专业技能、文化知识素养以及人员的构成等。

（2）广告人才的选择机制

广告人才的选择机制是指对广告人才的评估与选择的标准、方法及手段。合理的选择机制有助于科学、客观地评价广告人才，也有助于激励更多有志于广告事业的人才投身于广告领域。但广告并非一门精确的科学，广告的实践性和艺术性决定了要制定一套行之有效的广告人才选择机制并不容易。

（3）广告人才的流动状况

广告人才的流动是指广告专业人才的服务单位或服务对象按照本人意愿发生变化的社会现象。合理的人才流动有助于打破组织的壁垒，促进广告人才的交流融合，从而做到人尽其才，使广告人才能够在最适合的工作岗位上充分发挥个人的聪明才智。虽然人才流动有助于广告行业的健康发展，但也不能过于频繁。因为过度的人才流动会造成企业的人才流失，还会加剧企业间互挖墙脚的不正当竞争行为，以致扰乱广告行业的现有秩序。

（4）广告人才的培养

广告人才的培养对于广告行业的健康发展至关重要。1983 年，厦门大学率先开设了广告学专业，开创了我国广告学高等教育的先河。经过多年的发展，我国已有数百所高校开设了广告学专业，每年为广告行业输送大批优秀的广告人才。但高校培养广告人才通常会存在理论与实践脱节的问题，因此还需要企业在广告人才的后继培养方面充分发挥作用。

2. 广告的传播环境

广告的传播环境是指影响广告传播的诸多因素之合。广告传播环境的好坏，直接关系到广告与受众接触机会的大小，也关系到广告运作流程的通畅程度。评价广告的传播环境主要从质和量两个方面入手。在质的方面，主要看广告传播的效果，包括广告的经济效果、广告的沟通效果以及广告的社会效果等。在量的方面，主要涉及传播媒体的种类、数量、分布等。多年来，我国广告的传播媒体无论是在质的方面还是在量的方面都发生了翻天覆地的变化，在一定程度上满足了企业广告活动的需求。

3. 广告的意识、批评与监督环境

（1）广告的意识环境

正确的广告意识是广告行业健康发展的基础。改革开放之后，我国实行有计划的市场经济体制，广告有了用武之地，整个社会的广告意识也在不断增强，这表现为整个社会对广告持有的态度越来越积极、正面，同时广告主、消费者也越来越依赖广告、越来越愿意接受广告。

（2）广告的批评与监督环境

广告的批评是伴随着广告行业发展而形成的一种评价和反馈机制。良好的广告批评环境能够促进广告活动的良性运作，有利于广告行业的健康成长，减少广告的负面影响，促使其更好地为社会进步、经济繁荣服务，更好地为广大消费者服务。[①]

广告批评不是对广告活动的否定，而是对广告活动的一种客观评价，其目的是促使广告行业更加健康地发展。构建我国系统的、完备的广告批评体系是当务之急，应该引起广告界的广泛重视。

思考题

当前我国的广告环境发生了哪些变化？这些变化对企业的广告投放策略会产生哪些影响？

1.5 广告学的研究对象与方法

1.5.1 广告学的研究对象

广告学是在众多边缘学科的基础上发展起来的一门综合性的、独立的学科。它研究的是人类社会中大量存在的一种现象——信息传播现象。广告的本质不是经济性的，而是一种广泛的信息传达。广告实

① 倪宁．广告学教程．北京：中国人民大学出版社，2014：92.

际上在做 3 件事——传播信息、提供服务、倡导理念。因此从传播学理论的角度来说，传播学的具体研究对象是包括广告在内的所有大众传播手段，传播学的许多理论也完全适用于广告学的研究。无论是市场学中的广告，还是各种广告的艺术表现形式，都是在传达一种信息，都具备了信息传播过程的五要素：谁—通过什么媒介—对谁—说了什么—取得了什么效果。广告的信息传播包括广告发布者（包括广告主、广告制作者和传播者，即信息源）、广告信息内容、广告媒介、广告受众、广告效果等要素。

也就是说，广告学不是从经济优先的观点出发，而是从传播信息的立场出发，研究各种信息传播的过程、效果及其发展运动规律，其侧重点在于经济、市场信息的传播规律。因此，广告活动和广告事业的产生与发展规律是广告学的研究对象。

现代广告学的研究已经从一个较为狭窄的领域走向一个更为开阔的空间，也就是在“营销”和“传播”两个层面上开始对广告的功能和作用进行重新审视。20 世纪 90 年代，舒尔兹等人提出了“整合营销传播”的新概念。在广告整体运作中，整合营销传播理论被广泛运用于广告实践，并被视为广告学理论体系的有机组成部分。在广告实践中，整合营销传播被描述为：企业或品牌通过发展与协调战略传播活动，使自己借助各种媒介或其他接触方式与员工、顾客、利益相关者以及普通公众建立起建设性的关系，从而建立和加强与他们之间的互利关系的过程。传播在这里成为营销组合中的一股驱动性力量。广告的营销特性和传播特性在广告的运作过程中实现了高度的统一。

以广告活动和广告事业的产生与发展规律为研究对象的广告学，根据具体研究对象的不同，可分为理论广告学、历史广告学、应用广告学，不同的分支有不同的研究内容。

理论广告学侧重于运用科学方法，对广告活动中的根本性问题进行研究，如广告的概念，广告的分类，广告在社会和经济发展中的作用、地位，广告活动的基本规律、原则，广告研究的基本方法等。理论广告学的研究内容主要有广告活动与社会政治、经济、文化等的关系，广告在社会和社会发展中的地位与作用等，其根本任务是揭示广告活动的一般规律。作为广告学体系中具有指导意义的核心部分，理论广告学为广告活动和其他广告学分支的研究奠定了理论基础。

历史广告学侧重于研究广告产生、发展以及广告事业变迁的规律。它的研究范围很广，内容主要有广告媒介发展史、广告组织发展史、广告设计制作风格（表现技法、工具等）演变史等。历史广告学的研究可以揭示广告发展的历史规律，帮助人们把握广告活动的发展趋势，从而指导、调整广告实践。

应用广告学是广告学的主体，它以广告实践为研究对象，旨在探讨和揭示广告在商品促销中的活动规律。应用广告学的研究内容是广告活动的业务规律和具体运作方式，如广告策划、广告设计、广告制作、广告管理等。作为一门应用性学科，广告学的理论研究最终要为广告实践服务，而应用广告学正体现了广告学的研究目的，涉及贯穿广告学的中心问题。

广告学的研究领域在不断拓宽，广告学本身也处在发展和变化之中。通过了解传统广告学的研究视野和现代广告学的研究现状，我们就能大概认识广告学的发展变化规律和发展趋势。

1.5.2 学习和研究广告学的方法

在学习和研究广告学的过程中，可以参考以下几种方法。

1. 理论与实践相结合的方法

广告学是一门实践性很强的学科。广告学理论产生于广告实践，又服务于广告实践，广告学理论必须接受广告实践的检验。因此，在实际广告活动中，必须要重视调查研究，一切从实际出发，也要充分认识广告学理论对实践的指导作用，从而使广告学理论和广告实践有机结合、相得益彰。

2. 比较借鉴法

所谓比较借鉴法是把广告学的概念、范畴以及相关的广告学理论进行比较性研究。任何学科理论的建立，都是一个借鉴、继承和扬弃的过程，我们必须认真学习和借鉴一切有用的经验，包括西方发达国家在广告方面的先进技术和有益经验，通过比较性研究，做到博采众长、融会贯通、推陈出新，在比较中发展广告学。

3. 案例分析法

案例研究是在美国兴起的一种社会科学的研究方法，其中的案例相当于我们通常所说的典型调查材料。当代的社会科学著作常常附有大量的案例研究材料以证实其中的理论。同理，广告学研究者也可以通过对典型广告案例进行分析研究，总结出一般的规律，给广告工作者以启发和借鉴，从而推动广告管理和广告行业的发展水平不断提高。

4. 定性与定量结合法

广告是艺术也是科学，一些自然科学的研究方法同样适用于广告这一门学科，如在广告调查和广告效果评估活动过程中，相关人员就需要用到大量的统计学的知识和方法。

5. 系统动态研究方法

系统动态研究方法是近几十年发展起来的一种现代科学研究方法，是一种立足于整体，筹划全局，使整体与部分辩证统一的一种现代思想方法。学会系统性和动态性地分析和研究广告学理论，能培养自己在广告学研究方面完整、严谨和科学的作风。

习　题

一、单选题

1．广告一词的英文为（　　）。

A．advertising　B．adverture　C．reklame　D．relame

2．广告活动的最终目的是（　　）。

A．提高知名度　B．引起受众注意　C．促进商品交换　D．强化经营理念

3．广告行为活动的主体是（　　）。

A．广告公司　B．广告主　C．广告媒介　D．广告管制机构

4．广告的（　　）又称广告的行业内环境，它对广告活动的影响更加直接和具体。

A．宏观环境　B．中观环境　C．内部环境　D．微观环境

5．如今（　　）已成为人们获取信息的重要渠道。

A．电视　B．广播　C．网络　D．报纸

二、多选题

1．下列属于印刷品广告媒介的是（　　）。

A．报纸　B．电视　C．杂志
D．网络　E．海报

2．根据广告主进行分类，广告可以分为（　　）。

A．产品广告　B．制造商广告　C．中间商广告
D．合作广告　E．感性广告

3．广告的特征主要有（　　）。

A．具有明确的广告主　B．主要目的是促进商品交换
C．一般要付费　D．是一种营销传播活动
E．要受到法律的制约

4．广告组织系统应该包括（　　）。

A．广告团体　B．广告主　C．广告公司
D．广告制作公司　E．媒体

5. 广告的人力资源环境主要包括（ ）。

A. 广告人才的受教育程度　　B. 广告人才的需求条件

C. 广告人才的选择机制　　D. 广告人才的流动状况

E. 广告人才的培养

三、名词解释

1. 广告　2. 感性广告　3. 广告组织　4. 广告主　5. 广告环境

四、简答及论述题

1. 理解广告的基本概念时应该注意哪些要点？
2. 广告的构成要素有哪些？
3. 试论述广告对媒体发展的作用。
4. 试论述广告的意识、批评与监督环境。
5. 试论述学习和研究广告学的方法。

综合案例

香奈儿——极简的奢华

双“C”logo、山茶花、斜纹软呢、林格纹皮包、黑色小礼服、玛丽莲·梦露唯一的睡衣、香奈儿5号香水（N°5）……说到香奈儿，人们脑海中不断闪现的是这些专属于她的“图腾”。这个由一位传奇女性（嘉伯丽尔·香奈儿女士，香奈儿的创始人）打造的传奇品牌，自1910年诞生至今，历久弥新，在传统中革新，在时尚中永恒。

……

在香奈儿的香水故事中，最为著名的莫过于5号香水的传奇：一瓶以香奈儿女士幸运数字“5”来命名的香水；1921年，在当时巴黎香水界的“第一代鼻子”恩尼斯·博（Ernest Beaux）研制的样品中排名第5的香水；发布会举办于5月25日，又恰与香奈儿第5场时装发布会同时举行……于是，在5号香水的广告作品中人们不时与“5”相遇。

正如香奈儿女士对产品的要求——“把所有最漂亮的好东西都放进去，不必考虑价钱”，香奈儿对于5号香水的广告（见图1-11）投入历来保持不减的热情——从玛丽莲·梦露到安迪·沃霍尔，香奈儿5号香水自诞生以来就一直备受名流和艺术家的追捧，而香奈儿5号香水也不断通过这些偶像来丰富品牌的内涵。被香奈儿5号香水记录在案的大师有为其留下不朽平面作品的摄影大师理查德·艾维登、依文潘、帕特里科·德马切雷。在各个时期拍摄经典TVC（television commercial，电视广告片）的赫尔穆特·牛顿、雷德利·斯科特、吕克·贝松、尚保罗·高德、巴兹·鲁曼等。当然还有每部广告片中的女星——阿丽·麦克格劳、劳伦·赫顿、凯瑟琳·丹妮芙、卡洛·波桂，直到如今的妮可·基德曼——她们成为香奈儿品牌的触角，用迷人的微笑、优雅的眼神吸引着世人。

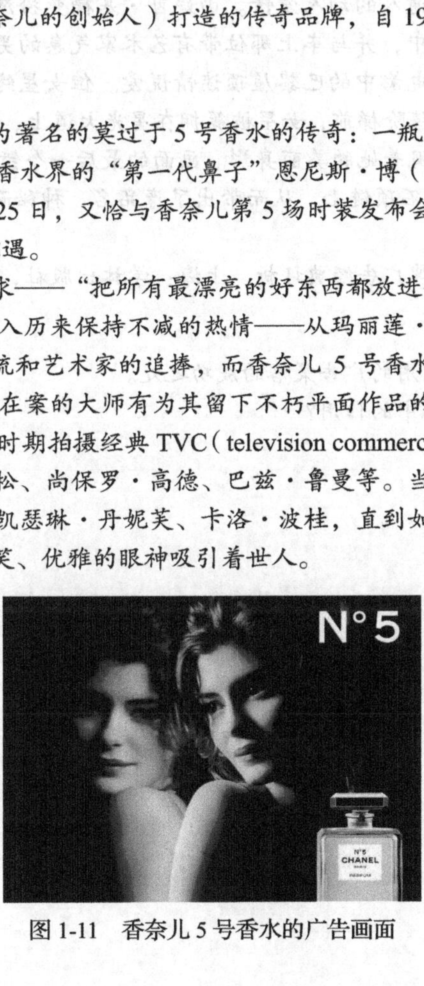

图1-11　香奈儿5号香水的广告画面

1930 年，香奈儿特邀当时的著名摄影师霍斯特（Horst）为 5 号香水的瓶身拍照；1953 年，香奈儿 5 号香水成为第一个使用电视打广告的商品。之后，每隔一段时日，香奈儿 5 号香水就会采取拍摄全新的平面或电视广告以及更换代言人的方式，重新诠释“5 号”经典又现代的香奈儿精神。

例如，由卡洛·波桂主演的香奈儿 5 号香水的影视广告，以 20 世纪 40 年代的风格拍摄：镜头里的年轻女子面向大海若有所思，男子缓缓出现，并给她深深一吻，此时画面转切为浪涛拍岸，同时乐声响起……音乐伴随着浪花更迭，然后出现年轻女子轻轻微笑的画面。短短的片段却耐人寻味，潮起潮落，斗转星移，时光飞逝，唯有香奈儿 5 号香水的神秘幽香穿越时空，久久不散。

又如 2001 年由法国著名导演吕克·贝松执导的香奈儿 5 号香水“小红帽篇”，同样令人记忆犹新。故事叙述了一个身着红衣的“女贼”潜入博物馆窃取 5 号香水，当她拿到香水并忍不住把它涂抹于耳后时，诱人的幽香引来了看门的猎狗，此时，“女贼”不慌不忙走向门外，面对尾随而来的狗，她回眸轻嘘，然后沉着离开，凶恶的狗竟然听话地没有追逐。这是女性的魅力还是香水的魅力，此刻已经很难分辨，画面结束时，透过开启的博物馆大门，我们隐约可见远处的埃菲尔铁塔，这既说明了香奈儿 5 号香水的法国情怀，又暗喻了香奈儿 5 号香水如埃菲尔铁塔般的经典地位。整个广告色彩鲜明：金碧辉煌的布景对应奢华的产品，与女主人公身上的鲜红裙装形成强烈对比，给观众以强烈的视觉冲击。

2004 年，香奈儿 5 号香水又开启了一个新的代言人时代。面对竞争激烈的香水市场，为了让这款经典香水更加现代时尚，香奈儿请来了电影《红磨坊》的导演巴兹·鲁曼与以饰演《时时刻刻》夺得奥斯卡影后的澳大利亚演员妮可·基德曼合作，缔造了一部两分钟的广告（确切地说是电影短片）。

广告的主要拍摄地在澳大利亚，剧中场景全部是搭建而成的，影片没有出现香奈儿 5 号香水瓶身的镜头，只是演绎了关于女星和普通人的动人爱情。由妮可·基德曼扮演的女星为躲避狗仔队的追逐，无意间冲进一辆已经载人的出租车中，并与车上那位带有艺术家气息的男子一见钟情。于是，他们暂时忘却了烦恼，置身如同《红磨坊》电影中的巴黎屋顶谈情说爱。但女星终究是要回归现实人生的，在状如奥斯卡颁奖典礼的林肯中心红地毯阶梯前，女星被簇拥在星光大道上，她回眸远眺那个拥有回忆的屋顶，面露微笑；而远处的他也同样注视着她的美丽身影。画面的最后一个镜头聚焦在女主人公深 V 剪裁礼服下的雪白背脊上摇曳着的 5 号钻石项链上，从而带出了产品名。神秘而梦幻的结尾再一次打造出了香奈儿 5 号香水的传奇色彩。

资料来源：张家平. 十大品牌广告经典评析. 上海：学林出版社，2006.

问题讨论

1. 试评价香奈儿 5 号香水应用的广告策略的成功之处。
2. 如何认识广告在打造品牌中的作用？

第 2 章　广告的起源与发展

本章导读

广告产生于原始社会末期，是商品生产与商品交换的必然产物。随着人类社会的不断发展，尤其是市场经济及商品社会的出现，广告业获得了良好的发展契机。本章对中外广告的产生与发展进行了梳理和介绍，重点阐述了近现代广告业高速发展的历程。通过对本章的学习，读者可以对广告的起源与发展有比较清晰的了解和认识。

知识结构图

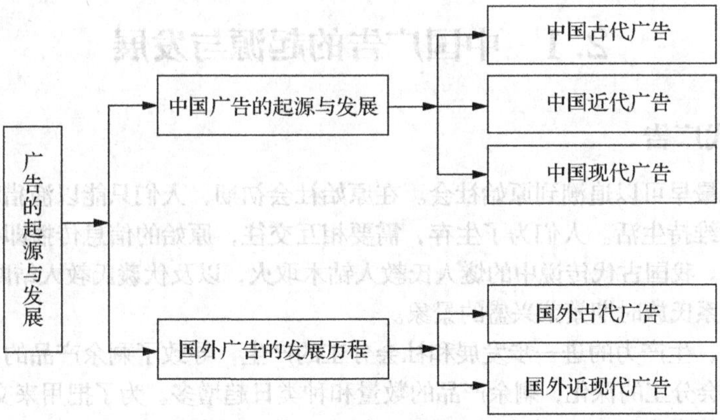

开篇引例

二十世纪三四十年代的中国商业广告

二十世纪三四十年代，影星做商业广告的现象非常普遍，其中尤以荣膺“电影皇后”之称的胡蝶最受厂家青睐，因为明星越红，拥有的影迷也就越多，具有的号召力也就越大。虽然胡蝶本人并不热衷于做广告，但鉴于胡蝶的魅力，主动找上门来的客户却也不少。如有一家沪江照相馆就曾上门找胡蝶商量，表示愿意免费为她拍摄照片，并承担所有影迷索要照片的回复寄照义务，条件是胡蝶的照片由他们制成广告明信片出售。鉴于回复众多影迷的索照信函是一件既费时又麻烦的事，而沪江的照片又拍得确实不错，因此，胡蝶答应了他们的请求。还有一次，胡蝶在一次集会上被人问及：“你最喜欢哪一家商店的服装？”胡蝶不假思索地回答：“鸿翔服装商店（以下简称鸿翔）的衣服做工很考究，我经常去那里买衣服。”这本是一句很平常的话，但出自著名影星胡蝶之口，所产生的影响当然就非同一般了。话传到鸿翔店主的耳里，其喜出望外。据说这位店主在此后曾和胡蝶达成一种默契：胡蝶以后所需的所有服装，鸿翔愿意优惠供应，而胡蝶也应在适当的时机为鸿翔多做宣传。这大概可以算是一种“口头广告”吧。

当时影星做商业广告，大致有这样两种形式。

一是永久性广告，即厂家把明星的姓名作为商品名称。如当时不少商品以“胡蝶”的谐音冠名，并印上胡蝶的照片做号召，当然其中有一些并未征得胡蝶同意，胡蝶为此还曾花费了不少精力与这些不法商人打官司。再如二十世纪三十年代，杭州有一家蝶来饭店，是以胡蝶和徐来的名字为店名，它在开业时还特地请这两位明星去揭幕剪彩，以示正宗。

二是长期广告，即厂家在报刊或影剧说明书等印刷品上，长期刊印某明星的照片及手迹，说明其爱用某种牌子的商品。当时的一些甜食点心、高档服饰、化妆品等，都经常用这种形式做广告。如二十世纪四十年代初，报上常年刊出陈燕燕、黎明晖等为上海采芝斋食品店做的广告：“我们顶爱吃采芝斋糖果。”陈云裳、童月娟等则在报上亲笔赞誉：“亚米茄表，余等最信赖之设计式样！”

案例分析

广告是商品经济的产物，是反映经济发展状况的“晴雨表”。凡是在经济发达的地区，商品经济的发展一定伴随着广告的繁荣。二十世纪三四十年代，“洋货”不断进入中国，为了打开市场，这些远道而来的外国企业开始请中国的明星代言商品。依靠明星们的魅力，这些商品在中国的知名度大大提高。除了外国企业，国内一些具有较强商业意识的商家也纷纷开始效仿，一时间，电影明星做商业广告的现象十分普遍。本案例表明，广告的发展和变迁与社会经济环境密切相关。了解了中国早期的明星商业广告，我们也就在某种程度上了解了那个时期的商业发展历程。

2.1 中国广告的起源与发展

2.1.1 中国古代广告

中国广告的起源最早可以追溯到原始社会。在原始社会初期，人们只能以渔猎和采集的方式，利用自然界现成的动植物维持生活。人们为了生存，需要相互交往，原始的信息传播即社会广告在社会发展中发挥了重要的作用。我国古代传说中的燧人氏教人钻木取火，以及伏羲氏教人结网捕鱼、狩猎的故事，反映了约一万年前母系氏族时期繁荣兴盛的景象。

在原始社会后期，生产力的进一步发展和社会分工的产生，导致了剩余产品的出现，从而奠定了私有制的基础。随着社会分工的深化，剩余产品的数量和种类日趋增多。为了把用来交换的产品交换出去，人们就必须把产品陈列在市场上；同时，为了吸引他人，势必需要叫卖。因此，实物陈列和叫卖形成了最早的广告形式。

在奴隶社会时期，我国出现了农业、手工业与商业的分工，行商阶层开始出现。随着商业的发展，商品交换日趋频繁和广泛，做买卖除了走街串巷以外，还有固定的交易场所，如“日中为市”（《易经·系辞下》）、“百工居肆，以成其事”（《论语·子张篇》）等的描述。封建社会以前的广告形式主要是叫卖广告和实物陈列广告，这些广告形式是我国最初的处于萌芽状态的广告。

在我国漫长的封建社会时期，自足自给的小农经济占主导地位，商品经济仅在一定程度上缓慢发展。因此，广告的发展也是十分缓慢的。在这一时期，主要的广告形式是口头广告、旗帜广告、招牌广告和印刷广告。

（1）口头广告。宋代孟元老的《东京梦华录》有这样的记载：“是月季春，万花烂漫，牡丹、芍药、棣棠、木香，种种上市，卖花者以马头竹篮铺排，歌叫之声，清奇可听。”明代冯梦龙《警世通言·玉堂春落难寻夫》中也有“却说庙外街上，有一小伙子叫云：‘本京瓜子，一分一桶，高邮鸭蛋，半分一个’”的广告叫卖及叫卖词的记载。口头广告发展到后来，用工具来代替吆喝或两者配合使用，产生了声响广告，如卖布商人的拨浪鼓、货郎担子的小铜锣等。

（2）旗帜广告。旗帜广告以酒旗最多。酒旗也称酒帘、青帘，是周围呈锯齿状的长条旗子（见图 2-1）。最初的酒旗用青白二色布制作，后来发展为五彩酒旗，并绣上图案或店名。唐宋以后，诗人词家多有以酒旗为话题的，而元、明、清的文学作品中也多有对酒旗的描述。唐代诗人杜牧的《江南春》中就有“千里莺啼绿映红，水村山郭酒旗风”这样的诗句。

图 2-1　拱桥倒影酒旗飘

（3）招牌广告。招牌广告是从先秦的悬帜广告发展起来的，到唐及五代时还只是集中于官府统一管理的市场内，至宋代却遍及城乡，都市商店几乎每家都有自己的招牌名称。招牌广告是元、明、清时期主要的广告形式之一。招牌有的用文字表示，有的图文并茂。北宋张择端的《清明上河图》（见图 2-2）展示了当时汴京繁华的市景和众多商店招牌林立的景象。据统计，画面上仅汴京东门外附近的十字街口，就有各家商店设置的招牌、横匾、竖标、广告等 30 余块。元代李有在《古杭杂记》中，引用张任国的《柳梢青》词“挂起招牌，一声喝出，旧店新开”来描绘旧店复业的情形。早期的招牌比较简单，后来发展为请名人书写，并出现了店铺中堂，如米店的“民以食为天”等。同时，在招牌装饰上，也开始演变出艺术图案和描金写红等竞比华贵的景象。

图 2-2 《清明上河图》（局部）

（4）印刷广告。我国是印刷术的故乡。伴随着印刷术的发明和应用，具有近代广告特点的印刷广告出现了。目前收藏在上海博物馆的北宋济南刘家功夫针铺的广告铜版雕刻，是我国最早的铜版印刷广告作品。广告刻版四寸（1 寸≈3.33 厘米）见方，绘有“兔儿”商标，是一幅兔儿捣药图。广告名称为“济南刘家功夫针铺”，上面刻着地址：“认门前白兔儿为记”。“白兔儿”就是店门面商号标志，同时写道：“收买上等钢条，造功夫细针，不偷工，民便用，若被兴贩，别有加饶，请记白（兔）”（见图 2-3）。明朝中叶以后，书商十分活跃，雕版印刷相当盛行。如 1498 年刊本《奇妙全像西厢记》的书末附有出版商金台岳家书铺的出版说明：“本坊谨依经书重写绘图，参订编大字本，唱与图合。使寓于客邸，行于舟中，闲游坐客，得此一觉始终，歌唱了然，爽人心意。”由此可见当时书商广告的功底。

图2-3 北宋“济南刘家功夫针铺”广告铜版

案例讨论

我国古代的名人广告

利用名人效应做广告，是当今广告的一大特色。但这种做法其实并非自今日始，古已有之。

清代西湖茶社为了广招游客，请来著名文人薛时雨为茶社题联，其联曰：

“桃花潭水汪伦宅，芳草斜阳孙楚楼。”

这副对联使茶社充满了诗情画意，使品茶者有口舌生香、心旷神怡之感。名人题名联，名联嵌名人，产生了广告般的轰动效应，从而使茶社生意一派兴隆。

明代海南出了一个状元，叫伯畴。伯畴能诗善对，人称海南才子，名扬全岛。一天，他路过一家酒店，店主要求他写一首诗为酒店做做广告。伯畴思索片刻，挥笔写了一首七绝：

“一轮明月挂半天，淑女才子并蒂莲。

碧波池畔酉时会，细读诗书不用言。”

这首诗不仅清雅，而且诗中暗含“有好酒卖”4个字，于是生意冷清的酒店一下子红火了起来。

宋代绍圣年间，海南岛的儋县有一位老太太，丈夫早逝，无儿无女，她以卖环饼为生，手艺出众，做的环饼味美价廉，但因为地处偏僻，生意一直十分惨淡，老太太只能勉强糊口。有一次，她得知诗人苏东坡来到儋县，便登门恳请苏东坡为她的店铺做一首诗。苏东坡得知她的情况后十分同情，当即提起笔来为她写了一首广告诗：

“纤手搓来玉色匀，碧油煎出嫩黄深。

夜来春睡知轻重，压扁佳人缠臂金。”

这首诗把环饼做工精美、色鲜味香、酥脆可口，特别是形同美人环钏的特征，描绘得淋漓尽致，令人食欲大增。老太婆将此诗精心裱糊，高挂店堂之上，小店生意越来越红火。

资料来源：古代名人的广告诗. 郑桂初. 新浪博客。

案例评析

名人广告是现代社会常用的一种广告形式，其实纵观我国历史，名人广告由来已久。我国有历史记载的名人广告可追溯到2 000多年前的战国时期。在漫长的封建社会中，名人广告也和其他广告形式一样缓慢而持续地发展着，并留下了不少经典的案例，时至今日，这些经典案例仍让我们回味无穷。

2.1.2 中国近代广告

近代广告主要指从鸦片战争到中华人民共和国成立这段时间的广告。1840年，鸦片战争爆发后，中国逐步沦为半殖民地半封建社会。随着外国资本和商品的大量涌入，民族工商业与远洋资本之间互相争夺市场，刺激了广告的发展。从中国近代广告发展史来看，这一时期广告的发展突出表现在对报纸和广播电台的利用上。

1. 广告媒介的发展

（1）报纸广告。1853 年，英国传教士在香港发行并销售到广州、厦门、福州、宁波、上海等地的《遐迩贯珍》刊物，最先刊登和招揽广告。该刊曾在 1854 年刊登一则广告，寻求广告刊户：“若行商租船者等，得借此书以表白事款，较之遍贴街衢，传闻更远，获益至多。”史学家认为，该刊是在我国最早出现的铅字印刷的中文报刊。此外，外国人还创办了诸如《东方广告报》《福州广告报》《中国广告报》之类的专业广告刊物。其广告业务主要以船期、商品价格为主，这与五口通商之后国外商船往来频繁、货物进出类多量大有很大关系。1872 年 4 月 30 日，《申报》创刊。《申报》是我国现代报纸的开端，由英商美查与伍华特、普莱亚、麦洛基合资创办的、以盈利为主要目的的商业报纸。它也是在外国人创办的报刊中由中国人主执笔政的第一家报纸。《申报》上刊登的力士香皂广告如图 2-4 所示。

图 2-4 《申报》上刊登的力士香皂广告

同期创办的还有《上海新报》《中国教会新报》等。这些报纸刊登了大量的广告，广告占版面的 2/3。19 世纪末，华人报纸相继创办，在 1895 年至 1898 年间，全国共创办了 32 种主要报纸。由于资本竞争激烈，报纸刊数及广告版面迅速增加。到 1922 年，我国的中外文报纸即达到 1 100 多种。当时影响最大的 3 种报纸是《申报》《字林沪报》《新闻报》。《新闻报》创办于 1893 年，该报早在 1923 年即以“日销 15 万份”为招徕广告的宣传语。

此外，一些主要杂志，如《生活周刊》《东方杂志》《妇女杂志》《新青年》《每周评论》《湘江评论》《天津学生联合会报》等都刊登过广告。报纸广告的广泛出现，标志着我国近代广告的发展进入了一个新的历史时期。

（2）广播广告。1923 年 1 月 23 日，我国第一座电台在上海开始广播，它是由美国人奥斯邦的中国无线电公司创办的。其后又出现了美商新孚洋行和开洛公司创办的广播电台。广播电台正式开播广告是在 1927 年，新新公司开办了一座 50 瓦的电台，用于播送行市信息、时事与音乐。同年，天津、北京也相继开设电台。至 1936 年，上海已有 36 座华资私人电台、4 座外资电台、2 座官方电台，它们基本依靠广告维持正常运营。

（3）霓虹灯广告。上海最早的霓虹灯广告是在 1926 年引进的。不久，外商在上海开办霓虹灯厂，其中丽安电器公司是规模较大的一个。华资电器等公司也在其后相继出现，并为广告公司制作霓虹灯广告。1926 年，上海南京东路伊文图书公司的橱窗内首次安装了霓虹灯广告，它是宣传皇家牌（Royal）打字机的。1927 年，上海出现了霓虹灯招牌与露天霓虹灯广告，它们安装在湖北北路中央旅社门首做横式招牌，大世界屋顶也安装了霓虹灯广告。

（4）交通广告。交通广告在当时盛极一时，主要包括电车广告、汽车广告、轮船广告、火车广告等。

其性质相当于移动的路牌广告，具有制作简便、收费低廉、传递信息面广等优点。

（5）橱窗广告。中华人民共和国成立前，上海许多大型百货商店都已有橱窗广告。随着现代建筑的出现和购物环境的改善，橱窗广告发挥着越来越大的作用。

2. 广告业的发展

二十世纪三四十年代，我国广告业发展较快，许多大企业设立了广告部，如生产三星牌牙膏的中国化学工业社以及信宜药厂、上海新亚药厂。与此同时，广告公司也迅速增加。在二十世纪三十年代，上海有近 20 家广告公司，规模最大的是联合广告公司。此外，外国人也在我国开办广告公司，如上海克劳广告公司和美灵登广告公司。

此时，我国广告界出现了同业公会。1927 年，中华广告公会在上海成立，是我国广告行业最早的组织，后几经易名，于 1933 年改名为“上海市广告同业公会”，1946 年再次改名为“上海市广告商业同业会”，会员有 90 家公司。

3. 广告的研究和管理

1919 年，北京大学新闻学研究会出版了徐宝璜所著的《新闻学》一书，其中对广告做了探讨。1920—1925 年，厦门大学、北京平民大学、燕京大学和上海南方大学等都开设了广告课程。

在广告业和广告学兴起之时，广告管理和监督也逐渐得到重视。许多报馆的广告简章规定“有关风化及损害他人名誉，或迹近欺骗者，概难照登”。当时，全国报界联合会还通过了《劝告禁载有恶影响于社会之广告案》。

尽管广告业在当时有一定的发展，但由于当时的社会及经济的不稳定，广告的发展也受到极大的限制。概括起来，我国近代广告主要有以下几个特点。

（1）政府对广告管理不力。虽然政府及有关行业对广告采取了广告监管措施，但它们显然没有起到应有的作用，许多人仍把广告与欺骗，甚至谋财害命画等号。

（2）产生了一批有一定水平的专业广告公司和广告人才。在经济发达地区，特别是有“不夜城”之称的上海，广告的发展是令人瞩目的。中华人民共和国成立后最早的一批广告公司就是在这个基础上发展起来的。这时也出现了一些广告画师，如擅长水粉画广告的胡伯翔、专攻青工图案广告的张光宇等。

（3）广告对经济生活，特别是在发达地区产生过较大影响。这也证明了广告与经济发展的联系，经济是广告发展的根本原因。

思考题

为何上海能成为我国近代广告发展的中心？它反映了经济与广告之间的何种关系？

2.1.3 中国现代广告

我国的现代广告是指从中华人民共和国成立至今的广告，大致可分为两个阶段，即改革开放以前的广告和改革开放以后的广告。

微课堂

中国现代广告

1. 改革开放以前的广告

1949 年，中华人民共和国自成立就着手恢复经济，开始了为期 3 年的经济恢复时期。为了把广告业引上有益于经济建设的轨道，上海、北京、天津和重庆等地成立了广告管理机构，对广告进行管理，并在全国多地相继成立了广告业同业公会；针对当时广告业务中存在的一些问题，对广告业进行了整顿，解散了一批经营作风不正、业务混乱、濒临破产的广告社。各地以人民政府的名义发布了一批地方性的广告管理办法，如天津市卫生局在 1949 年发布的《医药广告管理办法》、上海市人民政府公布的《广告管理规则》、重庆市在 1951 年成立广告管理所后公布的《重庆市广告管理办法》。

1958 年，商业部和铁道部联合发出通知，为了使商业广告更好地为生产和消费服务，要求利用车站、候车室、车厢及列车内用具等作为媒介开展广告业务。1978 年，十一届三中全会召开，广告业迎来了新的发展阶段。

2. 改革开放以后的广告

党的十一届三中全会以后，我国广告业迎来了快速发展的时期。1979 年年初，广告业全面恢复。1979 年被称为我国的“广告元年”，这一年中的广告大事件主要有：

1 月 4 日，《天津日报》率先恢复刊登商业广告（天津牙膏厂产品广告，见图 2-5）；

1 月 23 日，《文汇报》刊登了第一条外商广告（瑞士雷达表广告）；

1 月 28 日，上海电视台播出了第一条商业广告（参桂补酒广告，见图 2-6）；

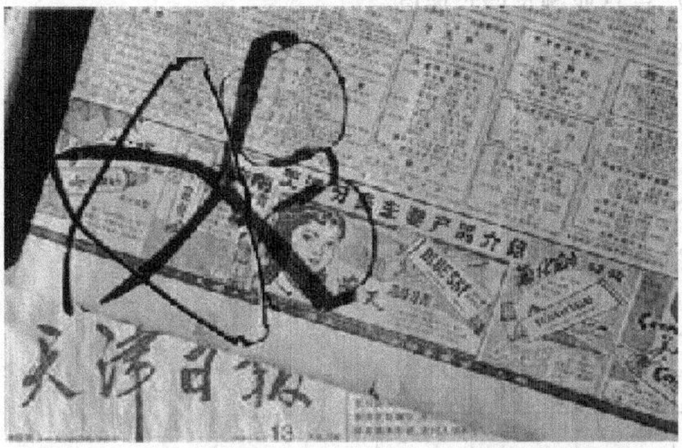

图 2-5　1979 年 1 月 4 日《天津日报》刊登的广告

图 2-6　参桂补酒广告

3 月 5 日，上海人民广播电台在全国广播电台中第一个恢复广告业务；

3 月 15 日，上海电视台播出第一条外商广告（瑞士雷达表广告）；

4 月 17 日，《人民日报》刊登了汽车、地质仪器等商品的广告。

11 月，中共中央宣传部发出《关于报刊、广播、电视台刊登和播放外国商品广告的通知》，提出“广告宣传要着重介绍四化建设中可借鉴参考的生产资料，消费品除烟酒外，也可以刊登”，并要求“调动各方面的积极因素，更好地开展外商广告业务”，从而使广告业迅速发展。

（1）总体概况。改革开放以后，我国的经济发展取得举世瞩目的成就。1979—1997 年，我国国内总产值的年平均增长率为 9.8%，其中，1990—1995 年的年平均增长率为 12.8%，远远高于全球同期 2.0%的平均增长速度。高速发展的中国经济推动了广告业务的井喷式发展。1980—1997 年，我国广告营业额每年平均增长 43.93%，其中 1985 年的增速高达 65.7%。1981 年，我国广告营业额为 11 800 万元，占国内生产总值的 0.024%；而到了 2008 年，已达到了 1 899.56 亿元，增长了 1 609 倍，增速远远超过同期国内生产总值的增长速度。

2009 年，我国广告营业额首次突破 2 000 亿元，达到 20 410 322 万元，年增长率为 7.45%。2011 年，我国广告业发展又有了新的突破，年人均广告费首次超过 200 元，达到 234 元。

国家市场监督管理总局数据显示，2019 年，我国广告营业额达 8 674.28 亿元，同比增长约 8.5%，人均广告消费额为 619.57 元人民币。2020 年中国广告市场规模达 9 143.9 亿元，较 2019 年增加了 469.9 亿元，同比增长 5.4%。2014—2020 年我国广告营业额及增长速度如图 2-7 所示。

近年来，随着国家宏观经济的稳步发展，以及移动通信、互联网、社交媒体等的飞速发展，广告业进入了蓬勃发展时期。2010—2019 年，我国互联网广告市场规模复合增长率超过 40%。2019 年，我国互联网广告总收入约为 4 367 亿元，相较上年增长 18.22%。2021 年，我国互联网广告总收入首次突破五千亿元大关，达到 5 435 亿元，增幅为 9.3%，较前些年进一步放缓，但仍保持增长的态势。2017—2021 年我国互联网广告市场规模如图 2-8 所示。

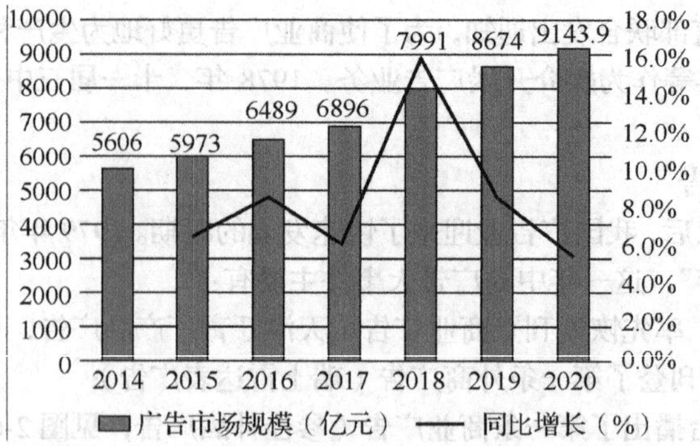

图 2-7 2014—2020 年我国广告营业额及增长速度

资料来源：国家市场监督管理总局、QuestMobile、智研咨询整理。

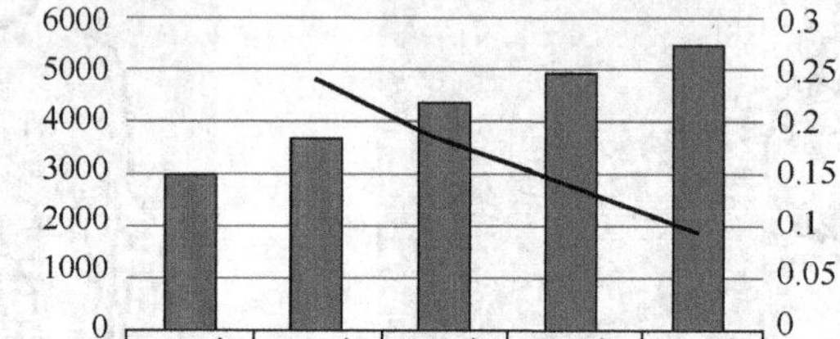

	2017年	2018年	2019年	2020年	2021年
收入（亿元）	2975	3694	4367	4972	5435
增速		24.2%	18.2%	13.9%	9.3%

图 2-8 2017—2021 年我国互联网广告市场规模

资料来源：中关村互动营销实验室、智研咨询整理。

总之，改革开放之后，我国广告市场快速发展，广告业取得了巨大成就。虽然近几年来广告业的增速变缓（新媒体广告除外），但总体上来说，我国广告业仍处于发展上升期。

（2）广告经营单位。1979 年以前，全国经营广告业务的专业广告公司约有 10 家，主要经营户外广告。1979 年以后，我国经济日益发展，广告公司的数量迅速增加。1983 年的统计数据显示，当时全国已有 181 家专业广告公司，其总年营业额达 4 870.9 万元，占当年全国广告业营业额的 20.80%。到了 1998 年，全国专业广告公司猛增到 3.3 万多家，其年广告营业额达 2 301 138 万元，占全国广告业营业额的 43%。

根据观研天下整理的统计数据，我国广告业经营单位数量自 2013 年来逐年增加，到 2018 年增长至 137.59 万户，同比增长约 22.51%；2019 年，我国广告行业经营单位数量达 163.31 万户，同比增长约 18.69%。

（3）广告的监督管理。自 1978 年改革开放以来，伴随着我国广告业的恢复和发展，国家对广告的监管也在逐步加强和规范。1980 年，国务院工商行政管理局下设广告管理司，开始统一监督和管理广告业。1982 年 2 月，我国颁布了《广告管理暂行条例》和《广告管理暂行条例实施细则》；1987 年，又颁布了《广告管理条例》和《广告管理条例实施细则》；1994 年 10 月，发布的《广告法》具体地明确规定广告监督管理方面的内容。2015 年 4 月 24 日，全国人大常委会修订通过新版《广告法》，自 2015 年 9 月 1 日起施行。新版《广告法》在完善广告准则、明确界定虚假广告、约束广告代言人、禁止烟草变相广告等方面均有不少新的规定。另外，除了《广告法》以外有关广告监督管理方面的行政法规或条例还有《药品、医疗器械、保健食品、特殊医学用途配方食品广告审查管理暂行办法》等有关我国广告监督管理的具体内容，我们将在第 13 章中详细讲述。

思考题

在改革开放之后，我国广告业得以迅猛发展的根本原因是什么？

2.2 国外广告的发展历程

2.2.1 国外古代广告

国外广告源远流长，公认的现存最早的文字广告出现在公元前3000年，它是在埃及尼罗河畔的古城底比斯发现的写在羊皮纸上的广告。其内容为：“一个叫谢姆的男奴隶从善良的织布匠哈浦家逃走了，首都特贝一切善良的市民们，谁能把他领回来的话，有赏。谢姆身高约160厘米，红脸，茶色眼珠。谁能提供他的下落信息，哈浦就赏给半个金币；如果谁能把谢姆送到技艺高超的织布匠哈浦的店铺来，哈浦就赏给他一个金币。”

公元前79年，维苏威火山爆发，古罗马的庞贝城被埋在火山熔岩下。而考古者发现，在庞贝城纵横交错的街道建筑物的墙上和柱子上，刻满了各种文字和图画；在官方规定的广告栏内，还发现了候选人的竞选广告。

在古希腊和古罗马时期，一些沿海城市的商业较发达，已有叫卖、陈列、声响、图文、诗歌、招牌等广告形式。如古代雅典的一首化妆品的叫卖诗，可称为最早的声响广告：“为了两眸晶莹，为了两颊绯红，为了老珠不黄，也为了合理的价钱，每一个在行的女人都会购买埃斯克里普托只制造的化妆品。”罗马商人在墙壁刷上商品广告。出租广告也多见，有一则广告写道：“在阿里奥·鲍连街区，业主克恩·阿累尼乌斯·尼基都斯·梅乌有店面和房屋出租，二楼的公寓就算是皇帝也会合意，自7月1日起出租，有意租房者可与梅乌的奴仆普城姆斯接洽。”

拓展知识

铅活字版的发明者
——约翰内斯·谷登堡

1445年，德国人谷登堡发明了金属活字印刷术，从此西方开始广泛应用活字印刷技术，开启了印刷广告的时代。

谷登堡印刷厂的工作情景如图2-9所示。

图2-9 谷登堡印刷厂的工作情景

2.2.2 国外近现代广告

1609年，德国人沃尔芬比特尔创刊了世界上最早的定期出版的报纸《通告—报道或新闻报》。1610年，英国最早出现了广告代理商，这是詹姆士一世让两个骑士建立的。1612 年，法国的雷纳德创立了广告代理公司，叫“高格德尔”。1622 年，第一份英文报纸《每周新闻》在伦敦出版，并首次刊载了一份书籍广告。

在报纸发行的同时，杂志也陆续出现，世界上最早的杂志是创刊于 1737 年的英国杂志《绅士》。10 年后，美国的费城有两种杂志创刊。1830 年，由海尔夫人在费城创办的《格台妇女书》杂志，成为美国妇女杂志的先驱。

1850—1911 年，一些现今仍有影响力的报纸相继创刊，它们是英国的《泰晤士报》和《每日邮报》、美国的《纽约时报》、日本的《读卖新闻》和《朝日新闻》、法国的《镜报》等。

1841 年，美国费城成立了第一家广告公司，广告逐步形成一个行业。

1868 年，第一家具有现代意义的广告公司——艾尔父子广告公司创办。他们通过代理报纸的广告业务，为报纸承揽客户，并向报纸收取佣金。此后，不同规模的广告公司相继出现。

世界最早开办广播电台的是美国。1902 年，第一家领取营业执照的广播电台——匹兹堡西屋电器公司的商业电台开始播音。继美国之后，其他国家也相继建立了广播电台。这些电台都设有商业节目，主要播放广告。

世界上第一座电视台是 1936 年在英国建立的。美国开始设立电视台是在 1939 年，正式开始播放商业电视是在 1941 年。第二次世界大战期间，各国电视事业都停止了。第二次世界大战后，电视事业得以迅速发展，尤其是 20 世纪 50 年代美国首创彩电之后，由于电视广告集语言、音乐、画面于一体，电视成为最理想的传播媒介，在此后很长一段时间中独占鳌头。

户外广告在 17 世纪就得到了发展。1870 年，户外广告收入占商业广告总收入的 30%，其中占比较大的是酒店的广告牌、彩票海报、药品广告。到了 20 世纪初，由于汽车的数量不断增加，户外广告的重要性进一步增强。户外广告多以图画为主，面向来往的行人不断进行重复宣传，给人留下较深的印象。

世界上第一个霓虹灯广告是由法国的克劳特安装在巴黎皇宫上的。后来，霓虹灯广告的使用范围逐渐扩大，霓虹灯广告于 1923 年进入美国，到 20 世纪 30 年代，霓虹灯广告已广泛普及。

此外，空中广告以广阔的天空为背景，书写或垂挂巨幅广告文字，能吸引很多人的注意。1913 年，英国空军少校萨维奇组织的烟雾空中广告实验于 1922 年在英国一个赛马场上空举行了首次表演，飞机在空中利用烟雾写下了“Daily Mail”（《每日邮报》）字样。空中投光广告最早是在美国纽约进行的，它是用 9.1 万个烛光投光机在 50 米上空放射而成的，这种空中广告给人新奇壮观的感受。

20 世纪以来，全球经济规模迅猛增长，广告行业也进入了蓬勃发展时期。随着科学技术的研发与应用，广播、电视、计算机、移动终端等电子化产品迅速普及，媒体形式呈现多样化的发展趋势，广告内容也日趋丰富多彩。近年来，移动通信、互联网、社交媒体等新兴媒介飞速发展，全球广告进入了蓬勃发展的时期。到 2020 年年底，全球互联网广告的收入已超过其他媒介广告收入的总和。2021 年，全球互联网广告市场规模超过了 4600 亿美元，在全球广告市场中的占比达 64.4%。2017—2021 年全球互联网广告市场规模及增速如图 2-10 所示。

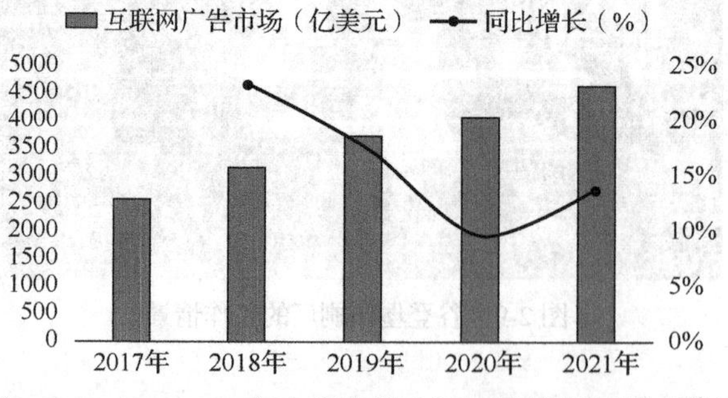

图 2-10　2017—2021 年全球互联网广告市场规模及增速统计

资料来源：Statista，前瞻产业研究院整理。

从区域发展情况来看，进入21世纪以来，世界广告市场的格局发生了新的变化，由原来的北美和西欧主导，变成了北美、东亚和西欧三足鼎立的局面。2020年，美国、中国和日本是全球广告市场规模排名前三的国家，与GDP的全球排名一致。

从全球来看，广告业如今正面临着新技术的发展以及由此带来的更多媒体选择上的挑战。移动互联网等新的广告媒介将对广告业，特别是广告投资的方向产生深远的影响。

习题

一、单选题

1．中国广告的起源最早可以追溯到（　　）。

A．封建社会　　B．奴隶社会　　C．原始社会　　D．近现代社会

2．1923年1月23日，我国第一座电台在（　　）开始广播，它是由美国人奥斯邦的中国无线电公司创办的。

A．天津　　B．上海　　C．北京　　D．广州

3．1445年，德国人（　　）发明了金属活字印刷术，从此西方开始广泛应用活字印刷技术，开辟了印刷广告的时代。

A．阿尔伯特·莱斯克　　B．威廉·伯恩巴克　　C．谷登堡　　D．乔治·戈里宾

4．（　　）年，我国广告业发展又有了新的突破，年人均广告费首次超过200元，达到234元。

A．1979　　B．1995　　C．2011　　D．2013

5．1872年4月30日，（　　）创刊，它是我国现代报纸的开端。

A．《中国教会新报》　　B．《申报》　　C．《上海新报》　　D．《中国广告报》

二、多选题

1．在漫长的封建社会中，主要的广告形式是（　　）等。

A．口头广告　　B．旗帜广告　　C．霓虹灯广告

D．招牌广告　　E．印刷广告

2．近代广告媒介包括（　　）。

A．报纸广告　　B．广播广告　　C．霓虹灯广告

D．交通广告　　E．橱窗广告

3．到1922年，我国的中外文报纸即达到1 100多种。当时影响最大的3种报纸是（　　）。

A．《申报》　　B．《上海新报》　　C．《字林沪报》

D．《新闻报》　　E．《中国教会报》

4．在古希腊和古罗马时期，一些沿海城市的商业较发达，已有（　　）等广告形式。

A．叫卖　　B．陈列　　C．声响

D．图文　　E．报纸

5．进入21世纪以来，世界广告市场的格局发生了新的变化，由原来的北美和西欧主导，变成了（　　）三足鼎立。

A．东亚　　B．非洲　　C．西欧

D．北美　　E．拉美

三、简答及论述题

1．我国奴隶社会时期的主要广告形式有哪些？

2．我国近代广告的主要特点是什么？

3．简述中华人民共和国成立后到改革开放之前的广告业发展状况。

4．简述我国改革开放以后广告业发展的总体概况。

综合案例

可口可乐百年广告变迁

1886年5月8日，药剂师彭伯顿博士在自己家后院用铜鼎调制出一种新口味的糖浆。他和朋友们考虑两个大写字母C会使广告更醒目，便为之取名Coca-Cola；不久又在《亚特兰大纪事报》上刊登了有史以来的第一则可口可乐广告，向全体市民推荐“一种全新的大众化的苏打水饮料”。

如今，可口可乐已经成了美国的象征。作为软饮料市场的巨无霸、享誉全球的品牌，可口可乐是世界上销量最大的饮料，每天被50多个国家和地区的5.43亿人饮用。

它之所以成为典型的美式商品，是因为它具备了美国社会的三大特征：自由经营、大量消费和无所不在的广告。甚至可以说，广告使可口可乐成为头号全球产品。“成功在于广告”是他们的秘诀。2001年8月，美国《商业周刊》评出全球十大品牌，可口可乐稳坐头把交椅，品牌价值高达689亿美元。

可口可乐公司在说明它巨额的广告费用时说：“今天，竞争比以往更激烈。不仅有来自其他软饮料的竞争，还有来自正在增多的各种各样的产品的竞争：这些竞争的目的是赚消费者的钱。这种竞争是富有经验、带有攻击性的，需要有雄厚的经济力量。现在是这个国家有史以来广告运用最多的时期，我们不能少花钱。”可口可乐的成功不仅在于对广告的充分重视，更在于广告战略的合理运用。

20世纪30年代以前，可口可乐采用了进攻性战略；30年代以后，面对强有力竞争对手的挑战，采用了防御性和进攻性相结合的战略。其在全球营销战略上采用全球一致的广告主题策略。每一时期的广告，都有一个基本的主题思想，以微笑作为广告的诉求点。从1886年至今，可口可乐在持续不断的广告战略中使用过的广告口号已达94条。

“要想提精神请留步”“喝新鲜饮料，干新鲜事儿”“喝可口可乐只需花五美分”“Coca-Cola，一个全球性的符号”“真正清凉的饮料”“可口可乐使你一帆风顺”“挡不住的诱惑”等不同时期的广告主题，都针对了当时青年消费者爱美、好奇心强、追求欢乐等的心理趋势，通过文字、构图和曲调上的不断创新和着力渲染，赢得消费者的信赖与肯定。

在媒体运用上，可口可乐也从未落伍。从20世纪20年代中期到60年代，广播电台是它的首要传播媒体。电视的发展又使它转移了广告的重点，1950年，可口可乐首次资助电视直播节目。此后，许多重要庆祝活动、娱乐表演和体育比赛都曾得到过可口可乐的赞助。

为了适应个性化消费时代的到来，可口可乐广告在不同国家和地区开始以本土化的形象呈现。1999年，可口可乐在中国推出的电视广告片《年轻的成分》，一改以往的美国面孔，以全新的本土形象展现可口可乐年轻的心态和健康活力，中式场景、中国面孔和热力四射的音乐，一下子缩短了可口可乐与中国年轻一代消费者的心理距离。

可口可乐卓越而成功的广告形象战略——其独特的红白二色标志，已成为它的“金护照”。人们只要看到这个标志，就会很快辨认出这是可口可乐的标志。它在全世界展示相同的品牌形象，开创了品牌形象模式化的先河。

“广告出于经营的需要，是商业世界一剂美妙的强心针。”正是这剂“美妙的强心针”能使消费者高兴，把消费者带到一个美好的世界。卓越的广告策略的成功运用，创造了可口可乐王国的丰功伟绩。可口可乐在一份报告中提出：“展望21世纪，我们的目标是继续赢取我们能获得的成功。”

进入21世纪后，可口可乐的广告策略更加国际化。广告强调的是全世界共通的博爱。可口可乐公司将产品意象从饮料本身抽离，转而从人与人之间的情感出发，塑造出温馨的氛围，从网站、平面广告，到电视传媒进行一体成型的宣传，期待创造出另一高峰。

在可口可乐2007年“心随我爽”主题广告中，红红的主色调、激情的旋律、随处可见的可口可乐标志和可口可乐瓶子仍然是广告的主要元素；所不同的是，可口可乐主题广告不是放在对“情”的表现上，不是通过对可口可乐在连接青年男女并促使其产生情感流露时的独特作用，而是通过对年轻人具有的玩“酷”的特点的表现，在运动内容、游戏等方面充分显示可口可乐饮料带来的无限活力，尽情释放“心随我爽”的诱惑。这种诱惑不仅仅是对体验可口可乐的消费者的诱惑，也是对欣赏可口可乐广告受众的诱惑。同时，这种诱惑并不是与可口可乐往年广告主题的割裂：片尾“要爽由自己”的字样恰似提醒受众，2007 年的广告主题是往年广告主题“要爽由自己”的延伸，是对“要爽由自己”的一种立体化表现。

2013 年夏天，可口可乐因“昵称瓶”而改变，成了全民话题，并飞速地进入我们的日常生活。可口可乐不仅销量较上年同期增长 20%，并且在广告界的盛大节日大中华区艾菲奖（EFFIE AWARDS）颁奖现场摘得全场大奖。而 2014 年的“歌词瓶”同样掀起了一场夏日狂欢。

“昵称瓶”之后，可口可乐对“歌词瓶”的推广更显轻车熟路。先是在名人微博进行定制化产品投放，利用其名人效应让更多消费者熟知本品牌。而后，在自己的官方微博账号上发布与歌词相关的内容，与产品配合。歌词瓶的出现让爱好音乐的年轻人们重温了一遍那些充满回忆的歌曲，创新的瓶身设计让人眼前一亮的同时，相关图片等信息也迅速地被人分享到各种社交平台。

可口可乐广告演变的过程也是技术手段不断改变广告的过程。从最早的手绘插图到精美的艺术作品，从电视广告初期的定格动画到流畅的产品演示，从人物出演的情节短片到先进的计算机动画技术，技术的革新不断丰富着广告的演示手段，推动着广告向更高层次发展。

问题讨论

1. 伴随着时代的发展，可口可乐的广告发生了哪些变化？
2. 结合本案例，请谈谈媒体技术的进步对可口可乐广告策略的影响。

第 3 章　广告计划、目标与预算

本章导读

广告计划是企业对广告活动所做的预先安排。广告目标是广告活动所要实现的预期成果，是广告计划制订的依据。广告预算是广告主根据广告计划对开展广告活动所需费用的核算，是广告宣传活动投入资金的使用计划，是企业广告活动得以顺利进行的保证。广告计划、广告目标与广告预算不仅关系密切，而且均是企业广告活动得以顺利开展的基础。

知识结构图

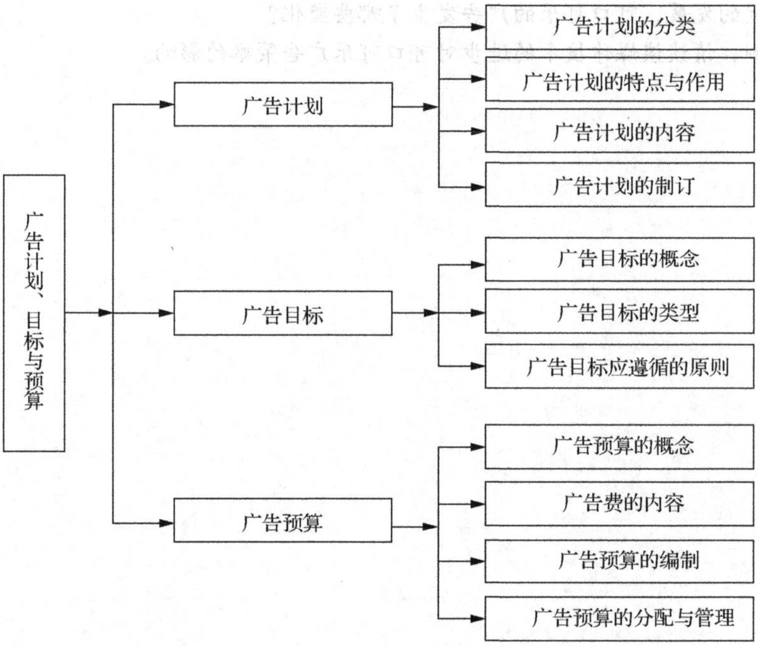

开篇引例

广告主广告预算投入新趋势

近年来，越来越多的消费者养成了线上购买的习惯，根据这一市场导向，广大广告主也将注意力和时间向线上倾斜，营销预算和投入也更多地分配给了线上渠道。以 2020 年为例，广告主增加营销预算的主要广告形式和广告主最关注的主要线上媒体营销模式分别如图 3-1 和图 3-2 所示。

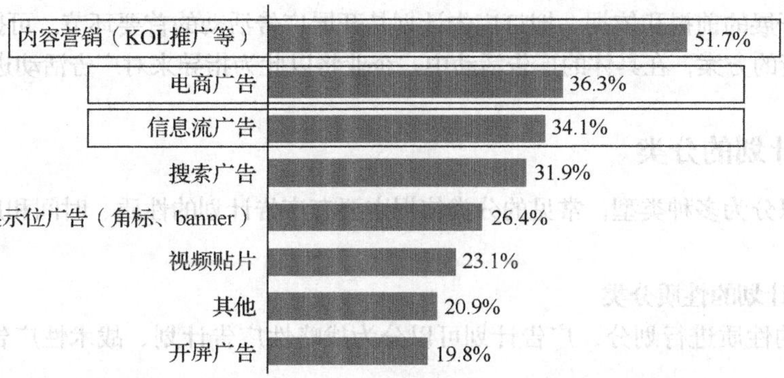

图 3-1　2020 年广告主增加营销预算的主要广告形式

资料来源：艾瑞咨询。

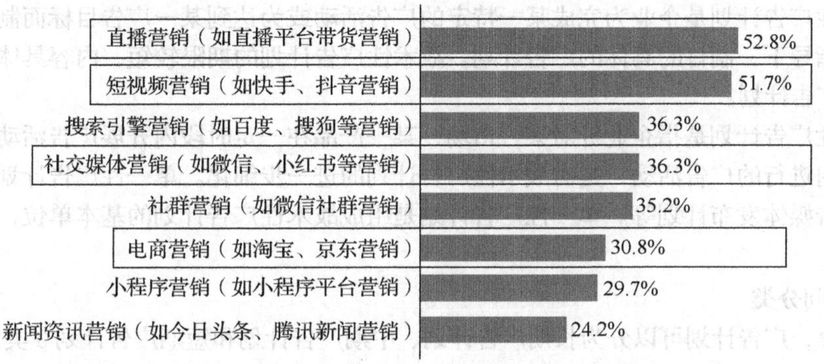

图 3-2　2020 年广告主最关注的主要线上媒体营销模式

资料来源：艾瑞咨询。

从以上数据可以看出，广告主最喜欢的 3 种广告形式是内容营销［KOL（key opinion leader，关键意见领袖）推广等］、电商广告及信息流广告，以此来最大限度地吸引用户关注，同时辅以搜索广告、展示位广告［角标、banner（旗帜广告）］、视频贴片和开屏广告等。

主流媒体平台更是广告主争相抢占的黄金展位，包括短视频领域的快手、抖音，搜索引擎领域的百度、搜狗，以及社交领域的微信、小红书等。

资料来源：艾瑞咨询。

案例分析

线上广告渠道多、形式多样，头部平台认可度高，基于优质的营销内容设计和消费者日常使用习惯的新媒体营销，将愈发受到各行业广告主的青睐。可以预见，未来会有更多的企业将广告预算投向新媒体平台。

3.1　广告计划

广告计划是广告主或广告经营单位根据企业的营销目标、营销策略和广告任务而制订的关于未来一定时期内广告活动的整体安排。广告计划的作用在于通过系统地筹划未来的广告活动，把各方的努力有效地组织到广告活动中去，并按照广告主的意图使之协调起来，使从事广告活动的人员都为实现既定的目标而努力。

作为指导企业广告活动的规划，广告计划具有事前性和可操作性两个重要的特征。事前性是指广告计划是广告活动开展的前提和依据，拟订广告计划是开展广告活动的首要环节。可操作性是指广告计划必须是一个可执行的方案，在具体的广告活动中，企业将以此为指导来对广告活动进行组织和实施。

3.1.1 广告计划的分类

广告计划可以分为多种类型，常见的分类依据主要有广告计划的性质、时间和广告媒体，下面分别进行介绍。

1. 根据广告计划的性质分类

按广告计划的性质进行划分，广告计划可以分为战略性广告计划、战术性广告计划和单一性广告计划。

（1）战略性广告计划与企业长期发展战略相适应，指明了企业长期广告活动的方向与目标。此类广告计划一般涉及范围较广，实施的周期较长。

（2）战术性广告计划是企业为完成某一特定的广告活动或为达到某一广告目标而制订的，是在战略性广告计划的指导下，制订的具体的广告计划。战术性广告计划的期限较短，内容具体，可操作性强，是一种常见的广告计划。

（3）单一性广告计划是指企业针对某一市场、某一产品在一定时段内开展广告活动而制订的，涉及在较小的范围内进行的广告活动，是对战术性广告计划的进一步细化。单一性广告计划可以是广告媒体选择计划、广告媒体发布计划等。单一性广告计划是组成战术性广告计划的基本单位，在广告计划中占有重要的地位。

2. 根据时间分类

按时间划分，广告计划可以分为长期广告计划、中期广告计划和短期广告计划3类。

（1）长期广告计划一般是指期限在 5 年以上的广告计划。它是以企业长期发展战略为依据，按照市场营销的战略要求制订的广告计划。长期广告计划主要是方向性和长远性的计划，通常以工作纲领的形式出现。长期广告计划必须根据企业发展计划的实施程度和市场形势的变化，不断地调整和修订。

（2）中期广告计划是指计划期限为1～5年以内的广告计划。中期广告计划是根据企业的长期广告计划制订的，它比长期广告计划要详细具体，是在充分考虑了企业的内外部经营环境后制订的可执行计划。

（3）短期广告计划包括年度广告计划和临时性广告计划，其期限均不超过 1 年。年度广告计划是企业在一年内按季分月制订的广告计划。年度广告计划是依据企业的年度经营目标和销售计划制订的，其主要内容包括确定本年度广告目标及广告预算在不同媒体上的分配等。临时性广告计划是指企业在特殊场合或遇到突发事件时制订的广告计划。短期广告计划的可操作性比较强，要求内容全面具体、指标可量化、切实可行。

3. 根据广告媒体分类

根据广告媒体划分，广告计划可以分为组合媒体广告计划和单一媒体广告计划。

（1）组合媒体广告计划是指在广告宣传活动中，计划使用两种或两种以上的媒体作为传播媒介的广告计划。

（2）单一媒体广告计划是指仅利用一种媒体进行宣传的广告计划。

3.1.2 广告计划的特点与作用

1. 广告计划的特点

（1）广告计划是一份行动文件。实施广告策划方案是一项非常复杂的工作，需要各方面的协调配合。广告计划以文件的形式标明了所要采取的步骤、时间安排等，用以指导和控制整个广告活动的开展。

（2）广告计划是对某一广告目标及完成这一目标的一种解释。广告计划解释了需要完成的广告任务、需要达到的广告目标，并解释和规划了实现广告目标的具体步骤。

（3）广告计划具有一定的强制性和约束性。广告计划一旦制订，就成为广告活动必须遵守的行动准则和努力方向。虽然计划具有一定的灵活性，但这种灵活性是受一定的条件限制的，是有限的灵活。

2. 广告计划的作用

广告计划是广告活动的首要环节，是广告策划的重要组成部分。广告计划在整个广告活动中起着举足轻重的作用，其作用主要体现在以下几个方面。

（1）广告计划的指导作用。广告计划是对整个广告活动的预先规划，是企业广告战略和广告策略的体现，它是广告活动的依据和行动指南。广告计划使无序的广告活动变得有序，为各项广告活动规定了努力的方向。广告计划对广告活动的整个实施过程都具有指导作用。

（2）广告计划的协调作用。建立在充分调研和科学分析基础上的广告计划，可以使从事不同广告业务的人员彼此协调，有条不紊地开展各项工作，齐心协力完成广告目标。广告计划具有协调作用，能够使广告活动的各个职能部门相互配合，统一行动。

（3）广告计划的控制作用。广告计划规定了广告活动所要达到的各项指标，这些指标是广告活动效果的衡量标准。在具体的广告计划实施过程中，管理者应根据这些指标来检查实际活动效果与计划目标是否一致，如果存在偏差就必须采取控制措施来消除差距，从而保证能够按时、保质、保量地完成广告计划。

（4）广告计划的评价作用。广告计划为评价广告活动、测定广告效果提供了相应的依据，有助于广告目标的实现。

3.1.3 广告计划的内容

广告计划涉及广告活动的各个方面，企业可以根据营销战略的需要，在某些方面有所侧重。概括起来，广告计划主要包含以下几个方面的内容。

（1）市场分析。市场分析是广告计划制订的依据，内容包括企业与产品分析、市场与环境分析、营销分析、消费群体分析、竞争者分析和市场发展机会分析等。

（2）广告目标。广告目标是广告活动所要实现的预期成果，如增加产品销量、提高产品的市场占有率、提升企业品牌形象等。广告目标在一定程度上决定了广告计划的制订方针。

（3）广告的目标受众分析。广告的目标受众分析主要包括以下内容：广告的目标受众是谁？他们主要接触的媒体有哪些？他们最关心的利益点是什么？他们对产品及广告的态度如何？对广告目标受众进行精准的分析，有利于企业有的放矢地制定广告策略。

（4）广告的传播区域。广告的传播区域是指广告对象生活的区域与范围。广告的传播区域一般有3个层次，即国内特定区域、全国范围和国外市场。这些区域的划分应根据广告战略进行周密筹划，在原则上要突出重点区域，对重点区域要加大广告的投放力度。

（5）广告主题。广告主题是广告所要表达的重点和中心思想。广告主题应根据产品的市场定位和产品本身的特点来确定，而且广告主题必须要体现出产品的与众不同的个性。一则广告不能有太多的主题，否则广告难以给目标受众留下深刻的印象。

（6）广告策略。广告策略是广告活动中所运用的具体措施与手段，主要包括广告的媒体策略、创意策略和实施策略。创意策略将在“广告创意策略”一节中详细介绍。

（7）广告预算。广告预算是对广告活动所需费用的核算和使用安排，是广告活动得以开展的资金保障。编制广告预算要量力而行，不宜定得过高或过低。广告预算支撑着广告计划，是广告计划能否落实的关键。

（8）广告效果预测。广告效果预测是指对广告活动的目标达成和任务完成情况的预先估计。在广告计划中，广告效果预测主要包括广告传播效果和广告销售效果两项内容。广告效果的预测应该建立在科学分析的基础上，而不能凭空臆造。

思考题

广告计划、营销战略以及营销计划之间存在什么关系？

3.1.4 广告计划的制订

广告计划的制订要遵循一定的程序。在制订广告计划时，首先要确定目标，然后紧紧围绕这个目标开展工作。具体来说，广告计划有以下制订程序。第一步，确定广告目标，即明确广告活动所要取得的预期成果。第二步，明确前提条件，即确定广告计划实施的预期环境。因为计划是面向未来的，企业的内外部环境变化都会对计划产生影响，因而广告计划存在着一定的不确定性。为了实现目标，所制订的广告计划要切实可行，企业也必须要做好环境的预测工作。第三步，确定备选方案，即在各种可能实现广告目标的途径和方法中选择最优或最满意的方案。这一阶段的工作又可进一步细分为拟订广告计划方案、评价方案和选择方案 3 个方面。广告计划的制订者通过对各种方案进行综合评价，按照从高到低的顺序，确定方案的优先级，并做出最终的选择。第四步，拟订派生计划，即基于主要计划拟订分支计划，如广告计划可以派生出广告媒体计划、广告调查计划、广告制作计划等。第五步，编制广告预算。广告预算实质上是广告经费的分配计划，它规定了广告计划期内开展广告活动所需的费用总额、使用范围和使用方法。

案例讨论

小快克牌儿童感冒药广告策划

我国每年感冒患儿高达 5 000 多万人次，儿童专用感冒药市场潜力巨大。海南快克药业有限公司（以下简称快克公司）主要经营快克（复方氨酚烷胺胶囊）、小快克（小儿氨酚黄那敏颗粒）、快克露等产品。其中，小快克是专为儿童研发的感冒药。快克公司是复方氨酚烷胺胶囊处方的创制者，亦是复方氨酚烷胺胶囊国家药品标准的起草者，并率先提出“抗病毒，治感冒”的科学理念。

小快克从研发开始就严保品质，立足于儿童市场，如推出了草莓口味的颗粒剂，有效解决了儿童吃药难的问题。2010 年 9 月，小快克 0.5 袋分隔包装全面上市，有效地保障了儿童的安全用药问题。

快克公司通过营销传播活动，向父母介绍精准用药的重要性和小快克精准用药的专业性。虽然与竞品相比，小快克的知名度没有优势，但其品牌形象成熟，销售系统完备，所以广告策划的重点在于提高品牌知名度，加深目标受众对小快克精准、可爱、好喝的形象地认知。广告方案以 4C 理论为指导思想，在媒介选择上采用电视、报纸、网络、户外等组合媒体进行全方位、立体式的传播，最终取得了良好的广告投放效果。

案例评析

由于儿童抵抗力较弱、容易被病毒感染，因此对儿童来说，感冒是一种常见的疾病。不同于抵抗力较强的成年人，儿童感冒后一旦治疗不力，往往会导致较为严重的并发症。因而父母都非常重视儿童患感冒时的用药问题。快克公司通过向父母介绍精准用药的重要性和小快克精准用药的专业性，有效地赢得了他们的信任，再借助 4C 理论，采用立体式的广告媒体组合传播策略，最终取得了良好的广告传播效果。本案例给我们的启发是：在开展广告活动时，必须要做好筹划，要明确产品的定位，准确把握目标受众所关心的核心问题并通过恰当的媒体实现精准的广告信息传递。

3.2 广告目标

3.2.1 广告目标的概念

广告目标是一定时期内广告主期望实现的预期广告活动成果，如促进产品销售，提高产品知名度、美誉度，改变消费者认知，增强市场竞争力等。因此，广告目标不是单一的，而是多元的。此外，广告目标与广告计划之间的关系密切，目标是计划工作的导向，而计划则是实现目标的手段。

3.2.2 广告目标的类型

广告目标具有多元性，因此划分的方法也有很多，下面对根据市场营销策略和根据广告产品的生命周期进行划分这两种方法做简单介绍。

1. 根据市场营销策略进行划分

（1）创牌广告目标。创牌广告目标旨在通过对产品的性能、特点和用途的宣传介绍，提高消费者的产品认知度和品牌知晓度。这是企业在新产品上市或开拓新市场时经常设定的广告目标。

（2）保牌广告目标。保牌广告目标旨在巩固企业已有的市场地位，并在此基础上深入开发潜在市场和刺激消费者重复购买。企业主要通过连续广告的形式，加深目标受众对已有商品的认识，使现实消费者养成消费习惯、潜在消费者产生兴趣和购买欲望。保牌广告的重点在于保持消费者对广告产品的好感、偏好和信心。

（3）竞争广告目标。竞争广告目标旨在突出企业有别于其他竞争对手的优势，使消费者产生购买偏好。

2. 根据广告产品的生命周期进行划分

（1）信息性广告目标。信息性广告目标常用于产品处于引入期时，此时产品刚刚上市，消费者对产品的性能、品质和特点还缺乏了解，为打消消费者的购买顾虑，企业必须通过广告向消费者传递全面的产品信息。

（2）说服性广告目标。当产品处于成长期或成熟期时，市场上同类产品或替代品不断增加，导致竞争日趋激烈，消费者的选择余地也越来越大。此时企业多采用说服性广告，即从消费者切身利益出发，在广告中告知消费者本企业产品的独特价值，劝说消费者形成对本企业产品的偏好，进而产生购买行为。

（3）提醒性广告目标。提醒性广告是产品处于成熟期或衰退期时企业常采用的一种广告策略。这类广告的目的在于提醒现实消费者不要忘记本企业产品的商标、品牌及特色，刺激其重复购买，引导消费者形成稳固的、习惯性的需求。

3.2.3 广告目标应遵循的原则

广告目标的确定要遵循的原则如下。

（1）广告目标要符合企业的营销目标。广告是企业营销活动中的一种促销手段，广告目标是企业营销目标在广告活动中的具体化。广告目标必须服从、服务于企业的营销目标。

（2）广告目标要切实可行。在确定广告目标时，要考虑到广告目标实现的可行性，要从实际出发，全面分析，研究企业内外条件的影响和制约因素，既不要降低标准，也不要脱离实际盲目求高，力求使广告目标恰当合理、切实可行。

（3）广告目标要明确具体。广告目标不能含含糊糊、模棱两可，不能笼统地确定为开拓市场、扩大市场份额、促进商品销售等，广告目标应当尽可能地量化。

（4）广告目标应单一。在某一次具体的广告活动中，切忌追求多目标。多目标实际上容易导致主次不分、力量分散、中心不突出，难以取得应有的广告效果。

（5）广告目标要有一定弹性。广告活动在实施过程中，企业内外环境可能发生较大的变化，广告活动为了适应这种变化，需要配合企业整体营销的进行，做适当的调整。

（6）广告目标要有协调性。广告活动是企业整体营销的一个组成部分，在确定广告目标时，既要考虑到它与企业的其他促销手段的协调，又要考虑到广告部门与企业其他部门活动的协调，以利于实现企业的营销目标。

（7）广告目标要考虑公益性。尽量将企业利益同社会利益结合起来，使两者相互促进，建立起符合社会利益的企业形象，这也是企业广告活动的最终目标。

3.3 广告预算

3.3.1 广告预算的概念

微课堂

影响广告预算的主要因素

广告预算是广告主根据广告计划对开展广告活动的费用的核算，是广告主进行广告宣传活动投入资金的使用计划。它规定了广告计划期内开展广告活动所需的费用总额、使用范围和使用方法。

广告预算不同于财务预算，财务预算一般包括收入预算与支出预算两大部分，而广告预算仅为支出预算。这是因为广告投放之后的经济效果会受到多种因素的影响，具有较强的不确定性，而且广告的沟通效果和社会效果通常也无法用经济指标来衡量，所以无法在制订广告预算时列出广告的收入预算。

有许多广告主错误地认为，广告投入越多，广告效果就会越好。而实际上，当广告投入达到一定规模时，边际收益就会呈现递减趋势。美国广告学家肯尼斯·朗曼（Kenneth Longman）研究发现，销售额与广告投入之间存在着特定的关系，如图 3-3 所示。

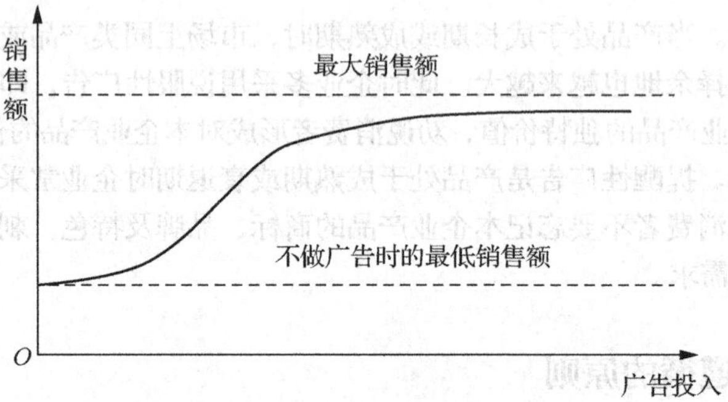

图 3-3 销售额与广告投入之间的关系

肯尼斯·朗曼认为，任何品牌的产品即使不做广告也有一个最低销售额；投入再多的广告费用也不会使企业的销售额持续增长，只能是无限接近于“某一最大销售额”。朗曼指出，产品的最大销售额是由广告主的经营规模、生产能力、销售网络以及其他因素综合决定的。理想的广告宣传活动应该是以最少的广告投入取得最佳的广告效果。当广告效果达到一定水平时，再追加广告投入就是对资源的一种浪费。

3.3.2 广告费的内容

广告费是指开展广告活动所需的费用，包括广告调研费、广告设计费、广告制作费、广告媒体费、广告机构办公费与人员工资等。有些企业将公共关系与其他促销活动费也记入广告费，这是不合理的。

例如，馈赠销售的赠品开支、有奖销售的奖品或奖金开支、推销员的名片费、公司内部刊物的印刷费等开支，均不应列入广告费。

3.3.3 广告预算的编制

1. 影响广告预算的主要因素

一般来说，影响广告预算的主要因素有产品的生命周期、市场竞争状况、品牌的市场影响力、广告频次、产品的可替代性等。

（1）产品的生命周期。产品的生命周期是指产品从上市到最终退出市场的整个过程，包括引入期、成长期、成熟期和衰退期 4 个阶段。产品的生命周期是由市场需求的变化趋势所决定的。在产品生命周期的不同阶段，企业的广告投入应有所不同，以取得最佳的收益。

① 引入期。引入期是产品进入市场的第一个阶段。在这一阶段，目标市场上的消费者还不了解产品的功能，产品的品牌还没有给消费者留下任何印象。产品的销售量增长缓慢，由于前期投入（如产品的研制费用、开发费用、材料成本以及销售网络的建设费用等）较大，企业基本上是在进行无利经营，市场上还没有出现竞争对手。

企业经营者为了提高产品品牌的知名度，树立品牌形象，必须投入大量的广告费用，充分利用各种媒体进行广告宣传，以提高产品的曝光度。只有当产品的曝光度达到一定程度后，消费者才能对产品产生初步的印象。引入期的广告宣传是一种典型的信息性广告。它主要是针对产品的基本情况向目标市场广而告之，例如将产品的价格、功能、品牌、产地、售后承诺等情况告诉消费者。

② 成长期。在这一阶段，产品在目标市场上已有一定的知名度，一些消费者对产品及品牌已建立了初步的认知。产品的销售网络已基本建成，销售利润逐步增加，市场上出现了竞争对手。一部分消费者由于产品的质量较好而成了企业的回头客，他们已产生了一定的品牌忠诚度。

企业在这一阶段的广告应由信息性转向个性诉求性。广告投入应比引入期有所减少，在广告内容方面侧重于突出产品的特征，增加广告的艺术含量，以求通过良好的视听形式来促使消费者产生固定的品牌联想。

③ 成熟期。成长期之后，产品进入生命周期的第三个阶段——成熟期。该阶段的特点是产品销售量增长缓慢，逐步达到最高峰，然后开始缓慢下降；市场竞争十分激烈，各种品牌的同类产品和仿制品不断出现；企业利润开始下降；销售额的绝大多部分来自消费者的重复购买，只有少数迟缓消费者进入市场。本阶段一般是产品生命周期中最长的一个阶段。

在这一阶段，企业需要利用多种媒体，采用说服性广告的策略进行广告宣传，在广告中突出“人无我有，人有我新，人新我全，人全我精”的相对优势，以形成消费者的购买偏好。

④ 衰退期。衰退期是产品生命周期的最后一个阶段。该阶段的特点是产品销售量急剧下降；价格已经难以维持原有水平，利润也迅速下降直至为零，甚至出现亏损；消费者的消费习惯发生改变或持币待购；市场竞争转入激烈的价格竞争，很多竞争者退出市场。

在衰退期，企业一般都会大幅减少广告预算，以降低支出。此时应采用提醒性广告策略，即通过广告提醒广告受众注意本企业的产品依然存在，以唤起广告受众对产品的回忆，也给品牌的忠诚消费者一定的宽慰。

（2）市场竞争状况。市场竞争状况是影响广告预算的又一个重要因素。如果竞争对手进行大规模的广告宣传，本企业必然也要及时跟进，加大广告投入力度。否则已有的市场占有率就很难维持。

（3）品牌的市场影响力。若企业的品牌具有较强的市场影响力，保持一定水平的广告投放即可获得良好的广告效果。倘若企业品牌影响力较小，消费者对产品及企业的认知度不高，为赢得消费者的信赖，企业必须要加大广告预算投入。

（4）广告频次。广告频次是指在一段时间内，某一广告在特定媒体上出现的次数。在单位费用不变的情况下，广告播出的次数越多，相应的广告支出也就越多，广告频次与广告预算成正比。广告重复出现的次数越多，广告主的花费也就会更多。

（5）产品的可替代性。如果产品的替代品较多，为突出产品的独特个性、树立品牌形象，企业必须加大广告预算的投入。

2. 广告预算的编制程序

广告预算活动由一系列预测、规划、计算、协调工作组成。广告预算的基本编制程序如下。

（1）确定广告投资的额度。通过分析企业的整体营销计划和企业的产品市场环境，提出广告投资的计算方法的理由，以书面报告的形式上报主管人员，由主管人员进行决策。

（2）分析上一年度的销售额。广告预算一般一年编制一次，在编制下一年度的广告预算时，应该先对上一年度的销售额进行分析，了解上一年度的实际销售额是否符合上一年度的预测销售额，由此分析并预测下一年度的实际销售情况，以便合理安排广告费用。

（3）分析广告产品的销售周期。大部分产品在一年的销售中，都会呈现出一定的周期变化，即在某月上升、某月下降、某月维持不变等。对销售周期进行分析而得出的结果可以为广告预算编制提供依据，以确定不同销售周期阶段下的广告预算分配。

（4）编制广告预算的时间分配表。根据前 3 项工作得出的结论，确定年度内广告经费总的分配方法，按季度、月份将广告费用的固定开支予以分配。

（5）对广告进行分类预算。在广告总预算的指导下，根据企业的实际情况，将根据时间大致确定的广告费用分配到不同的产品、不同的地区、不同的媒体上。这是广告预算编制的具体展开环节。

（6）制定控制与评价标准。在完成上述广告费用的分配后，应立刻确定各项广告开支所要达到的效果，以及对每个时期每一项广告开支的记录方法。根据这些标准，再结合广告效果评价工作，就可以对广告开支进行控制和评价了。

（7）确定机动经费的投入条件、时机、效果的评价方法。广告预算中除去绝大部分的固定开支外，还需要对一定比例的变动开支做预算。如在什么情况下方可投入变动开支、变动开支如何与固定开支协调、怎样评价变动开支带来的效果等。

3. 广告预算的编制方法

编制广告预算不仅要分析影响因素，按一定步骤操作，还必须采取正确的方法，以保证广告预算编制的科学性。目前，常用的广告预算的编制方法主要有以下几种。

（1）预算累进法。预算累进法又称目标/任务法，具体分为 3 步。首先，应量化估测广告活动要达到的目标；其次，分解出为达到目标所需要完成的各项具体任务；最后，计算实现各项任务所需的广告费，总计数字就是整个广告活动的预算。

（2）销售百分比法。该方法需要企业认真研究产品历史销售状况，并根据产品历史销售状况估算今后一段时间内产品销售量的变化（增加或减少）趋势，从而有效预测销售总量。预测的销售总量乘以标准百分比就可以得到广告预算，企业可以根据行业平均广告支出以及企业近一年内的广告费用确定标准百分比。

（3）竞争均势法。竞争均势法是指企业在深入了解竞争对手广告支出情况的基础上，根据竞争对手的广告费用支出总额或占销售额的百分比来决定自己的广告预算，以保持与竞争对手相对均势的广告投入水平。采用这种广告预算编制方法要求企业经常考察竞争对手的广告支出水平，并进行合理测算和对比，从而确定适宜的广告预算。

（4）量力而行法。量力而行法是指企业根据自己的经济实力，即财务承受能力来制订广告预算。具体做法为企业将所有不可避免的投资和开支除去之后，再根据剩余资金的多少来确定广告费用的投入。

量力而行法也常被称为"量体裁衣法"，许多中小型企业都采用这种方法。

（5）武断法（arbitrary method）。武断法是企业决策者根据经验或其他方面的知识来确定广告预算的一种方法。运用这种方法编制广告预算时，企业决策者不考虑广告活动所要达到的目标，而是完全根据自身的判断来确定企业的广告预算。

武断法是一种主观的决策方法，在一些中小型企业中经常被采用。这些企业多是集权管理，企业决策者权力很大，可以自行做出决定。武断法的优点是决策迅速，缺点是受企业决策者个人能力所限，广告预算的准确性可能不高。

思考题

20 世纪末 21 世纪初，我国不少保健品企业通过铺天盖地的广告迅速打开了市场，在当前的营销环境下，这种做法还适用吗？为什么？

3.3.4 广告预算的分配与管理

1. 广告预算的分配

广告预算的分配方法有按时间分配、按地理区域分配、按产品或品牌分配以及按媒体分配 4 种。

（1）按时间分配，是指广告策划者根据广告刊播的不同时段，来具体分配广告费用。广告费用的时间分配策略有广告费用的季节性分配和广告费用在一天内的不同时段分配两种。

① 广告费用的季节性分配。这是指企业根据产品销售的淡旺季来分配广告费用，通常是在淡季时减少广告费用，在旺季时增加广告费用。例如，每当夏季来临之际，媒体上就会出现竞争激烈的空调广告大战，而夏季一过，大战各方马上就会偃旗息鼓。

② 广告费用在一天内的不同时段分配。这是指企业根据广告预算的多少及面向的目标受众的不同，为一天内的不同时间分配不同的广告费用。以针对老年人的保健品广告为例，企业往往会选择在电台或电视台的非黄金时段播出。这是因为这一时段广告费较低，而且老年人睡眠少，深夜或凌晨无法入睡时往往靠听广播和看电视来打发时光，这样企业既节省了广告费用又能取得很好的广告传播效果。

（2）按地理区域分配，是指企业按照目标市场所在的不同地理区域分配广告费用，给予重点区域市场更多的广告费用支持，以确保销售目标的实现。

（3）按产品或品牌分配，是指企业根据产品或品牌的不同分配不同的广告费用。对于重点产品或品牌，企业会分配更多的广告费用。另外，对于市场上较为成熟的产品或品牌，企业投入的广告费用可以少一些，而对于初创的产品或品牌则要增加广告费用。例如，我们在媒体上看到的汽车广告大多是为新上市的汽车造势宣传，而成熟车型的广告则较为少见。

（4）按媒体分配，是指按不同的媒体分配广告费用。运用这种广告预算分配方法时，企业要充分了解目标消费者的媒体接触情况，对消费者经常接触的媒体增加广告费用。

2. 广告预算的管理

对广告预算的管理应严格按照既定的预算方案来进行，但也要保持一定的灵活性。例如，当企业的经营环境发生变化或企业的经营战略发生调整时，广告预算方案也要随之调整，以适应这种变化或调整。另外，广告活动的实施会受到很多不确定因素的影响，在广告预算管理过程中出现一些偏差在所难免，正确的做法是及时分析偏差产生的原因，并采取适当的纠偏措施，以确保广告预算管理目标的实现。

习 题

一、单选题

1.（ ）与企业长期发展战略相适应，指明了企业长期广告活动的方向与目标。

A. 战略广告计划　　B. 长期广告计划

C. 单一性广告计划　　D. 战术广告计划

2．在产品生命周期的（　　），企业需要利用多种媒体，采用说服型广告的策略进行广告宣传，在广告中突出“人无我有、人有我新、人新我全、人全我精”的相对优势。

A．引入期　　B．成长期　　C．成熟期　　D．衰退期

3．（　　）广告的作用在某些产品处于引入期时极为突出，因为消费者只有对产品的性能、品质和特点有所认识，才能对产品产生基本需求。

A．信息性　　B．说服性　　C．完善性　　D．系统性

4．（　　）是一种非科学的决策方法，它常被用于一些中小型企业。在这些企业里，独断式的经营管理代替了科学的经营决策。这种方法具有较强的冒险性，广告投入与广告效果往往不具有因果关系。

A．武断法　　B．销售百分比法　　C．竞争均势法　　D．目标任务法

5．根据目标消费者的媒体接触情况，将广告预算有所侧重地分配在不同媒体上的分配方法是（　　）。

A．按时间分配　　B．按区域分配　　C．按媒体分配　　D．随机分配

二、多选题

1．按广告计划的性质划分，广告计划可以分为（　　）。

A．战略性广告计划　　B．战术性广告计划　　C．单一性广告计划
D．合作广告计划　　E．长期广告计划

2．广告计划的特征主要有（　　）。

A．事前性　　B．可操作性　　C．安全性
D．周密性　　E．完善性

3．根据市场营销策略进行划分，广告目标可以分为（　　）。

A．创牌广告目标　　B．制造商广告目标　　C．保牌广告目标
D．合作广告目标　　E．竞争广告目标

4．产品的生命周期是指产品从上市到最终退出市场的整个过程，大多数产品在市场上都要经过（　　）4个阶段。

A．引入期　　B．成长期　　C．成熟期
D．衰退期　　E．发展期

三、名词解释

1．广告计划　　2．广告预算　　3．创牌广告目标　　4．广告费　　5．广告频次

四、简答及论述题

1．广告计划的特点与作用分别是什么？

2．完整的广告计划一般包括哪些内容？

3．什么是广告目标？广告目标有哪些类型？

4．确定广告目标时应注意哪些原则？

5．影响广告预算的主要因素有哪些？如何编制广告预算？

综合案例

小企业做广告，好钢用在刀刃上

罗小林在大学毕业后筹资20万元办了一家皮鞋厂，开始时，他主要是给一些大的皮鞋厂做贴牌加工工作。厂子慢慢发展起来后，他就开始琢磨自己进入零售业闯一闯，希望通过销售自有品牌的皮鞋建立自己的品牌形象，为今后的进一步发展打下基础。他聘请了一位营销经理，让他负责企业自有产品的销售，企业自有产品主要以在大、小型商场建立专柜的形式进行销售，一年下来，效果很不错。

为了进一步扩大市场和建立品牌形象，罗小林决定做广告。他从众多上门拉广告的广告公司中选了

一家自认为可以合作的公司，要求这家广告公司为自己的企业提供一份全面的广告计划。一周后，广告公司送来了一份广告计划，声称如果照此实施，罗小林的公司就能建立起良好的品牌形象，提高产品知名度，在促进公司自有产品的零售方面，根据他们的评估，销售额会相应增加两倍以上。

尽管罗小林有一定的思想准备，但看到这份预算为40万元的广告计划时，他还是倒吸了一口冷气。自己厂里每年自有品牌的销售额不过85万元。毛利也就三四十万元而已，这份计划显然不是他可以承受的。3天后，广告公司的客户经理带着几位助手一起来到厂里，与罗小林进行沟通，调整后的广告计划的预算为35万元。那位客户经理强调这已经是目前市场上的最低标准了，低于这个限度则不可能达到罗小林所期望的销售及宣传目标。听了对方的解释，罗小林不好再说什么，过高的费用是目前厂里无法承受的，他说他需要再考虑几天。

第二天，罗小林找来营销经理，就广告公司的计划与相关情况和他交换了一下意见。

营销经理当即提出了反对意见，他说："这份广告计划根本不适合厂里的情况。公司应该在广告方面投入一些资金，但这份计划不切实际。第一，计划以电视广告为主，其金额占了预算的2/3。电视广告是一种费用高昂的广告形式，20多万元的投入不能让我们的广告播放足够多的次数，很难产生明显的效果。第二，计划制作的大量招贴与吊旗已是目前市场上不被接受的一种宣传方式，多数商场也不允许使用这类东西，它们即使被做出来也只能放在仓库里。第三，广告商把计划分散在一年内，几乎没有什么重点时间，这与皮鞋的销售周期不合拍。"

听了这番话，罗小林不由得对这位营销经理刮目相看，因为这些问题确实重要，他的皮鞋厂原来的加工业务占了生产总量的一半，而另一半才是自有产品。即便如计划书里说的会通过广告增加两倍以上的销售额，那么随之而来的问题则是，生产量会增加，原有设备肯定会不够，销售人员也要相应增加，现在的运输力量也不足。如果按两倍的销售额补足这些，还需投入大笔资金，而且厂里也不可能为增加销售而放弃外加工。一方面，那些加工客户都是老客户，加工尽管利润低一些，但资金周转快；另一方面，在商场零售占压资金巨大，回款也慢，一下子投入这么大的资金量，罗小林是不敢的。罗小林让营销经理也做一份计划，想听听他的意见。

营销经理的计划很快完成了。他计划将公司的销售专柜做适当装修，销售旺季即将到来，他想在产品主要区域市场的晚报投放两个月的广告，预算是30万元左右，并希望将计划交给一家他认识的广告公司做，说那样会省一些费用。

罗小林采纳了营销经理的计划，并和他一起与广告公司进行了沟通，最后只花了25万元就完成了这次推广活动。

小企业在广告投放时要注重现实问题，既然自身的实力无法与大型企业相抗衡，那么就应该选择费用低廉的媒介或落实低成本的媒介策略，把目光投向地市报、电台、互联网等媒介，避免和领导品牌发生正面冲突。另外，小企业可在大众媒介上施以公关营销策略，策划新闻事件开展传播活动，以较小的投入创造更大的价值。

资料来源：改编自龚光程. 小企业做广告 好钢用在刀刃上. 现代营销：经营版，2008(1):2。

问题讨论

1. 结合案例材料，请回答为什么罗小林第一次接收的广告计划需要修改。
2. 小企业做广告预算应该注意哪些问题？与大企业有何不同？

第4章 广告与消费者

本章导读

广告的最终目的是促进商品的销售，而能否实现这一目标取决于消费者是否采取购买行为。所以研究广告，必须要研究消费者及其购买行为。本章主要对消费者及其购买行为进行分析，探讨针对消费者不同购买行为模式应采取的广告策略，同时还分别对广告与儿童消费者、老年消费者和女性消费者这3个各具特色的消费群体间的关系进行了阐述。

知识结构图

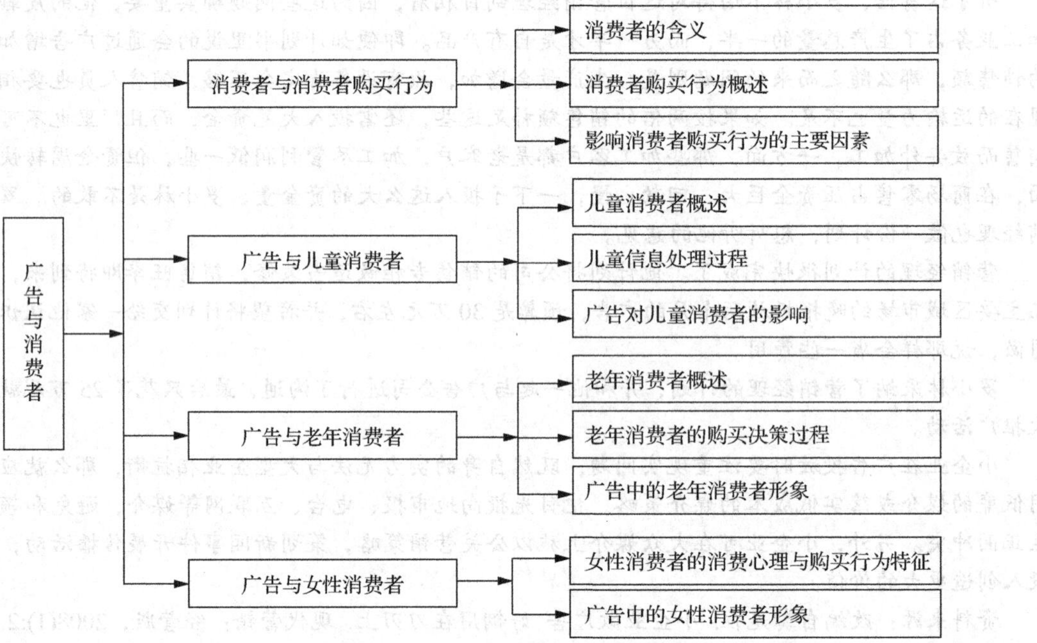

开篇引例

婚恋广告惹众怒

某婚恋网站曾推出这样一则视频广告（见图4-1）。一位未婚女性在各种场合被外婆追问“结婚了吧？”得到否定的答案后，外婆便叹气。后来，女孩为了实现病重的外婆希望自己早日成家的愿望，穿着婚纱，拉着一位面目模糊的男性，在外婆的病床前结了婚。最后画面中出现了“因为爱，不等待”的文字。

图 4-1　某婚恋广告视频截图

此广告一推出便遭到了批评，微博上还发起了万人抵制该婚恋网站的活动。虽然该广告主打温情牌，但其中体现的“单身就是一种不孝”的价值观在当今时代并不被有些人接受。甚至有人表示，这是一种“道德绑架”。

资料来源：搜狐网。

案例分析

某婚恋网站的这则婚恋广告的创意看似契合了传统文化，其实不然。因为社会在发展，人们的价值观也在不断改变。年轻一代和祖辈们的追求可能有所不同，他们更愿意过自由和独立的生活。社会开放和经济独立使人们的自我意识越来越强，当代中国年轻人的婚姻观念已发生巨大的改变。因此，这则为尽孝而结婚的广告显然不能为当代某些年轻人所接受，引起广泛争议也就不足为奇了。

4.1　消费者与消费者购买行为

人在一生中要消费众多的产品。对这些产品的消费，有的是基于生理需要，如衣食住行等；有的则是基于享受、发展等社会性需要，如外出旅游、接受高等教育等。基于生理需要的消费是一种本能性消费，它是人类全部消费活动的基础；基于享受、发展等社会性需要的消费，则是一种社会性消费，它源于本能性消费，但又高于本能性消费。随着社会经济的发展，企业所能提供的产品越来越丰富，消费者的选择也越来越多。为赢得目标消费者的青睐，企业间的广告竞争也日趋激烈。

4.1.1　消费者的含义

根据国际标准化组织（international organization for standardization，ISO）的定义，消费者是指为达到个人消费使用目的而购买各种产品与服务的个人或最终产品的个人使用者。

在广告学领域，研究消费者及其购买行为具有重要的意义。消费者是与广告受众密切相关的一个概念。企业的目标消费者就是广告的目标受众，研究消费者及其购买行为能够帮助企业有的放矢地制定广告策略，从而最大限度地增强广告的效果。

4.1.2 消费者购买行为概述

1. 消费者购买行为的含义与特点

（1）消费者购买行为的含义

消费者购买行为也称消费者行为（consumer behavior），是指消费者为获取、使用、处置消费物品或服务所采取的各种行动，包括先于且决定这些行动的决策过程。消费者购买行为是动态的，涉及感知、认知、行为以及环境因素的互动作用，也涉及交易的过程。研究消费者购买行为旨在探索不同消费者的各种消费心理和消费行为，分析影响消费心理和消费行为的各种因素，并揭示消费行为的变化规律。

进行消费者购买行为分析有助于企业弄清各种因素对消费者购买行为的影响，从而更好地理解、解释以及预测消费者的行为。

（2）消费者购买行为的特点

消费者购买行为的特点主要体现在以下几个方面。

第一，消费者购买行为具有多样性。

消费者人数众多，需求差异大。由于存在着地域、年龄、性别、收入、职业、社会阶层、受教育程度以及所处的社会文化环境等方面的差异，消费者的需求呈现多样化的特点，因此他们的购买行为也各不相同。

第二，消费者购买行为容易受到多种因素的影响。

消费者购买行为容易受到各种因素的诱导，如企业的广告、亲朋好友的推荐、消费者个人的从众心理与攀比心理等，因而消费者往往会产生一些非理性的消费行为。

第三，消费者购买行为是一个过程。

消费者购买行为可划分为购买前、购买中和购买后 3 个不同的阶段，我们可以从消费者和企业这两个不同的角度来认识消费过程各个阶段出现的一些关键问题，如图 4-2 所示。

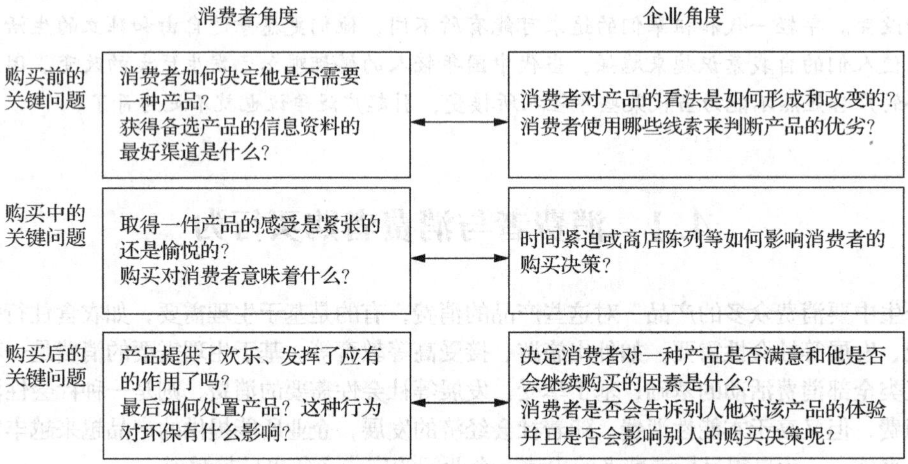

图 4-2 消费过程各个阶段出现的一些关键问题

案例讨论

张先生夫妇的烛光晚宴

10 多年前张先生从一所医学院校毕业，毕业后事业一帆风顺，职位不断晋升，32 岁便担任了某全球著名医药企业的某大区经理。在职场大获成功的同时，张先生的婚姻也堪称完美。妻子小吴是张先生的学妹，比张先生低两届，两人学的是同一个专业。小吴美丽大方、性情温柔，两个人走到一起，堪称天作之合。

临近春节，张先生和妻子提前忙完了手边的工作，开始安排回家的行程。张先生的老家在吉林，妻子小吴的老家在云南，按照事先的约定，夫妻俩先回东北过年，再南下给小吴的父母拜年。回老家前的这几天是他们难得的休闲时光。

张先生夫妇平时工作都很忙，很少有机会共进晚餐。今天难得有时间，而且孩子被爷爷奶奶提前接回了老家，张先生决定浪漫一下，与妻子享受一场不同寻常的烛光晚宴。下午 3 点多，张先生就驾驶他心爱的汽车去了附近的超市。他先为妻子和自己买了喜欢的饮品，然后开始购买各种做晚餐的食材。在购物过程中，张先生的脑海里不止一次闪现烛光晚宴的幸福场景。张先生最终从超市里买回了跑山猪肋排、金华火腿、黄山臭鳜鱼、波士顿大龙虾、镇江米醋、橄榄油、鸡精和一盒香薰蜡烛。

回到家后，张先生开始在厨房做饭，妻子则打开手机，愉快地看着视频，时不时将自己看到的趣闻轶事大声讲给丈夫听，整个房子充满了两人的欢笑声。晚饭终于准备好了，张先生关了灯，点燃了蜡烛，摇曳的烛光使得室内更加温馨。夫妻俩兴致勃勃地开始用餐，两人愉快地讨论着春节期间的出行安排。用完餐，收拾完毕之后，两人决定早点儿休息，第二天去采购探亲礼物。

案例评析

从张先生的故事中我们能够看出，消费是我们每个人生活的组成部分，消费活动就发生在我们周围。人们的行为可以比喻为海上露出的冰山一角，冰山的 90%在海面之下，只有 10%露在海面之上，影响消费者购买行为的大部分因素也被埋在消费者内心深处。因此，理解和把握消费者购买行为的难度很大，我们只有运用科学客观的方法才能观察和解释消费者购买行为。

2. 消费者购买行为的类型

消费者购买行为除了受购买动机的支配外，在实际购买过程中，还会受消费者的个性特点、产品特性、购买环境等因素的影响。因而，消费者购买行为可以从不同的角度进行划分。

（1）根据消费者购买行为的复杂程度和购买决策风险的大小，消费者购买行为可分为复杂型购买行为、选择型购买行为和简单型购买行为。

① 复杂型购买行为也叫探究型购买行为。这种购买行为发生在消费者对自己需要的产品一无所知，在既不了解产品的性能、特点等，又不清楚选择标准和使用养护方法的情况下，一般是购买认知度较低、价格高昂、购买频率不高的大件耐用产品。此类产品的购买决策风险比较大，消费者需要收集的信息比较多，所以购买行为比较复杂。

② 选择型购买行为的复杂程度介于复杂型和简单型购买行为之间。这种购买行为针对那些同样价格比较高昂、有较大的购买决策风险，但消费者比较熟悉的产品，消费者在购买决策时无须再对产品的专业知识做进一步的了解，而只用对产品的价格、购买地点以及各种款式进行比较选择。

③ 简单型购买行为也叫经常型购买行为，是一种简单的、频度高的购买行为，通常针对价格低廉、经常使用的产品。对于此类产品，消费者不会花费很大的精力去进行研究和决策，而常常会抱着“不妨买来试一试”的心态进行购买，所以购买的决策过程相对比较简单。

消费者不同的购买行为适用于不同的广告诉求策略：针对复杂型购买行为的广告一定要阐述产品的特点、性能、功能、优势以及使用的方法等，要打消消费者的购买顾虑，帮助其树立对本产品的购买信心；针对选择型购买行为的广告要突出产品相对于竞争产品的优点，劝说消费者购买本企业的产品；针对简单型购买行为的广告要以树立企业品牌形象为主，让消费者在购买产品时就能联想到品牌，从而做出购买选择。

（2）根据消费者的购买态度和个性特点，消费者购买行为可分为习惯型购买行为、理智型购买行为、经济型购买行为、冲动型购买行为、疑虑型购买行为以及情感型购买行为。

① 习惯型购买行为，是指消费者对于某些比较熟悉而价格又比较低的产品，会根据购买经验和购买习惯产生反复购买的行为，即不加思考地购买自己惯用的品种、品牌和型号。若无新的、强有力的外部

吸引力，消费者一般不会轻易改变其固有的购买方式。企业应该以优惠的价格、强有力的广告宣传、良好的质量来增强自己产品的影响力，使产品成为消费者偏爱、习惯购买的对象。

② 理智型购买行为，是指消费者在经过冷静的思考、认真的比较后才决定采取购买行动的行为。理智型的消费者非常重视产品的质量、性能、价格和实用性等方面，购买时往往对产品反复比较，权衡利弊。针对消费者的这种购买行为，企业适宜采取理性诉求的广告策略。

③ 经济型购买行为，是指消费者在购买过程中十分重视产品的性价比，喜欢买便宜、实用的产品，对于样式、包装等则不一定太讲究。针对消费者的这种购买行为，企业应生产或经营一些经济实惠的品种，同时在广告中强调产品的价廉物美，通过高性价比的优势来赢得消费者的青睐。

④ 冲动型购买行为，是指消费者在产品的外观、售货员的推荐、其他消费者的态度、广告宣传等因素的影响刺激下，临时做出购买决策的行为。具有冲动型购买行为的消费者易受外界因素的影响，企业适宜采取的广告策略是加大在购买现场的广告宣传力度，营造火热的购物氛围，以此来感染消费者采取购买行动。

⑤ 具有疑虑型购买行为的消费者往往善于观察细小事物，在选购产品时小心谨慎、疑虑重重、费时较多。针对疑虑型购买行为的广告策略是突出消费者关心的产品或服务的细节，打消其购买的顾虑。

⑥ 情感型购买行为，是指消费者具有丰富的想象力，情感体验深刻，有一定的审美品位，很注意产品的造型、色彩、命名，以其是否符合自己的感情色彩来确定是否采取购买行为。针对情感型购买行为的广告策略是在广告中采用感性诉求的方式，将产品与消费者的情感联结起来，如乡愁广告等。

3. 消费者购买行为过程中的参与者

消费者购买行为的主体往往并非一人，尤其是在购买风险高、价值大的产品或服务时，大多需要多人共同参与。根据在购买行为过程中所起作用的不同，参与者可分为如下角色。

发起者，即最先建议或想到购买某种产品或服务的人。

影响者，即其看法或建议对最终购买决定有较大影响的人。

决策者，即对是否购买、怎样购买有权做最终决定的人。

购买者，即进行实际购买的人。

使用者，即实际使用或消费所购买产品或服务的人。

了解消费者购买行为的参与者及其可能充当的角色，有助于明确广告的诉求对象，进而创作出有针对性的广告作品并选择合适的广告媒体。

4. 消费者购买行为的过程

消费者购买行为的过程，就是消费者在特定心理驱动下，按照一定程序发生的行为过程。这一过程在实际购买前就已经开始，一直延续到实际购买之后，是一个动态的系列过程。因此，企业不能仅仅着眼于“决定购买”阶段，而要调查研究和了解消费者购买过程的各个阶段。消费者购买行为的过程通常包括认识问题、搜寻信息、方案评估、制定购买决策、购买决策实施和购买后评价这 6 个阶段，如图 4-3 所示。

图 4-3 消费者购买行为的过程

消费者购买决策的第一个阶段是认识问题，问题来自消费者感受到的未被满足的需求。如果这种需求比较强烈，消费者就会开始搜寻相关信息以解决问题。消费者搜寻信息的途径有两个，一是从记忆里提取信息（内部搜寻），二是从外部搜寻相关信息（外部搜寻）。在搜集到充足的信息之后，会有多种购买方案供消费者选择，此时，消费者要对各种方案进行评估。在评估了各方案之后，消费者就可根据评估结果来制定购买决策，并实际进行购买。消费者在购买产品之后，通常会将所购的产品与市场上的同类产品进行比较，并参考参照群体的意见，最后得出满意或不满

拓展知识

5W1H 分析法

意的购买后评价。

4.1.3 影响消费者购买行为的主要因素

微课堂

个人因素对消费者购买行为的影响

消费者购买行为是一个复杂的过程，受到消费者的个人因素、心理因素、文化因素、社会阶层、参照群体以及家庭等诸多因素的影响。认清这些影响因素，广告策划者可以更好地把握广告受众的购买行为特征，从而制定有针对性的广告策略。

1. 个人因素对消费者购买行为的影响

消费者购买行为深受年龄、经济状况、职业、受教育程度、个性、生活方式和价值观等个人因素的影响。作为不同个体的消费者，不仅购买欲望、兴趣和爱好不同，而且购买产品和服务的种类和档次也有所区别。

（1）年龄

不同年龄的消费者，其购买方式也各有特点。青年人往往缺少经验，容易在各种信息的影响下产生冲动型购买行为；中老年人经验比较丰富，常根据习惯和经验购买。针对不同年龄的消费者，企业可以采用不同的广告策略。

（2）经济状况

一个人的经济状况取决于其可支配收入水平、储蓄和资产、借款能力以及对消费与储蓄的态度，由此决定的个人购买能力，在很大程度上制约着个人的购买行为。消费者一般都在可支配收入的范围内考虑以合理的方式支出，以便更有效地满足自己的需要。收入较低的消费者往往比收入高的消费者更关心价格的高低。

（3）职业

职业被视为反映一个人所处社会阶层的重要指标。当与他人首次谋面时，我们大多会询问他“在哪里高就”和“从事何种工作”。一个人的职业会极大地影响他的生活方式，并赋予他相应的声望和荣誉。不同职业的人，消费结构的差异是很大的。例如，普通职员在生活必需品方面的支出占全部收入的比例通常较高，而职业经理人、企业家等可能在享乐型消费方面支出比例较高。

（4）受教育程度

受教育程度不仅影响着人们的收入水平和从事的职业类型，也影响着人们的消费心理、鉴赏能力、购买的理性程度和消费结构等。受教育程度高的消费者在消费时通常更加理性、更注重产品的内涵；而受教育程度低的消费者在消费时通常较为感性，而且更容易产生冲动型购买行为。

（5）个性

个性是一组显著的人类心理特质，如自信或自卑、冒险或谨慎、倔强或顺从、独立或依赖、合群或孤傲、主动或被动、急躁或冷静、勇敢或怯懦等。个性使人对环境做出比较一致和持续的反应，可以直接或间接地影响其购买行为。例如，喜欢冒险的消费者容易受广告的影响，成为新产品的早期使用者；自信的或急躁的人进行购买决策的时间较短；缺乏自信或冷静的人进行购买决策的时间较长。营销人员通过间接了解或实际与消费者接近，增加对消费者或潜在消费者个性的认知，可帮助双方尽早进入成交环节。

（6）生活方式

生活方式是一个人的生活模式，具体可表现为其活动、兴趣和看法。生活方式包含了消费者对时间和金钱的态度及其做出消费抉择的形式。生活方式是个体在成长过程中，在与社会诸因素交互作用下表现出来的活动、兴趣和态度模式，即如何生活、如何消费和如何消磨时间等，它是由个体过去的经历、固有的个性和现在所处的情境决定的，影响着消费行为的所有方面。因此营销人员被要求竭力寻找其产品与不同生活方式之间的联系。

（7）价值观

消费者的决策也受价值观的影响，价值观是个体形成态度和产生行为的信念体系，但它比信念和行为更深入，它基本上决定着人们的长期决策与需求。因此，价值观是内在自我的体现，营销人员如果能够吸引消费者或潜在消费者的内在自我，就有可能影响他们的外在自我，包括他们的购买行为。

2. 心理因素对消费者购买行为的影响

营销人员认识消费者心理的起点是图 4-4 所示的刺激—反应模型。从模型中可以看出，营销和其他的刺激进入消费者的意识之后，经过一系列反映消费者特征的心理过程，形成了购买决策过程和购买决策。而营销人员的任务就是弄清从受到外部刺激到形成最终购买决策之间，消费者的意识里究竟发生了什么。

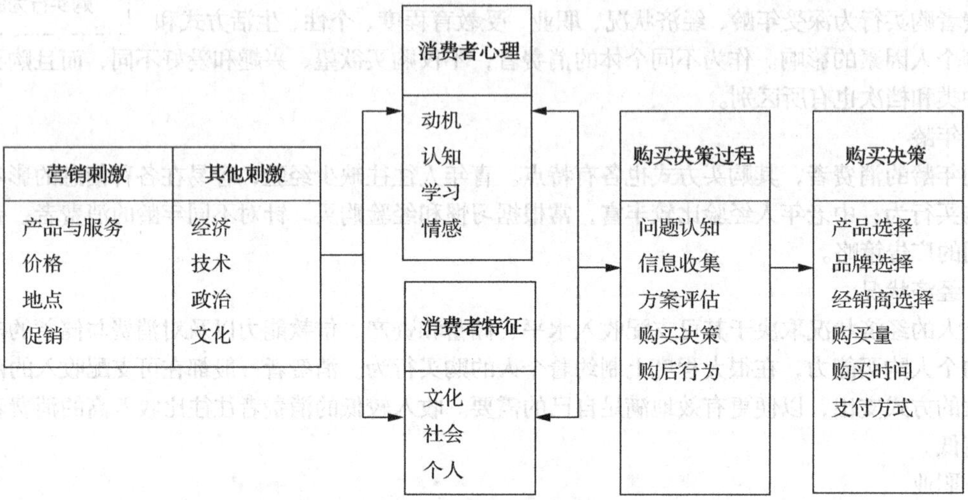

图 4-4 刺激—反应模型①

影响消费者购买行为的心理因素主要有动机、认知、学习和情感等。

（1）动机

心理学认为，人类的行为是由动机支配的，购买行为也不例外，而动机由需要引起。一种尚未被满足的需要会引发内心的紧张或不适，当它达到迫切的程度，便成为一种驱使人行动的强烈的内在刺激，此时，它被称为驱动力。驱动力被引向一种可以满足需要的刺激物（如某种产品）时，便成为一种动机。在一定时期，人们有许多需要，只有其中一些比较迫切的需要会发展成为动机。因此，营销人员要努力去激发潜在消费者的购买动机。

（2）认知

消费者有了购买动机后，就要采取行动。至于怎样采取行动，则受到认知过程的影响。认知是对个体认识事物整个过程的统称，消费者的认知过程，是对产品等刺激物和店容、店貌等情境的反应过程，认知可分为感性认识和理性认识两种。感觉和知觉是认知的最基础方式，感觉是指消费者的感官直接接触刺激物或情境所获得的直观、形象的反应。刺激物或情境的信息，如产品的包装、剂型、颜色、气味等，刺激了人们的感官，带给人们对事物的个体特性的感觉。随着感觉的深入，各种感觉到的信息在头脑中被联系起来进行初步的分析综合，由此形成对产品或销售情境的整体反应，就是知觉。

由于每个人都以各自的方式注意、整理、解释感觉到的信息，不同消费者对同种产品或销售情境的知觉很可能是不同的，这是由于存在 3 类认知。一是选择性注意。一般来说，人们倾向于注意那些与其当时需要有关的、他们期待的或与众不同的刺激物，这就是选择性注意。二是选择性扭曲。人们接受了外界信息的刺激，却并不一定会像信息发布者预期的那样去理解或客观地解释这些信息，选择性扭曲是指人们按照先入之见来解读信息的倾向。消费者经常会扭曲信息，使其符合之前自己对产品和品牌的信

① 菲利普·科特勒，凯文·莱恩·凯特.营销管理 [M]. 王永贵，等译. 北京：中国人民大学出版社，2012.

念和预期。三是选择性保留。选择性保留是指消费者常常不能记住太多接触到的信息，而仅会记住某些证实了自己的态度和信念的信息。例如，人们可能很容易记住自己所喜欢品牌的优点，而记不住其他竞争厂家产品的优点。为了让消费者对产品产生最佳感觉，更好地刺激其需求，企业需要采取多种营销手段，把产品的外观、功效、方便性、安全性等充分展现给消费者，以引起消费者的注意，加强其印象，促使其采取购买行为。

（3）学习

学习是指由经验改变行为的过程，即消费者在购买和使用产品或服务的实践中，逐步获得和积累经验，并根据经验调整自己购买行为的过程。学习是通过驱动力、刺激物、提示物、反应和强化它们之间的相互作用而形成的。

学习理论告诉营销人员，他们可以通过把学习和强烈驱动力联系起来，运用刺激性诱因和提供积极强化等手段来建立消费者对产品的需求。例如，一家企业可以采用与竞争对手相同的驱动力并提供相似的诱因，以此来进入市场，因为购买者更有可能将品牌忠诚转向与之相似的品牌。

（4）情感

消费者的反应不总是理性的，多数反应是感性的并且可以唤起不同的情绪，称为情感。一个品牌或产品可能让消费者感到兴奋或自信，一则产品广告也可以带给消费者愉悦、反感或疑惑，所以营销人员在营销策划时不能忽视消费者的情感体验。

3. 文化因素对消费者购买行为的影响

文化因素对消费者购买行为具有最广泛和最深刻的影响。文化是指人类在社会发展过程中所创造的一切物质财富和精神财富的总和。文化对消费者的购买行为具有强烈而又广泛的影响。文化具有传承性，是影响人们的欲望和行为的基本决定因素，特定的价值观、道德观、信仰和风俗习惯是影响消费者购买行为的根本所在。

企业开展市场营销活动一定要深入研究文化因素对消费者购买行为的影响，尤其是在开拓国际市场时。例如，可口可乐公司进入中国市场后，充分运用本土文化开展促销活动，使产品形象深入人心。可口可乐在我国春节期间推出的电视广告，可谓“中国味”十足。泥娃娃、春联、四合院、红灯笼、鞭炮、拜年等充满传统节日色彩的元素以木偶片的形式表现出来，很容易引起我国消费者的共鸣。图 4-5 反映了可口可乐春节广告中的中国文化情结。

图 4-5　可口可乐春节广告中的中国文化情结

文化通常可以分为两个层次：一是全体社会成员共有的基本文化，即主文化；二是社会中某些群体所有的独特价值观和行为模式，即亚文化（subculture，又称副文化、次文化）。亚文化群以特定的价值观和影响力将成员联系在一起，从而形成生活格调和行为方式相同或相近的群体。亚文化有许多类型，其中对消费者购买行为影响较大的有民族亚文化、宗教亚文化、地理亚文化及种族亚文化。处于不同亚文化群的消费者由于受特殊文化的影响而具有不同的消费需求和购买行为，如我国历来就有的南甜、北咸、东辣、西酸的食品调味传统其实就是地理亚文化差异的体现。

4. 社会阶层对消费者购买行为的影响

社会阶层（social stratum）是由具有相同或类似社会地位的社会成员组成的相对持久的群体。决定社会阶层的因素可以分为 3 类：经济变量、社会互动变量和政治变量。经济变量包括职业、收入和财富；社会互动变量包括个人声望、社会联系和社会化；政治变量则包括权力、阶层意识和流动性。

每一个体都会在社会中占据一定的位置，有的人占据非常显赫的位置，有的人则占据一般的或较低的位置。这种社会地位的差别，使社会成员分成高低有序的层次或阶层。社会阶层是一种普遍存在的社会现象，不论是发达国家还是发展中国家，均存在不同的社会阶层。同一阶层中的人，因社会地位、经济状况、价值取向、生活背景和受教育程度相近，其生活习惯、消费水平、兴趣和爱好也较为接近，因而对某些产品有着共同的偏好。

消费者购买行为学中讨论社会阶层，一方面是为了了解不同阶层的消费者在消费、沟通、个人偏好等方面具有哪些独特性，另一方面是了解哪些行为基本上被排除在某一特定阶层的行为领域外，哪些行为是各社会阶层成员所共有的。

不同社会阶层的消费者在产品的选择和使用、休闲活动、信息接收和处理、购物方式等方面均存在一定的差异。开展市场营销的企业需要正视这种差异并采取有针对性的营销策略，以满足不同社会阶层消费者的需求，同时在采取的广告方式上也要有所区别。

5. 参照群体对消费者购买行为的影响

参照群体（reference group）是指个体在做出购买或消费决策时，用以参照、比较的个人或群体。参照群体有成员群体（又称直接群体）和间接群体两种基本类型。

成员群体是指参照群体具有与被影响的对象相同身份的群体。例如对于亲人，我们也是他的亲人；对于同学，我们也是他的同学。成员群体又可分为主要群体和次要群体，主要群体是指带给个体较大影响的群体，如家庭、同事、朋友等；次要群体是指对个人影响较小的群体，如同乡会、校友会、职业协会等。

间接群体是指被参照的对象并不具有与个体相同身份的群体，因此又被称为象征群体。间接群体又可分为渴望群体和斥拒群体两类。渴望群体（aspiration group）是指人们热切地希望加入，并追求心理认同（psychological identification）的群体。例如明星对其粉丝而言，便是渴望群体。斥拒群体（dissociative group）是指个体会与其保持距离，但其行为仍然会影响个体的群体。例如对于社会上一些具有不良嗜好的人，我们会刻意地回避和排斥与其相同的行为，如不与他们近距离接触，不愿意出入他们常去的场所等。

研究表明，消费者一般在肯定的动机下更容易产生信念或态度，所以企业做广告时应更多地利用渴望群体（如请名人代言），尽量避免使用斥拒群体。

参照群体对我们的消费行为有着直接的影响。研究表明，参照群体与个体的结合越紧密，社交就越有效；个人对参照群体越尊重，参照群体对个人购买行为的影响也会越大。

思考题

影响大学生消费行为的参照群体有哪些？具体有何影响？

6. 家庭对消费者购买行为的影响

家庭（family）是指两个或两个以上的个体由于婚姻、血缘或收养关系而共同生活的社会单位。构成家庭的最重要的因素是婚姻和血缘关系。家庭又是一个消费单位和购买决策单位。在不同家庭中，家庭成员参与购买决策的程度不同；在同一家庭中，家庭成员又会因为所购产品的不同而有不同的购买参与度和重视程度。

在日常生活中，每个家庭都要做出众多的购买决策。在这些购买决策中，有的极为重要，如买什么样的住房、买什么品牌的汽车等，这往往由一家之主来主导，或是需要由家庭成员来共同决策。而另一些家庭购买决策则相对次要，如去哪家小吃店吃早餐、买什么品牌的洗衣粉等，这往往是由家庭主妇做出决策。营销学一般把家庭购买决策方式概括为 4 种类型：妻子主导型、丈夫主导型、自主决定型和联合决定型。营销者应了解不同产品的特征，分辨出在一个家庭中谁对某类产品的购买有较大的影响力。

了解家庭对消费者购买行为的影响，对于日常消费品的广告创意设计具有重要的意义。我们看到洗衣液、食用油等产品广告，大都以家庭主妇为诉求对象。这是因为家庭日用品虽然由全家人共同消费，但家庭主妇才是真正的购买决策者和使用者。

4.2 广告与儿童消费者

4.2.1 儿童消费者概述

如何界定儿童消费者目前还没有明确的标准，从消费者年龄阶段来看，儿童消费者一般指 12 周岁及以下的消费者。

很多企业之所以把目光集中在儿童消费市场，主要基于以下几点原因。首先，儿童市场发展迅速，儿童实际消费的产品和服务越来越多。其次，在儿童时期所形成的一些消费习惯很难改变，很多孩子长大成人以后仍然按原来的消费习惯生活。比如，小时候形成的对某一食品味道的偏爱恐怕一辈子都不会变。所以，儿童消费者既是当前的消费者，也是未来的消费者。另外，儿童会影响父母的购买决策。精明的商家正是看准了这一点，把很大一部分注意力及营销费用投入儿童市场，市面上才出现了如此多的儿童产品广告。

4.2.2 儿童信息处理过程

儿童信息处理过程可分为认识、注意、记忆、评价 4 个阶段。

第一阶段是认识（awareness）阶段，在这一阶段，大部分儿童分不清电视广告与实际情况。一些研究表明，6 岁以下的儿童不仅分不清广告内容与实际内容，也分不清节目内容与广告内容。所以，在电视广告内容与电视节目内容类似的时候，儿童就不能区别开来。

第二阶段是注意（attention）阶段，在一般情况下，随着年龄的增加，儿童对电视广告的兴趣会下降。3～5 岁的儿童比 6～8 岁的儿童更注意视觉上、听觉上的信息，就是说年龄较小的儿童以更加直观的、更加注重视觉的方式来收听广告，而理论或抽象的思维影响不大。

第三阶段是记忆（memory）阶段，在这一阶段，儿童能记忆有独创性的广告内容。从年龄来看，8 岁及以下的儿童听觉记忆力强，9 岁及以上的儿童视觉记忆力强，另外，10～12 岁的儿童能有逻辑性地记忆在电视上所看到的内容。

第四阶段是评价（evaluation）阶段，在这一阶段，儿童开始评价广告内容的真假或有用性。随着年龄的增加，儿童的判断能力在不断增强，其开始认识到广告内容中有一定的虚假或夸张的内容，这让儿童感觉到对广告的信任和逻辑判断之间存在着一定程度上的冲突。如果对广告的信任感压倒逻辑性认识，这种冲突就不会对儿童造成什么影响，儿童依然会请求家长购买广告产品。

4.2.3 广告对儿童消费者的影响

由于儿童消费者还没有形成完整的、正确的价值观，他们对广告缺乏必要的判断能力，因此，儿童消费者很容易受到广告的负面影响。美国 ACT（Action for Children’s Television）对儿童广告进行调查以后，提出了广告对儿童有负面影响的结论。这些结论如下：第一，广告是引起儿童与父母之间冲突的主要原因；第二，在儿童节目中出现的很多广告是虚假的或有欺骗性；第三，从食品营养学的角度来看，不少食品广告

拓展知识

电视商业广告对儿童的影响

不符合要求。还有一些研究者指出，广告给心理上不成熟的儿童输送物质主义，甚至有些性诉求广告会影响儿童身心的健康发展。另外，儿童消费者通常会无批判地接受外国的生活方式。

此前的研究表明，受儿童认知能力的影响，电视广告对儿童的影响要超过广播广告和报纸杂志广告。如今，随着网络时代的来临，很多儿童早早地就接触了网络，可以预见，网络广告尤其是移动端的网络广告将会对儿童消费者产生越来越大的影响。

4.3 广告与老年消费者

4.3.1 老年消费者概述

当前，我国已经进入老龄化社会。根据 2021 年 5 月 11 日国家统计局与国务院第七次全国人口普查领导小组办公室发布的第七次全国人口普查结果，我国 60 岁及以上人口约为 26 402 万人，占人口总数的 18.70%（其中，65 岁及以上人口约为 19 064 万人，占 13.50%）。与 2010 年第六次全国人口普查结果相比，60 岁及以上人口的比重上升 5.44 个百分点，65 岁及以上人口的比重上升 4.63 个百分点。

随着老龄人口的不断增加，人数庞大的老年消费者组成了一个被学术界称为“银色市场”（silver market）的巨大消费市场。由于老年人的生活水平、兴趣、爱好、生活方式的特殊性，银色市场有其自身的特点。

与一般消费者不同，老年消费者的特点非常鲜明：一是随着年龄的增加，老年人体力或精神上的活力减弱，从而在信息处理方面与其他消费者不同；二是老年人重新参与社会活动，从而在新的外部环境或心理因素下引起生活方式和价值观的变化。

拓展知识

传统理论对老年消费者消费行为特征的表述

4.3.2 老年消费者的购买决策过程

消费者购买决策过程一般包括认识问题、搜寻信息、购买方案评价、购买行为、购买后评价 5 个阶段，老年消费者当然也不例外。下面具体介绍老年消费者的购买决策过程。

1. 认识问题阶段

消费者的需求是在实际状况与期望状况不一致时产生的。对老年消费者来说，实际经济状况与家庭养老能力影响其对产品的需求。老年人购买产品的一个主要理由是需要在晚年生活得健康、丰富、舒适，这是他们最为关注的消费领域。传统的观点认为，老年人一般消费较为谨慎，最热衷购买的是与健康相关的产品。

2. 搜寻信息阶段

消费者在做出购买决策的过程中，首先要认识产品，搜寻相关信息。消费者搜寻信息的途径有两种：一是搜寻记忆里的经验或者知识，这是内部搜寻；二是通过访问商店、向周围人打听、收看广告等方式搜寻外部信息，这是外部搜寻。从搜寻信息的角度来看，老年消费者具有以下特点：首先，老年消费者生活经验丰富，对市场上不少老牌产品较为熟悉，但是对新产品较为陌生；其次，老年消费者在处理信息过程中学习或回忆的效率比较低，所以在内部搜寻信息方面与一般消费者有所不同；最后，老年消费者在外部信息搜寻过程中主要搜寻来自电视、广播、报纸等媒体和周围人（家属、亲戚等）的信息，而非来自网络媒体的信息。

3. 购买方案评价阶段

研究表明，老年消费者进行购买方案评价时主要是依靠个人的经验和先前的知识，如果这些条件都不具备，则往往会依据广告信息和周围人的意见来做出决策。其中，价格和购买的便利性是老年消费者评价购买方案的两个重要因素。

4. 购买行为阶段

购买行为阶段的主要任务是选取购买场所并进行购买。由于老年消费者身体机能下降，活动空间受限，加上大都对网络购物不是很熟悉，所以，他们普遍选择就近购买。

5. 购买后评价阶段

购买后评价是指消费者购买产品以后，评价消费过程及消费结果的行为。老年消费者的购买后评价往往会受到体力及心理活动能力衰退的影响。一些研究表明，对购买行为不满意的老年消费者常把这种不满意归因于自己和购买场所，而不是积极向有关部门进行投诉或向周围人公开倾诉。

4.3.3 广告中的老年消费者形象

国外的一些研究结果表明，老年人对一些广告中所描述的本群体的形象表示不满。因为，这些广告往往把老年人表现为听力不太好、爱管闲事、保守、喜欢过时产品的消费者。其实，老年人人生经验非常丰富，他们愿意成为年轻一代的好榜样。很多老年人办事认真，心态积极，不依赖家属，愿意自立地度过晚年。所以，我们在针对老年消费者做广告时，必须要把握老年消费者的需求或愿望，注意建立老年人的新的形象，以免引起他们的误会和不满。

4.4 广告与女性消费者

在现代经济社会中，女性在家庭消费方面往往起着主导作用。女性在家庭中承担着母亲、妻子、女儿等多重角色，是老人用品、男性用品、儿童用品及家庭日用消费品的重要决策者和购买实施者。因此，女性消费者是众多企业争相关注的重要目标消费群体。认真研究女性消费者的消费心理与购买行为，对于企业开展广告活动具有重要的意义。

4.4.1 女性消费者的消费心理与购买行为特征①

1. 追求时尚与美感

在购买活动中，求名、求新潮、求美是女性追求时尚的主要表现。女性通常喜欢追求品牌、信任名牌，甚至忠诚于名牌，而且喜欢追求时尚，强调产品的美感。女性消费者在挑选产品时注重产品的外观设计，尤其对包装特别在意。所以为赢得女性消费者的青睐，企业必须要注意产品的外观和包装设计。

2. 具有非理性消费心理

所谓非理性消费心理是指女性消费者在购买产品时容易受购物环境和人际关系等的影响，产生冲动和非理性的消费行为。在消费活动中，女性的非理性消费主要有以下 3 种表现：一是容易受打折、促销、广告等市场氛围的影响；二是容易受到人为气氛的影响，如许多人正在抢购某种产品，她们极有可能会加入抢购者的行列，表现出从众心理；三是容易受情绪、心境变化的影响。零点调查公司对 900 位女性的调查显示，93.5%的女性都有过各种各样的非理性消费行为，非理性消费占女性消费支出的比重达到 20%。

3. 消费倾向的多样化和个性化

当今我国女性在经济收入和家庭地位提高的同时，自我意识也不断增强。越来越多的女性开始关注自己的社会形象，以尽可能使自己的性格、气质特征及审美观念得到充分体现，期望自己与众不同，特别是在穿着打扮方面。在现实生活中，我们常常可以看到，男性在穿戴方面有追求同一的倾向，女性则有相异的倾向。

---

① 改编自刘宝. 消费者行为学[M]. 2 版. 北京：高等教育出版社，2015.

4. 自尊心较为强烈

女性消费者有较强的自尊自重心，对外界事物反应敏感。她们往往以选择眼光、购买内容及购买标准来评价自己、评价别人，希望自己的购买是最有价值、最明智的，喜欢独立自主地选购产品，还希望别人效仿自己。她们不愿意被别人评价为不了解产品、不懂行、不会挑选。即使作为旁观者，她们也愿意发表意见，希望自己的意见被采纳。在购买活动中，营销人员的表情、语言、广告宣传及评论等都会在一定程度上影响女性的消费选择。

5. 消费的主动心理

一般来说，女性在家务上往往居于主导地位，绝大多数女性要操持家务，因此，其心理上具有一种职业的特点，她们时常把一部分精力放在了解市场动态上，如遇到家庭日常生活用品要涨价，便可能争先恐后地去购买以备后用。对于日常生活用品，她们也会有计划地提前购买，很少出现断米断面的现象，表现出很强的消费主动性。

6. 方便、实惠心理

现代女性的就业率越来越高，她们将更多的时间用于自我能力的发展，以增强自身的竞争力。但由于担任着家庭和职业双重角色，现代女性迫切希望能够减轻生活压力，缩短家务劳动时间，从而更好地工作。所以，她们在购买产品时，对购买过程和使用产品的方便性具有较高的要求。现代女性购物一般首选网店，因为网购方便快捷、选择面广，而且价格透明，更容易买到价格优惠的商品。在闲暇时，女性消费者也会光顾线下实体店，以获得不同的购物体验。由于女性天生性情细腻，相对于男性来说，通常更会精打细算，要求产品价廉、实惠的心理倾向突出，尤其是在购买各种基本生活用品时，她们非常注重产品的实用性，表现出强烈的求实心理，同时又会不厌其烦地货比三家，全面衡量利弊得失，以购买自己认为最经济实惠的产品。

7. 消费的犹豫心理

在许多情况下，女性在购买商品时，时常会表现得犹豫不决，迟迟难以做出最终的购买选择。与男性相比，女性更喜欢逛商场，她们愿意在柜台前花费较多的时间。在挑选产品时，女性经常能发现一些他人不易发现的小毛病，表现出非常认真、仔细的特点。女性消费者通常是完美主义者，她们希望所购买的产品尽可能地符合自己的心愿，所以，往往会在选择产品时精挑细选，力求最好。

思考题

针对女性消费者独特的消费心理与购买行为特征，企业的广告诉求重点应该放在哪些方面？

4.4.2 广告中的女性消费者形象

传统社会中女性的形象是家庭主妇，而今天，女性作为消费者的地位在各个方面发生了变化，社会各方面的变化改变了女性消费者在家庭中的位置和社会地位，女性已经不再是他人购买产品的代理人。另外，伴随女性社会职业化水平的提高，女性消费也逐步个性化。与这样的社会方式相适应，以女性为主体的广告逐步增多。美国某一广告制作人指出，除了卫生用品、化妆品等几种特殊产品外，不应过分强调性别差异。未来的广告更需要树立女性的新形象。

但是，以现代的开放的形象代替传统女性的形象可能会引发许多问题，由于 20 岁至 60 岁各年龄段的女性形象是多样的，因此，表现各年龄段女性形象的广告更有效。另外，女性形象到底更能迎合哪些产品、哪些品牌、哪些消费者层？这些都要具体分析。因此，在广告中选择男女哪一方，以及选择哪种形象等问题是广告主面临的较棘手的问题。在广告中选择女性形象时，塑造传统女性的形象还是塑造现代女性的形象？这取决于目标市场特点、广告目标等因素。但是，有一点必须肯定，在广告里把女性表现为被动的、男权框架之下的性对象的形象，那就是时代的错误表现。特别是，一个女性被贬抑的世界不是一个完美的世界，无论其物质文明多么发达，它在精神层面也存在着重大缺陷。社会中的两性不平等发展，无论对于女性、男性，还是他们所处的世界，都是不健康的。媒介广告作为强有力的手段，对于彰显女性的独立人格与尊严、创造能力、多元化的发展状况，负有重要责任。

习　题

一、单选题

1．消费者购买决策过程的第一个阶段是（　　）。

A．方案评估　B．搜寻信息　C．购买行为　D．认识问题

2．具有相同或类似社会地位的社会成员组成的相对持久的群体是（　　）。

A．社会阶层　B．家庭　C．家户　D．参照群体

3．我国历来有南甜、北咸、东辣、西酸的食品调味传统，这体现了亚文化中的（　　）。

A．民族亚文化　B．宗教亚文化　C．地理亚文化　D．年龄亚文化

4．相较于男性消费者，女性消费者往往更加（　　）。

A．知性　B．任性　C．理性　D．感性

5．随着老龄人口的增加，这些老年消费者将形成新的消费者层，我们称之为（　　）。

A．银色市场　B．灰色市场　C．黑色市场　D．金色市场

二、多选题

1．参与购买决策的成员大体上可以分为（　　）等几种角色。

A．发起者　B．影响者　C．决策者　D．购买者　E．使用者

2．消费者购买行为受心理因素的影响，影响消费者购买行为的心理因素主要有（　　）。

A．动机　B．认知　C．价值观　D．情感　E．学习

3．亚文化有许多类型，其中对消费者购买行为影响较大的有（　　）。

A．财富亚文化　B．民族亚文化　C．宗教亚文化

D．地理亚文化　E．种族亚文化

4．美国ACT（Action for Children's Television）对儿童广告进行调查以后，提出了以下研究结论（　　）。

A．广告是引起儿童与父母之间冲突的主要原因

B．广告对增进儿童与父母之间的感情具有积极的促进作用

C．在儿童节目中出现的很多广告是虚假的或有欺骗性

D．儿童广告的真实性远超其他类型的广告

E．从食品营养学的角度来看，不少食品广告不符合要求

三、名词解释

1．消费者　2．消费者购买行为　3．复杂型购买行为　4．社会阶层　5．参照群体

四、简答及论述题

1．根据消费者的购买态度和个性特点，消费者购买行为可以分为哪几类？

2．参照群体对消费者购买行为有哪些影响？

3．老年消费者的购买决策过程分为哪几个阶段？

4．试论述消费者购买行为过程。

5．试论述广告中的女性消费者形象。

综合案例

海尔的《不新鲜超市广告》

大家对新鲜超市都不陌生，但你听说过“不新鲜超市”吗？

在一家24小时营业的“不新鲜超市”里，售卖着各种不新鲜的食物：隔夜饭、冻了半年的鸭子、放了一年的明前龙井茶、被削去一半的烂苹果……

这家超市吸引了4位年轻顾客，他们走进这家超市，无意中发现了冰柜里家人囤的食材，并且在大屏幕上看到了家人的身影。

刘子航奶奶“爱吃”的“隔夜饭”

刘子航的奶奶和爷爷为即将回来的孙子准备新鲜的饭菜，自己却吃剩下的隔夜饭。奶奶总说：“小孩两顿都在外面吃，回来给他做点儿新鲜的，我们老人吃没关系。”

张梦文姥姥冻了半年的“鸭子”

姥姥囤了很多鸭子想烧给外孙女吃，但外孙女一直没有回来，鸭子一冻就是半年，都没地方放了，于是姥姥把冻了半年的鸭子烧了自己吃，又给外孙女准备新鲜的。

邹晓刚岳父去年的“新茶”

岳父始终不舍得喝邹晓刚去年送给他的新茶，总是想着等邹晓刚回来的时候一起喝。

李恺妈妈舍不得扔的“烂苹果”

李恺爱吃苹果，于是妈妈总是趁苹果新鲜的时候多买一些想留给他吃，但李恺工作太忙回不来，留着留着，苹果就烂了，妈妈会挖掉不能吃的部分，将可以吃的部分制作成苹果罐头，然后自己吃。

这则视频由4个家庭的真实故事改编而来，在5分钟的时间里，讲述每一份不新鲜食材背后充满爱意又令人感动的故事。

而这4个普通家庭的故事其实是中国千万个家庭的缩影，短片中的主人公也让我们看到了自己家人的身影，回想起自己生活中的亲身经历，并深刻地感知到：每份不新鲜食材背后，其实是来自长辈的深沉的爱。

资料来源：网易订阅。

问题讨论

1. 家庭对消费者的消费行为有何影响？
2. 海尔的这则广告为何能直击消费者的痛点？

第 5 章　广告调查

本章导读

广告调查是企业制定广告策略的依据，也是确保广告有效的必要前提，广告调查可以帮助企业了解目标消费者的真正需求和市场竞争状况，从而做到有的放矢地投放广告。广告调查比一般的专项市场调查范围更广，所获信息量更大，更能反映市场的真实状况。如果说广告是企业和消费者之间信息交流的桥梁，那么广告调查则是这座桥梁的坚固基石。

知识结构图

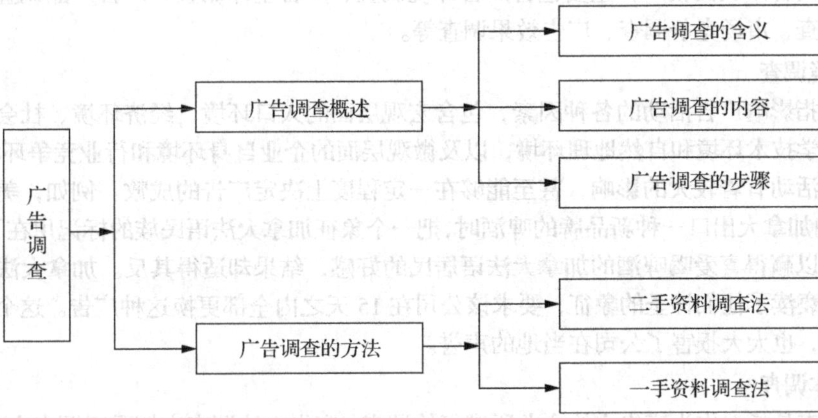

开篇引例

索尼公司在泰国发布《让佛祖动心》广告惹众怒

索尼公司（以下简称索尼）是日本一家全球知名的大型综合性跨国企业，在进入泰国市场时，索尼策划并发布了一则《让佛祖动心》的电视广告：画面上，佛祖释迦牟尼脸色庄重，闭目凝神，潜心修炼，纹丝不动。然而，当佛祖戴上索尼收录机的耳机之后，竟然凡心大动，在佛堂上眉飞色舞、手舞足蹈……

索尼自以为泰国是佛教国家，这则以“佛祖乐了”为主题的广告一定会大受欢迎，然而最后弄巧成拙。

在泰国，佛教徒占全国人口的九成以上，佛教和佛祖在人们心中有着无比崇高的地位，根本容不得半点儿戏谑。索尼的广告播出后，引发了泰国佛教徒的极大愤慨，他们认为索尼的广告冒犯了佛祖的威严。

为了平息众怒，索尼宣布撤下广告并向泰国民众道歉。但事情远没有这么简单，因为这则广告也惊动了泰国政府。泰国政府责令索尼立即停止播放此广告，同时规定，在随后的一年里，任何公众媒体不得刊登任何有关索尼的信息，索尼最后不得不承受自作聪明的苦果。

案例分析

不同的国家和地区有着不同的文化习俗和信仰，如果不了解这些，广告必然就会“翻车”。因此在广告活动开展之前，企业必须要进行周密的广告调查，要通过调查了解当地的文化和消费者的情感因素，这样才能避免与索尼“佛祖广告”类似的事件发生。

5.1 广告调查概述

5.1.1 广告调查的含义

广告调查又称广告运作中的市场调查，是指企业组织为有效地开展广告活动，利用科学的调查研究方法对与广告活动有关的信息所进行的搜集、整理、分析和解释工作。广告调查的具体作用主要体现在编制广告计划、指导广告设计、制订广告预算以及测定广告效果等几个方面。

广告调查不同于一般的市场调查，其主要区别在于：市场调查的范围更广，包含了有关广告方面的调查；而广告调查作为一种专项调查，较市场调查更为深入和专业。

5.1.2 广告调查的内容

广告调查的内容涉及面较广，主要包含广告环境调查、广告主体调查、广告产品调查、广告媒体调查、目标受众调查、市场竞争调查、广告效果调查等。

1. 广告环境调查

广告环境是指影响广告活动的各种因素，包含宏观层面的人口环境、经济环境、社会文化环境、政治法律环境、科学技术环境和自然地理环境，以及微观层面的企业自身环境和行业竞争环境等。

环境对广告活动有着较大的影响，甚至能够在一定程度上决定广告的成败。例如，美国道氏酿酒公司于1963年在向加拿大出口一种新品牌的啤酒时，把一个象征加拿大法语民族的标记用在了啤酒广告上，本以为这样做可以赢得喜爱喝啤酒的加拿大法语居民的好感，结果却适得其反。加拿大法语居民纷纷控告道氏酿酒公司亵渎了他们神圣的象征，要求该公司在15天之内全部更换这种广告。这个失误使道氏酿酒公司损失惨重，也大大损害了公司在当地的声誉。

2. 广告主体调查

广告主体调查是指对作为广告主的企业所进行的调查。广告主体调查应侧重于调查企业的发展历程、企业文化、竞争实力、市场地位、当前的广告策略等方面。了解这些信息，对于宣传企业形象、准确把握企业特色、增强广告说服力和渗透力，具有重要的参考价值。

3. 广告产品调查

广告产品调查包括对企业的产品生产、技术工艺水平，产品的功能、形态、包装、质量、生命周期、价格，以及产品与竞争对手的差异化程度的调查。企业在做产品调查时，要注意发掘产品独一无二的特性，以便在广告中形成独特的销售主张。

4. 广告媒体调查

广告媒体调查是指针对报纸、杂志、广播、电视、网络与新媒体、电影等各种广告发布载体所进行的调查。广告媒体调查的具体内容因媒体的不同而存在较大差异，比如对报刊媒体的调查主要包括发行量、发行区域、读者层、印刷制作情况、发行频率、报刊的权威性、广告的价格等；而对广播、电视媒体的调查则主要包括传播区域、视听者层、视听率、有效到达率、节目视听众占有率、电视台及广播电台的影响力、广告的价格等。而网络与新媒体的调查内容与以上媒体又有很大的不同。

需要注意的是，做广告媒体调查必须首先明确广告的目标受众，然后对目标受众最常接触的媒体进行调查，这样能减少广告媒体调查的盲目性，提高调查的效率。

5. 目标受众调查

目标受众调查即对企业目标消费者的调查。调查项目包括目标受众的媒体接触情况、媒体偏好、购买行为方式、购买决策过程、价值观、生活方式、消费态度等。在调查的基础上全面了解目标消费者，有助于企业有的放矢地制定广告策略。

6. 市场竞争调查

市场竞争调查包括对竞争对手的市场目标、市场占有率、市场营销策略、市场控制能力等方面的调查。其中竞争对手促销策略中的广告策略是调查的重点之一，调查项目包括竞争对手的广告预算、广告代理情况、广告创意、广告媒体选择、发布频率及广告效果等。全面了解竞争对手，企业方能做到“知己知彼，百战百胜”。

7. 广告效果调查

广告效果调查是在广告制作完毕并发布一段时间之后进行的，是为了检测广告效果、评价广告作用而做的调查。广告效果调查主要有广告经济效果调查、广告沟通效果调查和广告社会效果调查 3 项内容。

除此之外，企业如果要开拓国际市场，还要进行专门的国际广告调查。与国内市场相比，国际市场环境更为复杂、多变，尤其是在消费者的消费偏好、其他国家或地区的法律限制等方面可能与国内情况迥异，这需要企业在做广告调查时将广告环境调查作为重点。

案例讨论

飞利浦公司的广告调查

荷兰的飞利浦公司为成功进入中国市场，曾委托一家调研公司在上海开展广告调查活动。调研公司在接受任务之后，首先是基于目标市场定位，将调研对象确定为家里只有黑白电视机的已婚男性市民。这主要是考虑到被调查者不仅是飞利浦公司的主要目标顾客，还是一家之主，在购买大件商品时拥有更大的决策权。

调研公司让被调查者观看 3 部不同的电视广告片。第一部是意在强调飞利浦品牌形象的广告片，在 30 秒内，自始至终反复出现“飞利浦”的标准字、商标和标语，以及飞利浦在世界各地的情况。第二部是阐明其市场定位的广告片，片头采用京剧锣鼓的音响效果，屏幕上出现的是京剧大花脸形象，其用京白语调念道“我就是飞利浦”等。本片意在以此方式强化飞利浦为中国人民服务的宗旨。第三部也是宣传品牌的，所不同的是广告中穿插了风光片，画面中飞利浦公司形象代言人一边转动着地球仪，一边用普通话说“飞利浦是中国人民的老朋友”，以勾起中国老年消费者的回忆。观看完毕后，主持人征求被调查者的印象，大多数被调查者倾向于第二部广告片，同时要求飞利浦提供适合中国市场的彩色电视机尺寸。上述调查活动为飞利浦制定成功的广告策略奠定了坚实的基础。

案例评析

广告调查是企业开展广告活动的基础，全球家电巨头飞利浦公司自然深谙此道。在此次广告调查活动中，飞利浦公司委托的调研公司采用了实验调查的方法，让被调查者观看不同的广告片，然后根据他们的印象确定了最佳的选择。飞利浦公司的广告调查方案合理，策略得当，值得我们学习和借鉴。

5.1.3 广告调查的步骤

广告调查主要包括 5 个步骤，即界定问题、研究设计、调查实施、调查资料整理和分析，以及撰写调查报告。

1. 界定问题

所谓界定问题就是要求广告调查人员确定所要调查的问题及调查所要实现的目标。企业可以通过一些预先的定性研究（如与企业营销人员充分讨论、向有关专家咨询、分析文献资料等）来界定问题。

界定问题是广告调查的首要环节，对广告调查问题的敏锐把握和对调查目标的准确设定是这一阶段工作的关键，这对广告调查人员把握问题的能力提出了较大的挑战。

2. 研究设计

研究设计是实施广告调查前的一项重要工作。研究设计确定了开展广告调查所要遵循的计划方案，描绘了广告调查活动的框架和蓝图。研究设计的工作内容包括确定广告信息来源、选定调查方法、设计调查问卷、确实数据收集途径、明确广告受众、制订广告调查经费预算等一系列活动。广告调查研究设计的主要内容如表 5-1 所示。

表 5-1 广告调查研究设计的主要内容

具体内容	说明
确定广告信息来源	一手资料、二手资料
选定调查方法	询问法、观察法、实验法等
设计调查问卷	定性调查、定量调查、量表选择
确定数据收集途径	数据检索或购买、人员访问、计算机、社交媒体辅助等
明确广告受众	明确广告调查的对象
制订广告调查经费预算	经费数额及使用安排
确定调查团队	委托调查公司或自己组织
进行调查抽样	样本大小、抽样方法

3. 调查实施

调查实施是将广告调查方案付诸行动的过程，可以分为预先调查和正式调查两个阶段。预先调查是一种测试调查，通常是小规模的，目的是检验广告调查方案是否合理、概念是否明晰以及调查问卷的信度和效度是否符合要求等。如果通过预先调查发现调查设计存在问题，广告调查人员就应该及时修正，在修正之后就可以进入正式调查阶段了。正式调查阶段的主要任务就是收集信息，包括对一手信息和二手信息的收集。这一阶段调查的关键是确保广告调查所得信息的真实性和可靠性。

思考题

在广告调查实施过程中可能会遇到哪些问题？该如何预防这些问题的产生？

4. 调查资料整理和分析

这一阶段的工作是首先对调查收集的广告资料进行整理，剔除不真实信息，保证资料的系统性、完整性和可靠性；然后对整理后的调查资料进行分析。如果涉及问卷调查，可以借助 SPSS（Statistical Product Service Solutions，统计产品与服务解决文案）等软件来辅助完成。

5. 撰写调查报告

前期的调查工作完成之后，广告调查人员应撰写最终的调查报告并呈送给调查的委托者。调查报告主要通过文字、数据、图表等形式表现出来，以全面客观地描述调查研究的发现。调查报告的主要内容包括调查的背景及意义，调查所采用的方法、步骤、统计方法以及可能产生的误差，调查的主要结论，企业应当采取的主要对策，等等。调查报告在表述方式上要尽可能简单明了，要让广告决策者和企业的营销人员看得清楚明白。

完整的广告调查报告一般包括标题、摘要、目录、正文、结语、附录等部分。

（1）标题

标题是对广告调查报告内容的高度概括。一个好的调查报告标题不仅能直接反映出报告的核心思想和基本内容，还会因为它揭示的深刻内涵引发阅读者强烈的阅读欲望，所以，标题要开宗明义，做到直接、确切、精练。

广告调查报告的标题可以分为单标题和双标题两种。单标题一般是把调查单位、调查内容明确而具体地表现出来，如《关于某某企业广告效果的调查》，这种标题概括了报告的主要内容和分析范围。有的报告的单标题直接将调查报告的基本观点挑明，如《某某企业广告投放效果不佳的原因调查》。

双标题也称为双行标题或主、副标题。主标题一般反映调查的中心思想，是受关注的部分，它揭示的是报告中最主要的事实和思想；副标题则是在时间、范围、内容上对正标题加以限制，或对主标题进行补充，如《短视频广告势不可当——短视频广告发展现状调查》。这种标题往往是主标题发人深省、简洁明快、新颖活泼，富有强烈的吸引力，副标题相对来说更具体务实一些。

（2）摘要

摘要是对本次广告调查的情况做简明扼要的说明，主要是用高度概括的语言介绍此次广告调查的背景、目的、意义、内容、方法和结论等。

（3）目录

如果广告调查报告内容较丰富，页码较多，从方便阅读者阅读的角度出发，广告调查人员应当使用报告目录，将报告文本的主要章、节及附录资料的标题列于报告之前，在报告目录中写明章、节等的标题和页码。

（4）正文

正文是广告调查报告陈述情况、列举调查材料、分析论证的主体部分。正文必须真实、客观地阐明全部有关论据，包括从问题的提出到结论的得出，以及论证的全部过程及与之相联系的各种分析研究的方法。

此外，广告调查人员还要对报告文本有关内容结构进行精心安排，基本要求是结构严谨、条理清楚、重点突出。要做到这一点，就要将调查得到的数据、材料、图表、观点等进行科学分类和符合逻辑的安排。

（5）结语

结语是广告调查报告的结束部分，没有固定的格式。一般来说，这部分是对正文的概括和归纳，是对广告调查报告主要内容的总结。有的在结语中强调报告所论及问题的重要性，以提示阅读者关注；有的提出报告中尚未解决的问题，以引起重视；有的则和盘托出解决问题的办法、建议或措施。

无论哪种结语，都要与正文的论述紧密对应，不要重复，以免画蛇添足。

（6）附录

附录是对广告调查报告正文内容的必要补充，用以论证、说明或进一步阐述正文所包含的某些资料，如调查问卷、调查抽样细节、原始资料的来源、调查获得的原始数据图表（正文一般只列出汇总后的图表）等。

广告调查人员在撰写广告调查报告时不应简单堆砌数据和资料，而应在科学分析数据后，整理得出相应的有价值的结果，为企业制定营销策略和营销决策提供依据。在撰写调查报告前，要先了解报告阅读者希望得到的报告形式及期望获得的信息。广告调查报告要清晰明了、图文并茂。广告调查人员在写作的过程中还要注意语言的规范性，不能太过口语化，以免使阅读者对调查报告的准确性产生怀疑。

5.2 广告调查的方法

广告调查的方法有多种，根据资料的来源，可分为二手资料调查法和一手资料调查法。二手资料调查法也称文献调查法或文案调查法，是一种间接调查方法，指利用已有的文献、档案等二手资料进行调查。一手资料调查法又称直接调查法，是通过搜集一手资料而开展调查的方法，包括访问调查法、观察法、实验调查法和问卷调查法等。

5.2.1 二手资料调查法

1. 二手资料调查的资料来源

二手资料调查要求调查人员熟知资料来源和资料检索方法。广告调查的资料来源主要有企业自身、图书馆、专业网站、政府相关部门、广告行业协会等。

（1）企业自身。企业自身的资料包括企业经营状况分析、历年经营数据、市场分析报告、营销策划书、企业产品手册、企业内部刊物以及一切与广告活动相关的资料等。

（2）图书馆。图书馆包括公共图书馆、高校图书馆和专业图书馆。图书馆书刊繁多，种类也比较齐全，调查人员可以集中获取所需资料。在图书馆可以获取的资料包括相关书籍中的论述和有关报刊上的文章，例如广告行业评述、广告调查报告等；此外，工具书中的广告统计年鉴上的统计资料、联合国出版物中的统计资料都是资料的重要来源。在图书馆进行二手资料调查，调查人员要善于使用各种索引，这样才能事半功倍、高效地搜集到所需的资料。

（3）专业网站。一些专业的网站，如艾媒网、胖鲸智库等经常发布一些与广告相关的研究报告和案例，是企业获得广告资料的重要渠道。艾媒网的网页截图如图 5-1 所示。

图 5-1 艾媒网的网页截图

（4）政府相关部门。调查人员从某些政府部门，如统计部门、市场监督管理部门、税务部门和行业主管部门等处可以获取当地经济社会发展的有关资料，以及有关的经济政策、法规和行业发展规划等。

（5）广告行业协会。广告行业协会的业务之一是提供行业信息服务。例如，中国广告协会的信息服务就包括“建立包括广告人才、广告企业竞争力与诚信度、广告企业经营情况等信息在内的广告业数据库及广告业信息发布制度；形成科学、全面、统一的信息共享平台，为企业发展、行业交流和政府有关部门制定政策，提供信息支持；依照有关规定，出版行业图书、杂志、内部刊物等，充分发挥互联网等新媒体的作用，做好行业信息服务建设”。

此外，门户网站、各类广告和财经方面的 App、微信公众号、专业的数据公司等也是二手广告资料的来源。

2. 二手资料调查的工作程序和工作方法

二手资料调查是一项工作量大、复杂性强、技术性很强的工作。调查人员除了需要具备丰富的专业知识和严谨的工作态度之外，还需要掌握科学的工作程序和工作方法，这样才能保证二手资料调查具有较高的质量。

二手资料调查的第一步是要在分析的基础上确定所需资料的来源。例如，假定需要调查某一目标市场的人口状况，很显然，政府统计部门的年报、人口普查资料就是比较合适的资料来源。

当资料来源确定之后，就可以着手进行资料搜集的工作了。在多人合作调查时，资料的搜集方法有两种：一个人负责一个问题或几个问题，翻阅查找所有的资料来源，仅搜集所负责问题的有关资料；一个人负责一种或几种资料来源，搜集这些来源中的全部有关资料。前一种方法搜集资料比较系统但也比较费时；后一种方法每个人搜集的资料范围广，能够节省时间，但在内容上容易有疏漏。两种方法各有利弊，调查人员在实际实施时应该根据具体情况选择使用。

在人手少、时间紧的情况下，调查人员在进行二手资料调查时还可以采取间接的方式，委托图书馆、咨询中心等机构进行专题调查，然后对其反馈的信息进行综合整理。

此外，在进行二手资料调查时，调查人员一定要充分利用网络平台和资源获取相关的资料信息，这样能极大地提高调查的效率。

3. 二手资料调查中需要注意的问题

（1）资料的可信度。调查资料的可信度也就是资料的准确性，依据准确的资料可以做出对市场的正确判断，而错误的资料有可能导致严重的后果。在调查中，调查人员要注意资料来源机构或书刊的权威性、他人调查成果的科学性。对一些估计、推测出来的数据或结论，可以参考，但是使用时要慎重。

（2）资料的时效性。调查得来的资料要看是早期的还是近期的。市场竞争形势千变万化，早期的资料通常意义不大。近期的资料则可以看出市场的现状及发展趋势。但从长期来看，市场的变化也是有规律可循的，调查人员对早期和近期的资料进行纵向分析，就可以得到市场变化的大致规律，从而对未来趋势做出预测和判断。

（3）资料统计口径的一致性。不同国家或地区，甚至同一国家或地区的不同机构可能对统计指标的定义不同，也就是统计口径不一致。调查人员不能把从不同渠道搜集的统计数据做简单的直接比较，而需要依据一定标准进行核算。

（4）资料的筛选。二手资料调查的初步结果庞大复杂，对这些资料去粗取精、去伪存真确实不是一件容易的事。它要求调查人员具有较高的素质，能在大量资料中敏锐、准确地发现那些与调查问题相关的资料。

5.2.2 一手资料调查法

对企业来说，一手资料调查非常重要，尤其是当文献资料匮乏或不足时，一手资料调查是唯一可行的选择。与二手资料调查相比，采用一手调查获得的数据更为真实、可靠，企业也更容易在调查过程中发现实际问题；但其缺点是费用高、工作量大，有些调查还会超出企业的能力范围，如行业调查等，因而具有一定的局限性。

微课堂

一手资料调查法

一手资料调查的方法较多，下面主要介绍以下几种。

1. 访问调查法

访问调查法，也称访问法，是指广告调查人员以访谈询问的形式，或通过电话、邮寄问卷、留置问卷、小组座谈、个别访问等形式向被调查者搜集市场调查资料的一种方法。访问法是广告调查资料搜集中较为基本和常用的方法，主要用于原始资料的搜集。

2. 观察法

观察法是指调查人员到现场利用自己的视觉、听觉或借助摄录像器材，直接或间接观察和记录被调查者对广告的反应的一种方法。利用观察法进行调查，调查人员不需要向被调查者提问，而是凭自己的直观感觉，从侧面观察、旁听、记录现场发生的事实，以获取所需要的信息。观察法又可分为直接观察法和间接观察法。直接观察法需要调查人员亲临现场开展调查，如在公交车站观察候车乘客对站牌广告的关注度等；间接观察法是指调查人员采用各种间接观察的手段，如通过痕迹、仪器等进行观察，以获取所需的广告调查信息。

3. 实验调查法

实验调查法是指在既定条件下，通过实验对比，对市场现象中某些变量之间的因果关系及其发展变化过程加以观察分析的一种调查方法。就广告调查而言，调查人员可以从影响广告效果的众多变量（如广告文案、广告模特、广告媒体等）中选出一个或两个，将它们置于同一条件下进行小规模实验，然后对实验得到的数据进行处理和分析，最后确定更好的广告方案。

实验调查法的调查结果具有较强的客观性和实用性，在调查中，调查人员可以主动地对实验进行控制，因而实验能较为准确地反映出各市场变量之间的因果关系。实验调查还可以探索在特定的环境中不明确的市场关系或行动方案，其结果具有较强的说服力，可以帮助决策者决定行动的取舍。实验调查法时间长、费用多，只能识别实验变量与有关因素之间的关系，很难解释众多因素的影响，且不能分析过去或未来的情况。

阅读资料 5-1　速溶咖啡的广告调查

速溶咖啡的味道和营养价值与传统的豆制咖啡大致一样，而且具有传统豆制咖啡难以匹敌的一大优点——方便。这种饮料配制简单，饮用方便，既不需要花费过多的煮制时间，也不必为清洗咖啡器皿而费力气，用开水一冲，即可饮用。两相比较，按理说，速溶咖啡一上市就会很快取代传统的豆制咖啡。但事与愿违，尽管厂家对其又快又方便的特点进行了大力宣传，购买者仍寥寥无几。

问题出在哪里呢？厂家组织心理学家们进行了调查。他们采用问卷调查方式，请被问者回答不喜欢速溶咖啡的原因。很多被问者回答："不喜欢它的味道。"实际上，速溶咖啡在味道上与豆制咖啡几乎没有任何区别。显然，这不是消费者不接受速溶咖啡的真正原因。

那么，速溶咖啡受到冷遇的真正原因是什么呢？前面的直接调查结果表明，消费者可能存在某种偏见，而又出于某种心理不愿意说出这个原因。为了弄清这个问题，心理学家们又改用间接的调查方式向消费者进行更深入的心理调查。他们编制了两份购物单，并把他们分发给两组家庭妇女，请她们作为旁观者描述按该购物单买东西的家庭妇女是什么样的妇女。事实上，这两份购物单虽然分别列出了 6 个项目，但除了咖啡一项不同之外，其余完全一样，如表 5-2 所示。

表 5-2　两份购物单

购物单 1	购物单 2
1 听发酵粉	1 听发酵粉
2 块面包、1 根胡萝卜	2 块面包、1 根胡萝卜
1 磅速溶咖啡	1 磅豆制咖啡
1.5 磅碎牛肉	1.5 磅碎牛肉
2 磅桃子	2 磅桃子
5 磅土豆	5 磅土豆

拿到购物单 1 的几乎 50%的人认为，按这张购物单买东西的是个懒惰、邋遢、生活没有计划的女人；有 12%的人认为，这是个挥霍浪费的女人；有 10%的人认为，这不是一个好妻子。拿到购物单 2 的家庭主妇们则认为，按此购物单买东西的家庭主妇是个勤俭、会过日子的、有经验的、喜欢烹调的女人。

如此看来，广告一味强调速溶咖啡的饮用方便和节省时间等优点，使大多数家庭妇女产生了偏见，她们认为购买速溶咖啡的是生活无计划、邋遢的懒妻子。而当时美国的家庭主妇都希望做一个勤劳的、会过日子的家庭主妇，而不愿意做一个懒惰的、不会过日子的家庭主妇，偏见阻碍了厂家的推销。

厂家根据这种情况，决定改变广告主题，在广告宣传时不再鼓吹速溶咖啡省时省力，而强调速溶咖啡具备豆制咖啡所具有的美味、芳香和质地醇厚等特点。其广告画面是：一杯美味咖啡，背后高高地堆着很大的褐色咖啡豆，速溶咖啡罐上写着“100%真正咖啡”的字样，还有意增加了开启难度。这样的策略在一定程度上打消了消费者购买速溶咖啡的顾虑，增强了速溶咖啡在感官上的吸引力，经过长时间的广告宣传，消费者的偏见慢慢消除了，速溶咖啡终于成为西方最受欢迎的饮料之一。

4. 问卷调查法

问卷调查法是一手资料调查中使用得最普遍的一种方法。问卷调查的首要工作是设计好调查问卷，一份高质量的问卷可以帮助企业获得全面准确的调查资料，为调查得出正确结论奠定良好的基础。问卷设计是一项技术性很强的工作，要求设计者具有丰富的学识和实践经验，特别是对社会心理有相当的了解，不但熟悉调查项目的要求，而且具有综合提出问题的能力，这样才有可能设计出高水平的调查问卷。调查问卷的设计要注意以下几个方面：一是问题全面，包含要调查的所有问题；二是问题简明扼要，使被调查者易于理解；三是问卷应适当包含过滤性问题，以便验证被调查者的回答是否真实；四是对被调查者不愿直接回答的问题加以巧妙转化，使之成为其乐于回答的问题；五是不涉及被调查者的个人隐私；六是结果便于统计分析。

调查问卷一般包括卷首语、问题指导语、问卷的主体及结束语 4 个组成部分。其中，卷首语说明由谁执行此项调查、调查目的和意义。问题指导语，即填表说明，用来向被调查者解释怎样正确地填写问卷。问卷的主体包括问题和选项，是问卷的核心部分，其中，问题分为封闭型问题（问题后有若干备选答案，被调查者在备选答案中做出选择即可）、开放型问题（只提问题，不设相关的备选答案，被调查者有自由发挥的空间）和半封闭型问题（在采用封闭型问题的同时，再附上开放型问题）3 类。结束语用来表示对被调查者的感谢，或提供一些奖品、优惠券等。

问卷设计完成之后，下一步的工作是选取调查对象。在调查对象数量大、调查问题面广的情况下，一般采用抽样法来选取调查对象。抽样的方法很多，常用的有简单随机抽样、分层随机抽样、分群随机抽样、系统抽样、判断抽样、任意抽样和配额抽样等方法。

拓展知识

调查问卷的结构

广告调查问卷发放与填写的方式有多种，比如现场发放填写、邮寄问卷填写、留置问卷填写等，随着网络的普及，越来越多的问卷调查采用网络发布方式，下面就简单介绍一下。

网络调查问卷的发布是将设计好的问卷通过一定的方式在网上发布，让被调查者了解并参与调查。常见的发布方式有以下几种。

（1）网站（页）发布

网站（页）发布是指将设计好的问卷放在网站的某个网页上。这要求设计出的问卷有吸引力，并易于回答。发布方法可以是在网站上设置调查问卷的标志或链接文字，使访问者通过单击链接进入问卷页面，并完成问卷的填写。例如，华为在其官网的花粉俱乐部发布了调查问卷链接，以供用户主动单击填写，如图 5-2 所示。

（2）弹出式调查

调查人员在网站上设计一个弹出窗口，当访问者进入网站时，窗口会自动弹出，并请求访问者参与网上调查。若访问者有兴趣参与，单击窗口中的“是”按钮，就可以在问卷新窗口中填写问卷并在线提交。调查人员在网站上安装抽样软件，按一定的抽样方法自动地抽取被调查者。这类似于传统调查中的拦截式调查，经常访问者被拦截抽中的可能性要大于偶尔访问者。调查人员可采用跟踪文件的方式避免访问者重复填写问卷。

图 5-2　华为荣耀智能设备使用用户问卷调研发布页面

（3）E-mail 调查

E-mail 调查是指调查人员将问卷直接发送到被调查者的个人电子邮箱中，让被调查者主动参与调查，填写并回复邮件。这类似于传统调查中的邮寄问卷调查，需要调查人员收集目标群体的电子邮箱地址作为抽样样本。该类调查的不足之处在于：问卷以平面文本格式为主，无法实现跳答、检查等较复杂的问卷设计；抽样的完备性和问卷的回收率较难保障，而这将影响到问卷调查的质量。

（4）讨论组调查

讨论组调查是指在相关的讨论群组中发布问卷，邀请访问者参与调查。该调查也属于主动型调查，但调查人员在新闻组和论坛上发布问卷时，应注意调查的内容与讨论组主题的相关性，否则容易引发其成员的反感或抵制情绪，以致无法完成调查。

（5）利用专业的问卷调查平台发布

专业的问卷调查平台功能强大，能够为用户提供全面的问卷调查解决方案，提供的服务包括问卷设计、问卷发布、数据采集，统计分析、生成报表和报告等。例如，问卷网提供约 28 万个精品调查问卷模板，支持微信、微博、QQ 等多种发布模式，自动生成专业的分析报告。问卷网的市场调研模板如图 5-3 所示。

图 5-3　问卷网的市场调研模板

再如，问卷星提供2 700万个问卷调查模板，统计分析报告和原始答卷可免费下载。问卷星支持手机填写、多渠道（QQ好友、QQ群、QQ空间、微信好友、微信群、朋友圈、发送问卷二维码、群发短信邀请、群发邮件邀请）推送、问卷收集答卷和红包抽奖，这大大增强了调查的便利性并提高了被调查者的参与热情。目前较常用的问卷调查平台有问卷网、问卷星和腾讯问卷等。

问卷发放以后，要保证其回收率，回收率越高，得到的资料越全面。统计分析问卷信息前，调查人员还要注意剔除不合格的问卷。

思考题

线上和线下问卷调查方式各有何优点和缺点？

习　题

一、单选题

1．广告主体调查包括企业调查和（　　）调查两部分。

A．产品　B．销售额　C．渠道　D．目标消费者

2．二手资料调查法是一种（　　）调查方法，它利用已有的文献、档案等二手资料进行调查。

A．直接　B．实地　C．入户　D．间接

3．下列调查方法中不属于一手资料调查的是（　　）。

A．二手资料法　B．访问调查法　C．问卷调查法　D．深度访谈法

4．广告调查的首要步骤是（　　）。

A．研究设计　B．界定问题　C．调查实施　D．撰写调查报告

二、多选题

1．二手资料调查中需要注意的问题主要有（　　）。

A．资料的重复性　B．资料的可信度　C．资料的时效性

D．资料统计口径的一致性　E．资料的筛选

2．广告调查的步骤包括（　　）。

A．界定问题　B．研究设计　C．调查实施

D．调查资料整理和分析　E．撰写调查报告

3．二手资料调查的资料来源广泛，以下属于二手资料资料来源的是（　　）。

A．企业自身　B．图书馆　C．情报中心

D．政府相关部门　E．广告行业协会

4．网络广告的调查方法主要有（　　）等，是对传统广告调查极为重要的补充。

A．日记式调查法　B．网上问卷调查法　C．网络讨论法

D．网上观察法　E．节目印象调查法

三、名词解释

1．广告调查　2．广告媒体调查　3．广告调查的方法　4．访问调查法　5．实验调查法

四、简答及论述题

1．广告调查的内容包括哪些方面？

2．企业为什么要进行广告调查？

3．一手资料调查的方法主要有哪几种？

4．试论述设计调查问卷时需注意的几个方面。

综合案例

百威啤酒在日本的广告调查

1876年诞生于美国的百威（Budweiser）是世界知名的啤酒品牌，在100多年的发展历程中，百威啤酒以其纯正的口感、过硬的质量赢得了全世界消费者的青睐，成为全球最畅销的啤酒品牌之一，长期以来被誉为世界“啤酒之王”。百威之所以能够成功，除了优秀的品质和百年的品牌积淀外，还与其通过周密的广告调查发现消费者的真正需求密不可分。这一点从百威啤酒成功进军日本市场即可看出。

百威在进入日本市场时，通过广告调查对消费者进行了全面而又深入的了解。调查的具体内容包括消费者的人口统计特征、消费者购买啤酒的动机、消费者购买啤酒的决策过程、消费者选择啤酒的标准、消费者对不同品牌啤酒的评价、消费者获取啤酒产品信息的途径（包括接触媒体情况）等。

通过广告调查，百威准确把握了日本啤酒市场的现状，确立了以年轻人为诉求对象的广告策略。调查发现，日本年轻人的购买能力较强，愿意花时间去追求自己喜爱的事物，对新产品富有好奇心，愿意尝试购买新产品。年轻的消费者有自己的表达方式和独特的语言，往往是市场舆论的制造者和意见领袖。

百威在将25～35岁的男性确定为日本市场的目标消费者之后，制作并发布了一系列专门针对年轻人的广告。广告诉求的重点是提高百威啤酒的知名度，突出其高品质形象。为了保证广告效果，百威授权让公司的日籍员工对广告创意和广告文案进行把关，并采用日本年轻人乐于接受的方式来表达广告诉求。

广告调查帮助百威制定并实施了适合日本市场的广告策略，让百威啤酒在进入日本市场后的第二年就成为进口啤酒中的佼佼者，该策略可谓大获成功。

问题讨论

1. 广告调查与一般的市场调查有何不同？
2. 百威成功的广告调查给我们的启示是什么？

第 6 章　广告创意

本章导读

随着市场竞争日趋激烈，企业间的广告大战也在不断升级，由以前的“媒体大战”“投入大战”逐渐转向“创意大战”。因而，当今越来越多的广告人认识到创意才是广告的灵魂和生命。本章主要包括广告创意概述、广告创意策略以及广告创意的表现方式与技巧等内容。

知识结构图

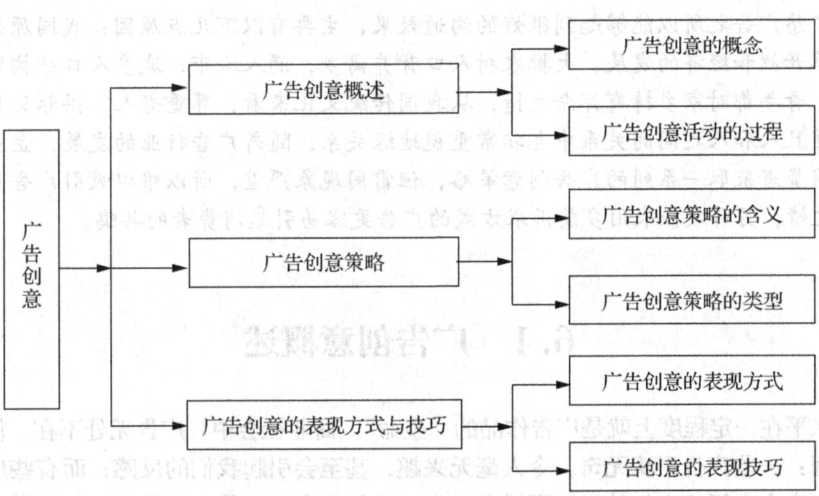

开篇引例

乡愁诉求广告

故乡历来都是文人墨客吟诵的主题。正如作家三毛在文中写的：“故乡水最美，浸出了一口浓郁地道的乡音；故乡人最亲，无论走到天涯海角彼此都血脉连通；故乡情最深，如枝繁叶茂的大树深深扎根在游子的心中。记忆深处的一湾细流、一座小桥、一口乡音，都会激起我们的浓浓乡情。”

乡愁（nostalgia）是人们固有的思乡之情，在城镇化快速发展的今天，又衍生出人们对乡村生活方式的怀念和向往。在人口流动频繁、生活压力加剧的现代社会，远离家乡的人们对记忆中的故乡魂牵梦绕，城市高压生活下的人们也向往着传统乡村生活的返璞归真。有着些许怀旧意味的“乡愁”已经逐渐成为一种社会文化心理。主打“乡愁”牌的各类产业，无论是农家乐、乡村游，还是贴上了“乡村”标签的各类消费品，以及《记住乡愁》《美丽中国乡村行》《向往的生活》等电视节目，都得到了社会大众的认同与接受。以乡愁为主题进行的广告创意，也成为近几年广告业界的创作热点，与之相关的经典广告作品层出不穷。例如，2019 年欧派家居以一部春节暖心短片《喊你回家》引爆乡愁，成功唤醒了人们对“家”的眷恋。欧派家居用最暖心的方式深情提醒大家：“春节将至，喊你回家了”，让国人在出行中通过不同的广告形式接收到短片传达的品牌理念。欧派家居广告短片如图 6-1 所示。

图 6-1 欧派家居广告短片《喊你回家》

概括起来，乡愁诉求广告能产生以下沟通效果。

（1）乡愁诉求广告能有效地引起消费者的注意。

（2）消费者比较容易理解广告内容。

（3）乡愁诉求广告能有效地引起消费者的情感反应。

（4）乡愁诉求广告能提高消费者对广告的置信度。

（5）在广告中所包含的乡愁因素有助于消费者记忆广告内容。

目前，我国有不少乡愁诉求广告出现在报纸、杂志、电视等广告媒体上，诞生了如《过年，把最好的带回家》《让故乡，成为有梦想的地方》等一批优秀的广告作品。建议企业不妨多做一些乡村诉求方面的广告，因为思念家乡、重视地缘关系在我国有着上千年的传统和文化基础。

案例分析

在我国，乡愁广告之所以能够起到很好的沟通效果，主要有以下几点原因：我国原来农村人口占多数，但随着改革开放和经济的发展，大批农村人口背井离乡，涌入城市，城乡人口结构发生了很大的变化。有不少中、青年都对家乡持有怀念之情；从我国传统文化来看，尊重老人、供养父母等是中华民族的传统美德，并且人和人之间的关系中也非常重视地缘关系；随着广告行业的发展，企业为引起消费者的注意或说服消费者采取一系列的广告创意策略，但雷同现象严重，所以难以吸引广告受众。因此，利用人们的思乡之情，另辟蹊径采用乡愁诉求方式的广告更容易引起消费者的共鸣。

6.1 广告创意概述

广告创意水平在一定程度上就是广告作品的“生命”。商业社会中，广告无处不在，但广告留给我们的印象大相径庭：一些广告平淡无奇，令人毫无兴趣，甚至会引起我们的反感；而有些广告却能激发我们的消费欲望，产生良好的广告效果。同样是广告，为什么会有如此大的差距？除了设计、制作以及产品本身等方面的因素外，广告创意水平的高低是最为重要的因素。

6.1.1 广告创意的概念

广告创意较为抽象，界定它并不是一件容易的事。本书认为，广告创意是广告策划的一系列思维活动，是对广告题材的选择、主题的提炼、形象的典型化、文字的精练，以及图画的意境、载体、表现方式和风格的综合思考与想象。所以，广告创意的实质是对创作对象进行想象和创造，使现实美与艺术美融合。

思考题

什么样的广告创意才可以称得上是优秀的广告创意？请举例说明。

6.1.2 广告创意活动的过程

为了获得广告创意，创作者需要付出复杂而艰辛的脑力劳动，它不仅需要灵感，还需要创作者遵循科学的创作过程。一般而言，广告创意活动要经历以下 4 个阶段。

第一阶段，收集资料。

收集资料是开展广告创意活动的前提与基础。广告创意建立在广泛收集资料、充分把握相关信息的基础之上。广告创意人员只有充分掌握各种相关信息，才有可能发现产品或服务与目标消费者之间存在的关联，才有可能产出高水平和成功的创意。广告创意的资料收集主要集中在广告产品、服务、目标消费者及竞争者等方面。

广告创意绝不是无中生有，而是需要广告创意人员平常细致地观察生活、体验生活、把握生活，并把生活的点滴汇入脑海储存起来，以备后用。

第二阶段，分析、整理资料。

收集到的资料未必都有价值，因此，广告创意人员需要对收集到的资料进行归纳、整理和分析。具体工作如下：分析广告商品与同类商品的共同属性；通过对比分析，找出广告商品与竞争商品相比所具有的优势和劣势；根据广告商品的竞争优势确定广告的诉求。

第三阶段，酝酿与顿悟。

广告创意的产生表现为灵感的突现，但它不是无中生有，而需要广告创意人员的深思熟虑，这样他才有可能在某一刻茅塞顿开，灵感才有可能不期而至，正如“众里寻他千百度，蓦然回首，那人却在，灯火阑珊处”。

第四阶段，验证完善。

广告创意在形成之初，往往是模糊的、粗糙的和支离破碎的，会有许多不合理的地方，需要广告创意人员仔细推敲，使之成熟和完善。广告大师大卫·奥格威在提出和确认任何一个广告创意之前都热衷于与他人商讨。最著名的案例是他为劳斯莱斯汽车创作广告时，写了 26 个不同的标题，请了 6 位同行来把关，最后选出大家都觉得很好的一个：“这辆劳斯莱斯汽车的时速达到 96 千米，最大的声音来自电子钟。”写好后，他又让文案人员反复进行修改，最后定稿。广告大师尚且如此，更何况一般广告创意人员。因此，我们应该对自己的广告创意进行反复斟酌和修改。

6.2 广告创意策略

6.2.1 广告创意策略的含义

广告创意策略目前尚未有统一、明确的定义。但综合来看，广告创意策略基本上包括两个方面的内容，即广告应该“说什么”（what is said）和应该“如何说”（how it is said）。“说什么”是指广告的内容（message content），而“如何说”指的是广告的表现（execution）。

广告创意策略是创造性地表现整个广告策略的一个非常重要的环节。媒体选择得再好，广告内容构思得再妙，如果广告诉求是不太重要的属性或者广告使用不恰当的表现手法，那就会直接导致整个广告活动的失败。所以，我们常说“创意是广告的关键”“创意是广告的灵魂与生命”“创意是广告活动的中心”。

阅读资料 6-1　加西亚酒吧的悬念广告

时值水牛城的春天，空气中弥漫着爱情的气息。一个星期一的早晨，人们突然发现路边出现了一块新的路牌，酒红色的底，白色的大字，其上写着一条极具人情味的信息：“穿红衣服的安琪尔：加西亚爱尔兰酒吧一见。希望见到你——威廉”

随后连续 9 个星期，上下班的人每到星期一早晨便会看到一条新的信息，每一条都比上一条更浪漫。如：“穿红衣服的安琪尔，我仍在等待，加西亚酒吧，星期五，好吗？——威廉”“穿红衣服的安琪尔：

为了这些路牌，我快一个子儿都没有啦，加西亚酒吧，……求你了！——威廉”

于是人们开始涌向加西亚酒吧，看自己是否能发现安琪尔，或碰上威廉。很快，又出现了另一块冠名弗兰克的路牌，警告威廉说他对安琪尔有越轨行为，而威廉则在新的路牌上回应，声称：“穿红衣服的安琪尔：去你的弗兰克！我要不惜一切代价在加西亚酒吧见到你。”妇女们纷纷打电话到当地的这家路牌公司，询问如何能见到浪漫的威廉。这件事成了该城街头巷尾热议的话题。

最终，人们盼望已久的路牌终于出现了：“亲爱的威廉，我肯定是疯了。加西亚酒吧见，星期五，晚上 8：30。——安琪尔”

那天晚上，加西亚酒吧爆满，酒吧不得不雇用了两名模特来扮演威廉和安琪尔。

又过了一个星期，最后的一块路牌出现了：“安琪尔，谢谢！周五加西亚酒吧见，我高兴极了！——爱你的威廉”

尽管此广告费用很低，却让所有路过此地的人都成了该酒吧的顾客及免费宣传员。

6.2.2 广告创意策略的类型

广告内容有硬性内容（hard content）和软性内容（soft content）之分。广告的硬性内容一般以信息传递为主，主要是向消费者说明购买产品或服务的理由，从而使消费者做出合理的购买决策。而软性内容一般以情感诉求为主，为引发消费者对品牌或企业的偏好，而采用以情感人的方式接近消费者。前者又被称为信息广告（informative advertising），后者又被称为迁移广告（transformational advertising）。因此，广告创意策略可分为信息型广告创意策略和迁移型广告创意策略两大类。

1. 信息型广告创意策略

信息型广告（简称为信息广告）是指向受众提供明确而有逻辑性的事实性信息的广告。信息广告一般采取这样的方式，即指向消费者的实用性或效用性的需求，以消费者的负面情绪（negative emotion）作为提供信息的线索。在这里，消费者的负面情绪是指消费者遇到问题但没有找到合适的解决方法的时候，或者因问题而处于不满意状态的时候所产生的心理不协调状态。广告在提示消费者的这些负面情绪时，应该紧接着提供有关广告产品能带来效用的信息。例如，保险公司的广告先提示有关预想不到的事故方面的内容，然后提示能解决这些问题的方法（购买人身保险）。

理性的消费者通过信息广告获得相关的产品信息，并根据这些信息区别产品的特性，做出购买决策。在制定信息广告策略时，企业应使广告所强调的信息真实、重要且符合逻辑。只有这样，信息广告才能充分影响或刺激广告受众。

2. 迁移型广告创意策略

迁移型广告（简称为迁移广告）是使消费者在接触广告时能够联系消费经验（或体会）并对产品产生肯定的心理反应的广告。如果消费者能合理地、有逻辑性地思考，并对产品具有一定的判断能力或意志，那么，这些消费者可以成为信息广告的目标受众。但是消费者对广告的反应有时取决于感觉或积极情绪（positive emotions）上的满意程度。积极情绪是持有感觉满意（sensory gratification）、好奇心的充足、社会承认（social approval）等欲望的心理状态，强调通过对产品的利用来满足这些欲望的广告就是迁移广告。所以，从某种意义上来说，迁移广告就是情感广告。

运用迁移广告创意策略的成功案例很多，其中，弗朗西斯•格瑞蒂（Frances Gerety）为戴比尔斯钻石所做的广告最为著名。1947 年 4 月，艾耶公司的女性撰稿人格瑞特在撰写钻石广告文案时，试图找到一种新的表达方式，以把钻石的内在含义和浪漫的性质结合在一起。就在万分焦虑的时候，她灵感突现，写出了“钻石恒久远，一颗永流传”（A diamond is forever）这样的佳句。

格瑞特的广告词以局部代表整体：这微小的钻石是永恒的，伟大的爱情也是永恒的。在戴比尔斯的宣传下，购买钻戒成为一种极其重要的、具有决定意义的行为。

拓展知识

戴比尔斯经典广告创意的产生

再如，智威汤逊于1927年为力士创作的一则广告，广告标题是“10个电影明星中有9个都用力士香皂呵护她们的肌肤”，附上了多位好莱坞女明星的集体签名证言（见图6-2）。这种利用明星开展广告宣传的方式，20世纪20年代曾得到广泛应用。

图6-2　智威汤逊为力士香皂所做的广告

女明星如花的笑脸、迷人的肌肤，一句自信的广告语“我只用力士”，使力士香皂的魅力倍增。力士品牌的卓越品质和独特的气质，由此深入人心。

那么，如何选择信息型广告创意策略和迁移型广告创意策略呢？广告创意人员可以根据产品的特点，特别是根据消费者对产品的卷入程度选择广告创意策略，如图6-3所示。

	信息广告	迁移广告
低卷入产品	· 阿司匹林 · 清淡啤酒（light beer） · 洗衣机用洗衣粉 · 体育饮料	· 碳酸饮料 · 啤酒（regular beer） · 点心 · 化妆品
高卷入产品	· 房子、公寓 · 计算机 · 保险	· 休假 · 时装 · 轿车 · 高档家具

图6-3　广告创意策略的选择

资料来源：ROSSITER J R, PERCYL.Advertising & Promotion Management. McGraw-Hill, Inc., 1987: 167.

6.3　广告创意的表现方式与技巧

6.3.1　广告创意的表现方式

广告创意表现方式较多，难以一一描述。下面我们仅从广告诉求的角度介绍几种常见的广告创意表现方式。

微课堂

广告创意的表现方式

1. 严重性诉求

严重性诉求（serious appeal）是指通过向消费者直接或间接地展示不购买或不使用广告产品的严重后果，从而促使消费者采取购买行动的一种诉求方式。在一般的情况下，大部分广告主认为肯定的或愉快的广告，比严重的或否定的广告更容易为消费者所接受。所以，广告主通常不会选择严重性诉求这种广告创意方式。

但是也有例外。例如，有两个关于预防艾滋病的公益广告：一个是模特以逗乐的方式说明艾滋病的后果的广告，另一个是直接展示艾滋病患者严重病情的广告。从预防艾滋病的角度来看，哪一个广告效果更好呢？很显然是后者。

所以，严重性诉求主要用于有关保护环境、预防疾病、禁止饮酒驾驶、预防交通事故、禁毒等的公益广告。相信下面一组采用严重性诉求方式的公益广告会给我们强烈的震撼，如图 6-4 和图 6-5 所示。

图 6-4　呼吁人们关注全球变暖的公益广告

图 6-5　拒绝酒驾公益广告

2. 幽默诉求

幽默诉求（humor appeal）是指通过逗乐的方式，使广告内容戏剧化、情趣化，让目标受众以轻松愉快的心情接受广告内容的诉求方式。某调料产品的广告就采用了幽默诉求的方式（见图 6-6），让人看过之后印象深刻。不少研究证实，幽默广告的回忆率（recall）较一般广告更高，因此其被广泛采用。在美国，幽默广告占广告总数量的比重为 15%；在英国，这个比重更高。

图 6-6　某调料产品幽默广告

采取幽默诉求方式，要考虑以下几点。

（1）幽默是为有效地传递销售构思（selling idea）而采用的。

（2）幽默要与广告内容协调。也就是说，尽量不要使用与广告内容无关的幽默诉求方式。

（3）幽默的内容应使受众理解。

（4）幽默应与广告的品牌有较高的关联性。就是说，广告应使消费者一感到幽默就联想到品牌，或者看到品牌就感受到幽默，即强化品牌与幽默之间的联想关系。否则，受众要么只记忆幽默，要么只回忆品牌。

（5）创作广告文案时需注意幽默的内容和方式。很多幽默广告都采用夸张的方式，例如某品牌衣服柔顺剂广告（摔跤篇），本是摔跤赛场上的激烈角逐，却演变成了选手间的“相亲相爱”，如图 6-7 所示。

图 6-7　某品牌衣服柔顺剂广告（摔跤篇）

不过研究表明，幽默广告比一般广告更容易引起消费者的疲劳效应（wear-out effect），所以在运用幽默诉求方式时，广告人员应充分考虑这一点。

3. USP 式广告

独特销售主张（unique selling point，USP），指广告人员在形成广告创意时，先仔细进行产品分析，找出产品独一无二的优点，以此作为创意表现的诉求核心，再将其转化成消费者所关心的商品利益点。USP 式广告应具备以下 3 项特质：

（1）商品必须包含特定的利益；

（2）该利益是独特的、唯一的；

（3）该利益要和销售有关，能够为消费者所接受。

USP 式广告的应用较为广泛，在竞争激烈的行业中更为常见。例如，近年来，我国饮用水市场上的竞争日趋白热化，娃哈哈、乐百氏、农夫山泉等厂家在市场上激烈竞争，为了突出各自的特点，其大多采用 USP 式的广告创意策略，举例如下。

娃哈哈：我的眼里只有你。

乐百氏：27 层净化。

农夫山泉：农夫山泉有点甜。

从以上例子中我们可以看出，独特销售主张可以是客观的，也可以是主观的。这种“独特”并非竞争产品不具备，而是竞争产品在其广告中没有提及。那么，首先提出并予以强化的这一独特之处，就成为此种产品或服务所特有的，如上文所述的“农夫山泉有点甜”。

除了前文提及的饮用水企业外，麦氏咖啡打入中国市场的初期也运用了 USP 式的广告创意策略。麦氏咖啡的广告文案写道：“哥伦比亚安第斯山脉是世界上种植咖啡的最好地方，那里有肥沃的火山土壤、温和的气候以及适量的阳光和雨水，保证了每一颗咖啡豆的完美成长。待到咖啡豆成熟时，人们采用手工摘取。只有最好的咖啡豆才进行烘焙，以确保其独特的味道及芬芳。假如您是一位咖啡爱好者，一定要选用哥伦比亚咖啡豆制成的各类咖啡。在中国，唯有麦氏超级特选速溶咖啡和生活伴侣杯装咖啡才是您最终的选择。”麦氏咖啡能够顺利地为中国消费者所接受，此则广告功不可没。

不过在确定独特性方面，广告创意一定要与销售有关，即此种“独特”是消费者感兴趣的、可接受的和对消费者有益的，否则这种独特性就失去了意义。例如美国高露洁公司推出的某款牙膏，广告强调“带状挤出，使牙膏平铺在牙刷上”。但这一“独特”并未引起消费者的兴趣，后来在广告公司的建议下，广告语改为强调“牙齿漂亮，口气芬芳”。虽然这一提法可为所有牙膏采用，但所谓“先入为主”，这句广告语成了高露洁该款牙膏的代表。

案例讨论

M&M 巧克力豆：只溶在口，不溶在手

罗瑟·瑞夫斯为玛氏公司 M&M 巧克力豆所做的“只溶在口，不溶在手”（M&Ms melt in your mouth, not in your hand）的广告可谓 USP 式广告的巅峰之作，如图 6-8 所示。M&M 巧克力豆是当时美国唯一用糖衣包裹的巧克力，有了这个与众不同的特点，罗瑟·瑞夫斯仅仅花了 10 分钟，便形成了广告的创意——“只溶在口，不溶在手”。简单而清晰的广告语，只用了寥寥数字，就将 M&M 巧克力豆不黏手的独一无二的特性凸显出来，M&M 巧克力从此名声大振，家喻户晓，人们争相购买。

图 6-8　M&M 巧克力豆“只溶在口，不溶在手”的广告

案例评析

“只溶在口，不溶在手”，将 M&M 巧克力与众不同的产品特性表现得淋漓尽致，它既反映了 M&M 巧克力糖衣包装的独特销售主张，又暗示了 M&M 巧克力口味之好，以至我们不愿意让巧克力在手上停留片刻。该广告是 USP 式广告的巅峰之作，堪称经典中的经典，时至今日仍广为流传。

6.3.2　广告创意的表现技巧

广告创意的表现技巧有多种，其中较为常见的主要有产品陈述、示范、问题解决、生活片段、代言人、证言等，下面将分别进行介绍。

1. 产品陈述

产品陈述（product presentation）广告是指通过广告向消费者陈述购买产品的理由和使用方法。例如，某药品广告先指出某些病症是某种病菌感染引起的，再通过介绍该药品含有能杀灭这些病菌的成分，从而得出这种药品是专门用于治疗这些病症的结论，采用的就是这种创意表现技巧。

2. 示范

示范（demonstration）广告是指以有效的方式介绍产品的功能、规格和使用方法。示范广告必须抓住产品功能和操作的要点，以简单易懂的方式来呈现。

做示范广告时应注意以下几点：第一，要具有有趣而戏剧性的因素；第二，与广告主主张的主题要一致；第三，以示范结果来证明主张；第四，示范内容要易于理解；第五，在竞争产品的示范广告出现之前，抢先去做；第六，最重要的是使受众信任示范结果。如果示范广告不满足上述条件，特别是示范结果受怀疑的时候，就会使受众产生认知反应中的反对意见，从而引起示范的否定效果。示范广告的形式较多，在这里只介绍比较、使用前—使用后、拷问测试 3 种形式。

（1）比较（comparative）。这是指借助与竞争产品的对比分析，来突出或陈述产品的特性或优点的示范形式。企业在做比较广告时，一定要在基于客观事实的基础上突出对竞争产品的优势，不能虚假宣传，也不能贬低其他生产经营者的商品或服务。

（2）使用前—使用后（before-after）。这种广告形式是指以示范或实验的方法来提示产品使用前和使用后的不同结果。例如，室内的空气污浊不堪，在使用某某品牌的空气净化器之后，空气变得十分清新。

（3）拷问测试（torture test）。这是指为突出广告产品的强度或性能，以实验的方式来展现产品的优点。拷问测试广告容易给消费者留下深刻的印象，从而使消费者形成长时记忆，一般在与消费者安全有关的产品广告中运用得比较多。

3. 问题解决

问题解决（problem and solution）是指在广告中向消费者提出与产品使用有关的问题后，劝说消费者使用广告产品以解决这些问题。这种广告创意表现技巧又可细分为以下两种：

（1）直接提出消费者所遇到的问题，然后推出广告产品用以解决；

（2）先提出同类竞争产品不能解决的问题，然后强调广告产品可以解决。

4. 生活片段

在向消费者展示足以引起共鸣的生活片段（slice of life）的过程中植入的广告，很容易为消费者所接受和认可。这种广告形式在药品广告、食品广告及生活用品广告中被广泛应用。例如，许多洗衣粉广告都会展现这样的生活场景：沾满污渍的衣服在使用某品牌的洗衣粉之后变得干干净净。这样的广告让广告受众感觉到很生活化，也很有真实感。

5. 代言人

代言人（spokesperson），是指广告主以外的，在广告中以自己的名义或者形象对商品、服务做推荐、证明的自然人、法人或者其他组织。采取这种广告表现技巧，代言人将被消费者理解为保证人，以期加强消费者对产品的好感。

如某品牌洗衣粉的电视广告，就是通过一位家庭主妇的亲身体验，来证明产品的功效的。

家庭主妇："要不是亲身体验，我还不相信呢！家人六十大寿，在我家院子大摆宴席，我丈夫的新衬衫就把各种美味一一记录，要是洗不干净，好好的一件衣服就要泡汤了。咳！试试广告介绍的全新××洗衣粉吧！真想不到它的清新洁丽，能够那么快发挥作用，把污渍和汗味消除得如此彻底，衣服恢复干净，还有香味呢！我丈夫很高兴。谢谢！"

旁白："全新××洗衣粉，清洁、清爽、亮洁。"

> **思考题**
>
> 为何近年来明星代言"翻车"事件频发？身为代言人应负哪些法律责任？

6. 证言

证言（testimonials）广告是指通过他人向消费者强调广告产品的某些特性，以取得消费者信赖的一种广告形式。广告中科学原理的论证，消费者使用之后对产品的肯定等，都可作为证言广告的内容。

例如，日本雄狮洗衣粉是该行业的后起之秀，为了在竞争中赢得一席之地，企业将雄狮洗衣粉赠送给一批有经验的家庭主妇试用，并聘请电视台记者一路采访，对洗涤效果进行录像，而后在电视台播出由录像制成的广告，标题是"一万个证人"。证人如此之多，其他人不能不为之动心，所以广告收到了良好的效果。

除此之外，广告创意的表现技巧还包括小片段（vignettes）、解说（narration）、讽刺（satire）、音乐（music）和人格化（personification）等，限于篇幅，本书不再展开介绍。

习　题

一、单选题

1．下列产品的广告中不是以功效为主题而展开诉求的是（　　）。

A．大印象减肥茶的“留住你的美丽”

B．斯达舒——胃痛、胃酸、胃胀，交给斯达舒胶囊

C．舒肤佳爱心妈妈

D．脑白金“让你享受婴儿般的睡眠”

2．“只溶在口，不溶在手”这句广告语是（　　）的典型代表。

A．严重性诉求　　B．USP 式广告　　C．幽默式诉求　　D．以上均不正确

3．根据大众汽车平面广告（警察篇），可以判断大众 Polo 的创意概念是（　　）。

A．时尚　　B．省油　　C．结实　　D．速度

4．带有过多（　　）色彩的广告在宣传效果上是弊大于利，在教育功能上也不利于青少年身心健康。

A．严重性诉求　　B．幽默诉求　　C．性诉求　　D．USP 式诉求

5．很多研究已表明，（　　）广告比一般广告更容易引起消费者的疲劳效应。

A．幽默　　B．温馨　　C．夸张　　D．明星代言

二、多选题

1．广告创意的表现方式有（　　）。

A．严重性诉求　　B．幽默诉求　　C．性诉求

D．USP 式广告　　E．产品陈述

2．在我国，一般广告中使用的代言人主要有（　　）。

A．一般消费者　　B．影视明星　　C．体育明星

D．企业经营者　　E．国家工作人员

3．下列广告中采用 USP 式广告策略的有（　　）。

A．娃哈哈：喝了娃哈哈，吃饭就是香

B．乐百氏：27 层净化

C．农夫山泉：农夫山泉有点甜

D．立邦漆：处处现光彩

E．李宁：把精彩留给自己

4．USP 式广告应具备的 3 项特质是（　　）。

A．广告商品必须价廉物美

B．广告商品必须包含特定的利益

C．广告商品包含的利益是独特的、唯一的

D．广告商品必须是全新的产品

E．广告商品利益要和销售有关，能够为消费者所接受

5．做示范广告时应注意的要点有（　　）。

A．要具有有趣而戏剧性的因素

B．与广告主主张的主题要一致

C．以示范结果来证明主张且示范内容要易于理解

D．在竞争产品的示范广告出现之后去做

E．最重要的是使受众信任示范结果

三、名词解释

1．广告创意　2．信息广告　3．严重性诉求　4．幽默诉求　5．迁移广告

四、简答及论述题

1．采取幽默诉求方式时应该考虑哪些要点？

2．广告创意的表现方式主要有哪些？

3．试论述广告创意的表现技巧。

4．试论述广告创意活动所经历的四个阶段。

综合案例

南方黑芝麻糊经典广告

“小时候，一听见芝麻糊的叫卖声，我就再也坐不住了。”20 世纪 90 年代，中国的电视观众都被这一句充满怀旧感的旁白和那个可爱的小男孩舔碗底的镜头打动了，无数观众沉浸在一片温情中，这则广告成为中国温情电视广告的鼻祖，获得空前成功。

广告的视听内容配合得相当完美，在表现上，采用了统一的暖色调，配合演员的恰当表演，强化了情感诉求的效果。中心画面表现小男孩舍不得放下碗而不断地舔碗，镜头景别用了大特写，使主题展示令人动情，芝麻糊的卖主给小男孩添半勺芝麻糊的镜头进一步触动了观众。南方黑芝麻糊电视广告画面如图 6-9 所示。

图 6-9　南方黑芝麻糊电视广告画面

买卖一碗芝麻糊看似极其简单，但额外添加半勺，蕴含了多少人间真情——母性怜爱、邻里乡情、仁义宽厚……中国人的传统美德和真挚情感由此体现得淋漓尽致……南方黑芝麻糊的这则广告最大的特点就在于打出了一张温情牌，以情感诉求方式达到吸引消费者的目的。

资料来源：百度文库，有删改。

问题讨论

结合案例，请谈谈为何时至今日，南方黑芝麻糊的广告仍能唤起一代人温馨的回忆。请从广告创意的角度分析这则广告的成功之处。

第7章　广告文案创作

本章导读

广告文案是广告作品的重要组成部分，是广告内容的文字化表现。广告文案的撰写是一项创造性的工作，需要创作者的天赋、灵感和艰辛的努力。本章主要包括广告文案概述、广告标题、广告正文、广告标语与广告附文等内容，重点阐述广告标题与广告正文的创作。

知识结构图

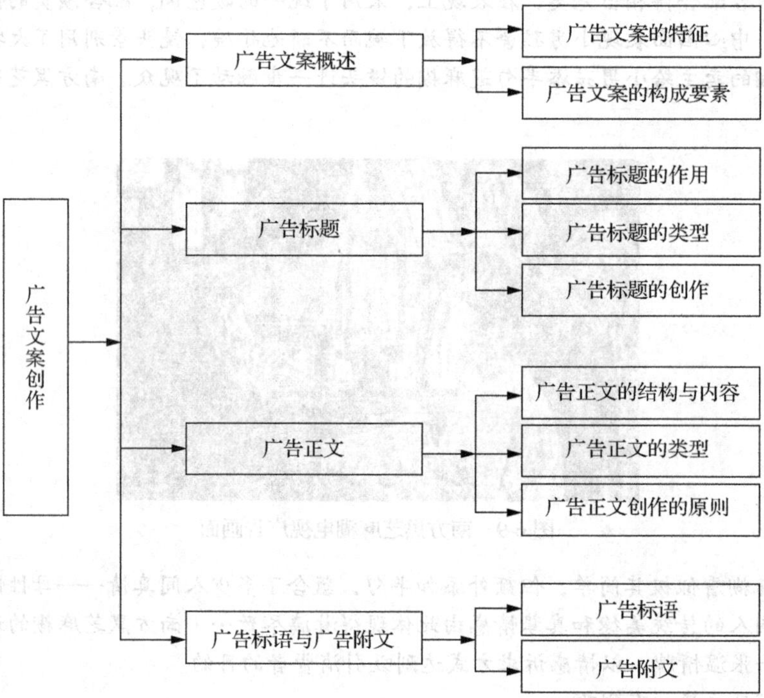

开篇引例

大众甲壳虫汽车经典广告文案

[标题] 想想小的好处

[文案] 我们的小车不再是个新奇的事物了，不会再有一大群人试图挤进里边，不会再有加油工问汽油往哪里加，不会再有人感到其形状古怪了。事实上，有很多驾驶我们的“廉价小汽车”的人已经认识到它的许多优点，而非笑话，如3.79升汽油可跑51.5千米，可以比驾驶一般汽车节省一半汽油；用不着防冻装置；

一副轮胎可以跑 6.4 万千米。也许一旦你习惯了“金龟车”的节省，就不再认为小是缺点了。尤其当你挤进狭小的停车场时，当你支付那笔少量的保险金、当你付修理账单或者当你用旧大众时，请想想小的好处。

[标题] 柠檬

[文案] 这辆甲壳虫未赶上装船货运。

仪器板上放置杂物处的镀层受到损伤，这是一定要更换的。你或许没注意到，但检查员克朗诺注意到了。

在我们设在沃尔夫斯堡的工厂中有 3 389 位工作人员，他们唯一的任务就是：在生产过程中的每一个阶段，检查甲壳虫（工厂每天生产 3 000 辆甲壳虫，而检查员比生产的车还多）。每辆车的避雷器都要检查（绝不做抽查），每辆车的挡风玻璃也要经过详细的检查。甲壳虫汽车经常会因为肉眼看不出来的表面抓痕而无法通过检查。

最后的检查实在了不起！甲壳虫的检查员把每辆新车像流水般送上车辆检查台，通过总计 189 处的检查点，再飞快地直开到自动刹车台，每 50 辆甲壳虫汽车中总会有一辆被人说“通不过”。

对一切细节如此全神贯注的结果，是甲壳虫汽车比其他的车子更耐用且维护得更少（其结果也使甲壳虫汽车的折旧率较其他车子更低）。

我们选出了柠檬（不合格的车），而你们得到了李子（十全十美的车）。

资料来源：百度文库。

案例分析

在那个年代，许多汽车广告都强调审美、技术和机器的质感。但威廉·伯恩巴克的文案促成了在世人看来显得不同寻常的大众汽车的广告作品。这个广告作品毫无科技色彩可言，它仅仅是简单、诚实和调皮，就像它代言的车一样。

通过历年的无数广告，大众汽车“甲壳虫”广告以广告界前所未有的简洁清新和情感联系，传达出节俭和敏感的独特信息。麦迪逊大道上的广告代理商开始模仿芝加哥恒美广告公司广告创意的成功之道，由此形成了业内专家们称作“创意革命”的运动。这一时期，创意占据了主导地位。

芝加哥恒美广告公司与其最著名的大众汽车“甲壳虫”广告案例，对现代广告业和广告作品创意制作形成了持久冲击。

7.1 广告文案概述

广告文案（advertising copy）有广义和狭义之分，广义的广告文案，也称广告稿、广告表现，它包括广告作品的全部内容，如广告文字、绘画、照片及其布局等。例如，报刊广告的广告文案不限于文字，也包括色彩、绘画、图片、装饰等。狭义的广告文案，仅指广告作品中的语言文字部分。本书所讲的广告文案专指狭义的广告文案。

7.1.1 广告文案的特征

微课堂

广告文案的特征与构成要素

广告文案的特征主要有以下几点。

（1）真实性。真实性是广告文案的基本特征，它要求广告文案必须要客观公正、实事求是，绝不能主观夸大或随意隐瞒。

（2）独创性。独创性是指广告文案的立意要新颖、表现方法要奇特，要能够体现广告产品的独特个性，以便与竞争对手的产品区别开来。

（3）整体性。整体性是指广告文案应与其他广告元素，如插图、色彩、结构等相互配合，协调一致，以便更为有力地传递广告信息。

（4）艺术性。艺术性是指广告文案在确保真实的基础上，通过艺术创作手段形象地刻画产品的个性，激发消费者的情感，使广告作品具有强烈的感染力。

（5）商业性。广告的最终目的是实现商品的交换，这就决定了广告文案必然具有商业性的特征。无论广告文案采用何种创作手段和表现形式，都不能忽略商业性这一核心，要使广告文案为企业的商业目标服务。

思考题

判断广告优劣的标准是什么？如何才能创作出高水平的广告文案？

7.1.2 广告文案的构成要素

广告文案有 4 个基本的构成要素，分别是广告标题、广告正文、广告标语与广告附文。不同媒体的广告文案的构成是不一样的。比如，霓虹灯广告是标题与正文合一；路牌广告、交通广告以图为主时，文字部分非常精练，有时甚至标题、正文、标语合一；电视广告与广播广告有自身的特点，一般没有标题；而印刷类广告所包含的要素则相对齐全。

7.2 广告标题

广告标题（headline）就是广告的题目，是对广告文案的高度概括。在多数情况下，广告标题也就是广告主题。一则广告中，标题的好坏对广告效果具有直接且很大的影响。标题不妥或吸引力不够，很容易造成广告费的流失和浪费。

7.2.1 广告标题的作用

“标题是文章的窗口。”人们在阅读文章的时候，总是先通过标题来了解文章的梗概。读者在翻阅报纸杂志上的文章时，也习惯于先读标题，以决定选读哪些感兴趣的内容。所以广告标题的优劣，往往决定着整篇广告的命运。广告大师大卫·奥格威曾说过：“平均来说，读标题的人数是读正文的人数的 5 倍，因此，可以说，标题一经写成，就等于花去 1 美元广告中的 80 美分；如果你写的标题起不到推销的作用，那就等于浪费了 80%的广告费。”

广告标题是整个广告文案的关键，是广告诉求的核心体现。广告标题应能够以最醒目的方式吸引广告受众，引发他们进一步阅读的兴趣。同时，广告标题可以直接阐明产品的利益点和优惠信息，可以间接地对目标受众发出消费劝导和呼吁，也可以用激情的语言呼唤消费者采取购买行动。此时，广告受众甚至都不用再去看正文就已经被广告标题所吸引，进而直接被诱发产生消费行为。

阅读资料 7-1　奥格威关于广告标题写作的原则

（1）标题好比商品的价码标签，用它来和你的潜在消费者打招呼。不要在你的标题里说那些排斥你的潜在消费者的话。

（2）每个标题都应带出产品对潜在消费者利益的承诺，即讲明能够给他带来什么好处。

（3）始终注意在标题中加入新信息，因为消费者总是在寻找新产品、老产品的新用法或是老产品的新改进措施。

（4）其他会产生良好效果的字眼，诸如如何、突然、引进、新到、奇迹、魔力、奉献、挑战、快捷、简易、了不起、划时代、轰动一时等，听起来似乎是老生常谈，但用在广告上很有作用。

（5）在广告标题中加入一些充满感情的词，可以起到强化的作用。

（6）标题中应该写进品牌名称，至少要告诉读者，你的广告宣传的是什么品牌。

（7）在标题中写进你的销售承诺。测试表明，10个字或10个字以上带有新信息的标题比短的标题更能推销商品。

（8）广告标题应该能激发读者的好奇心，吸引他们去读广告的正文，在标题结束前，你应该写点儿吸引人继续往下读的东西进去。

（9）你的标题必须以电报文体讲清你要讲的东西，文字要简洁明了，不要和读者“捉迷藏”。有些撰稿人常写一些故意卖弄的标题：双关语、引经据典或用晦涩难懂的词句，这是错误的。

（10）调查表明，在标题中写否定词是很危险的，因为读者很可能漏掉这个“不”字，从而产生错误的印象。

（11）避免使用有字无实的标题，就是那种不读后面的正文就不明其意的标题，因为大多数人遇到这种标题时恰恰并不愿意去读后面的正文。

7.2.2 广告标题的类型

按组合方式与内容的不同，广告标题可划分为不同的类型。W. 邓恩（W. Dunn）按组合方式把广告标题分为直接式标题（direct headlines）、间接式标题（indirect headlines）、复合式标题（combination headlines）。广告标题按内容又可分为新闻式标题（news headlines）、提示式标题（how-to headlines）、疑问式标题（question headlines）、命令式标题（command headlines）。下面主要介绍前3种类型。

1. 直接式标题

这种广告标题以写实形式、简明的文字表明广告的主要内容，使人们一读就清楚广告说了些什么。这种标题要求简明、确切。直接式标题往往含有品牌名、企业名或活动名，一目了然，清晰直观。举例如下。

“好空调，格力造!”

“力士香皂，国际著名影星的护肤秘密。”

“非常可乐，中国人自己的可乐!”

“露露一到，众口不再难调!”

“人头马一开，好事自然来!”

2. 间接式标题

这种标题并不直接介绍广告产品，而是采用迂回的办法，以“不明不白”的词句吸引目标受众的注意，引导其转向广告正文，目标受众在将正文阅读完毕后，方能明白其中意味。这种标题有点儿故弄玄虚，但若设计得当，效果会十分理想。如国外有一则介绍方便食品的广告的标题是“丈夫为什么离开家？”，画面上是一个男子气呼呼地瞪着眼睛，露出一副很不高兴的样子。文案解释道：他结束了一天紧张的工作，回到家里，妻子已经外出，留下一张纸条，叫他从冰箱中拿食品自己煮了吃；丈夫不善于烹饪，很不高兴地离开家，到街上餐馆吃饭。广告介绍这家公司已生产出一批美味的方便食品，加热后即可食用，这样就不会发生丈夫离开家的现象了；接着就对各种方便食品做了介绍。文案风趣诱人，读来倍感亲切。间接式标题的应用较为常见，以下几则标题均是。

“一毛不拔。”（长命牌牙刷广告标题）

“眼睛是心灵的窗户，为了保护您的心灵，请给窗户安上玻璃吧!”（美国眼镜广告标题）

“热气腾腾，蒸蒸日上。”（电饭锅广告标题）

“发光的不完全是黄金。”（美国银器广告标题）

“夏夜伴侣？”（蚊香广告标题）

“我探出了琼的底细。”［奥尔巴克（Ohrbach's）百货公司广告标题］

“我的朋友乔·霍姆斯，他现在是一匹马了！”［箭牌（Arrow）衬衫广告标题］

广告人员在拟写间接式标题时应注意对间接尺度的把握，弯绕得太大会让广告受众一头雾水，不明所以，反而会弄巧成拙。

3. 复合式标题

复合式标题是由引题、正题、副题 3 种标题组成的标题群。在组合的形式中，有的由上述 3 种标题组成；也有的由其中两种标题组成，如引题与正题、正题与副题等；还有的由一个正题与两个副题组成。

复合式标题中的各个部分起着不同的作用。引题，又叫眉题或肩题，用于说明广告信息的意义，或交代背景。正题，又叫主题或主标题，一般用来说明广告的主要事实。副题，又叫副标题，一般做正题内容的补充说明。

（1）含有引题、正题、副题的广告标题。

例如，四川天府花生的广告标题如下。

四川特产，口味一流（引题）

天府花生（正题）

越剥越开心（副题）

又如，松下空调的广告标题如下。

销售进入第二年（引题）

松下电器变频式空调的使用者越来越多（正题）

这么多的笑脸是舒适性和令人信赖的质量之证明（副题）

（2）由两种标题组成的复合式标题，如正题与副题或引题与正题等。

例如，药品广告标题如下。

小儿复方四维亚铁散（正题）

促进婴幼儿骨骼发育（副题）

再如，电视电话广告标题如下。

海内存知己，天涯若比邻（正题）

电视电话能使山阻海隔的亲友见面畅谈（副题）

又如，美国肉类研究所芝加哥总部做的“肉”广告标题如下。

肉（正题）

使你吸收所需的蛋白质成为一种乐趣（副题）

含有引题与正题的广告标题如下。

春兰金牌保姆始终追求最好（引题）

金牌保姆宣言（正题）

再如，某酒厂的广告标题如下。

××酿酒公司介绍（引题）

如果您想饮上一杯美酒，欢迎品尝××名酒（正题）

复合式标题也可由直接式标题和间接式标题组成。

7.2.3 广告标题的创作

1. 广告标题的创作形式

广告标题的创作形式多种多样，如同作诗，同样的景物在不同诗人的笔下会形成不同的诗句佳作。广告标题的创作形式如下。

（1）陈述式。例如，杜邦塑胶广告标题：“结实的杜邦塑胶能使薄型安全玻璃经冲击致碎后，仍黏合在一起。”

（2）新闻式。例如，新飞冰箱广告标题：“有百万冰箱已经工作十年了。”

（3）承诺式。例如，上海牌香水广告标题：“一分代价，七天留香。”

（4）号召式。例如，香吉士柠檬广告标题：“加点新鲜香吉士柠檬，让冰茶闪耀阳光的风味。”

（5）对比式。例如，苏杭旅游广告标题：“上有天堂，下有苏杭。”

（6）祈使式。例如，台灯广告标题：“用功读书时，灯光不足是最大的忌讳，请保护你的眼睛。”

（7）设问式。例如，百事可乐广告标题：“不让我喝百事可乐，想都不要想。”

（8）借喻式。例如，某电冰箱广告标题：“同住一座楼，气味不相投。”

（9）反问式。例如，哈磁杯广告标题：“既然每天要喝水，为什么不用哈磁杯？”

（10）抒情式。例如，捷豹轿车广告标题：“常人无法抗拒的外在美/常人无法体会的内在美。”

（11）幽默式。例如，某打字机广告标题：“不打不相识。”

（12）悬念式。例如，新加坡美容广告标题：“难道你不要脸吗？”

（13）颂扬式。例如，格力空调广告标题：“好空调，格力造。”

（14）标语式。例如，奥琪男士化妆品广告标题：“奥琪没有忘记男士们!”

（15）借名式标题。例如，陕西杜康酒广告标题：“陕西杜康，杜康故乡。”

2. 广告标题的创作原则

（1）关注受众利益，适时传达承诺。目标受众总是会接受那些与自身利益相关的广告信息，因此，广告标题一般不要在利益上含糊其词，而应尽可能明确地承诺，如“宝洁玉兰油——我们能证明你看起来更年轻!”

（2）尽量把新的内容引入标题。人们往往关注新事物的出现、新产品的上市，并乐于接受新产品的信息和新的观念等。因此，涉及新闻报道的词总能吸引人们的注意，广告标题应善于应用这些词，如“新的”“现在”“宣告”“改进”“创新”“重大进展”“令人吃惊”“挑战”“特价”等。比如某啤酒广告：“期待已久，喜庆上市。‘超爽’口味，即将在中国诞生。”

（3）长度适中。一般而言，短标题容易记忆并让人留下印象，权威认可的是6～12字的标题产生的广告效果。而美国纽约零售业研究院与百货商店合作对广告标题进行调研，结果发现10个字及以上的标题，只要有新内容、新信息，常常比短标题推销的商品多。可见广告标题并无最佳长度标准，但标题一般不宜太短或太长。

（4）避免使用笼统或概括性很强的词语。广告标题力求生动、具体、形象、直观。泛泛的词语不会使受众产生兴趣，且容易产生误解，严重影响广告效果。因此，对此类词语应避免使用，如某热水器广告：“横比，竖比，是热点，没法比。”

（5）避免使用否定词。广告标题应尽量不使用否定词，因为受众往往喜欢从正面接收广告信息，若在广告标题中使用否定词，就容易造成负面影响。广告标题中最好说明事物是什么，而非不是什么，否则很可能会弄巧成拙。假如某高校招生广告的标题为“我们的学校不是培养不出优秀的人才”，考生或考生家长看到后极有可能对该校的实力产生怀疑。

拓展知识

经典广告文案：穿“哈撒韦”衬衫的男人

7.3 广告正文

广告正文（body copy）是广告文案的中心内容，是对广告标题的解释及对广告产品的介绍。广告主题也是通过广告正文来充分表现的，广告正文的质量高低关系到广告创意的表现。广告正文与标题的关系是：标题在于吸引，正文在于说服；标题提出问题，正文回答问题。

7.3.1 广告正文的结构与内容

一般而言，广告正文包含以下 3 个部分。

1. 引言

引言是广告标题与广告正文的衔接段，是广告正文的开头部分。广告正文的引言担负着承上启下的使命，因而必须以精练的笔触迅速生动地点明标题并引出下文，以吸引读者继续阅读，否则就会前功尽弃。

例如，飞利浦等离子超薄平面电视机的广告，其标题为“现代杰作的展示”，引言为“飞利浦‘等离子超薄平面电视机’视觉的艺术”。

2. 主体

主体是阐述广告主题或提供论据的主要部分，是广告文案的中心。引言之后，主体部分要及时点出目标消费者关心的价值利益和广告商品的优势特点，以及这些特点与目标消费者的关系，阐明目标消费者可以得到的利益。广告同时应说明这些利益点的依据是什么、对消费者的保证措施等，以此来说服消费者购买。我们仍以飞利浦等离子超薄平面电视机广告为例，其广告主体如下。

飞利浦等离子超薄平面电视机，外形别具匠心，它拥有宽大的 106 厘米屏幕，却只有 11 厘米的厚度。超薄的它挂在墙上，能带来无限惊喜，令人惊叹不已！它拥有革命性的等离子平面显示屏，配以高清数码技术，使图像轮廓更为清晰，色彩分外明艳；120 瓦杜比环绕立体声（dolby surround sound）输出，配以 15 个扬声器，二路超重低音扬声器和动态低音增强器，音质生动无比，展现家庭影院的超然境界。

3. 结尾

结尾是广告正文的结束部分，它的主要目的在于用最恰当的语言敦促目标消费者及时采取行动。结尾一般较短，但意义重大，具有肯定语气的和煽动性的结尾与广告标题相呼应，可极大地增强广告效果。飞利浦等离子超薄平面电视机广告的结尾为：“飞利浦等离子超薄平面电视机，尊贵享受，尽在其中！生活自然越来越好！”

7.3.2 广告正文的类型

根据体裁、创作风格和手法等的不同，广告正文可以分为若干类型，如直述式、叙述式、证言式、音乐式等。现实中的广告正文很有可能是几种类型的混合体。

1. 直述式

直述式是指直接阐述广告产品功能特性，以客观的表述介绍产品，没有过多的修辞与描绘。直述式广告正文的魅力在于产品本身的诉求力量，而非文案写作技巧。在工业用品及部分日用消费品广告中，这种形式较为常用。

2. 叙述式

叙述式广告正文是用故事形式写成的，它往往能将枯燥无味的广告信息变得饶有趣味。这类广告正文犹如在讲述一段情节曲折的故事，有矛盾冲突的出现和最后问题的解决，读起来引人入胜，颇有微型小说的味道。此类广告正文往往是从某人遇到困难或麻烦而感到苦恼开始，以找到解决办法而圆满结束，目的是告诉受众在遇到同样的困难时，可采用同样的办法。下面请看广告大师乔治·葛里宾（George Cribbin）为旅行者保险公司所创作的广告正文（见图 7-1）。

图 7-1 旅行者保险公司广告正文

当我 28 岁时，我认为自己今生今世很可能不会结婚了。我的个子太高，双手和双腿又不协调，常常碍事。衣服穿在我的身上，总不及穿在别的女郎身上那么好看。似乎绝不可能有一位护花使者会骑着白马把我带走。

可是，终于有一个男人来陪伴我了，爱维·莱特看出了我身上连自己都不知道的优点。至此我方感不虚此生，然后我们就结婚了。

那是4月的一天，苹果树上的花盛开着，大地一片芬芳。那是近30年前的事了，自从那一天之后，几乎每天都如此。

…………

哎，莱特在两年前的4月故去，安静地含着微笑，就和他生前一样。苹果树的花仍然在盛开，大地仍然充满了甜蜜的气息，而我怅然若失，欲哭无泪。当我弟弟来帮助我料理莱特的后事时，我发现莱特是那么体贴关心我，就和他往常的所作所为一样。他在银行中并没有给我留下很多钱，但有一张足够支付我余生全部生活费用的保险单。

就一个女人诚心所爱的男人过世之后而论，我实在是和别的女人一样心满意足了。

“这是我写过的最好的广告，”乔治·葛里宾说，“那是由我的亲身经历所得。我太太在她28岁时曾经认为，这辈子她是不会结婚的了。因为她认为她生得高大而笨拙，很可能没有人向她求婚。”葛里宾接着说：“而在这一则广告中所发生的故事是：这个女人被求婚了……结婚了……她过着快乐的生活。她的丈夫在过世之前，早已给她买好了保险。”

3. 证言式

证言式广告正文是按证明书形式写成的，它需要提供权威人士或著名人士对广告产品的鉴定、赞扬、使用和见证等。这里的权威人士必须有资格为其所宣传的产品给出证言。如某家庭用品，最好选择家庭主妇才具有说服力。时下许多公司的广告正文都采取了这种形式。例如，雕牌透明皂电视广告就采用了消费者证言这种形式。

雕牌透明皂通过对日常生活的展示，营造了一个温馨的生活场景，广告中的使用者不断介绍并演示产品出色的洗涤性能，亲切可信。电视广告不但可以向受众详尽地介绍产品的各种性能，而且能够形象、直观地将产品的外观及包装特点逐一展现在受众面前，从而可以最大限度地诱导其购买，因此具有不可比拟的影响力和优越性。

4. 音乐式

如果单用语言来传播产品信息，要让人们一下子记住它是比较困难的，但是，如果将语言信息以歌曲的形式传达出来，那么记忆将会变得容易许多。音乐式广告有多种形式：广告人员可以将产品信息编成歌，也可在旁白中穿插。许多广告采用统一的音乐主题作为背景色彩或广告结尾，滚石公司为视窗Windows软件创作的广告音乐《启动我》便属于此列，我们称之为音乐标志（musical logo），在广告主题多次重复之后，听众便会把音乐标志与产品自然而然地联系起来。要做到这一点，音乐必须具有摄人心魄的力量。广告音乐的来源包括购买音乐版权、利用已无版权问题的曲子或原创歌曲，很多广告歌是通过这一方式制作并最终流行的等。

音乐式广告有很多经典的作品，下面让我们来欣赏一下沱牌曲酒的《悠悠岁月酒》和隆力奇的《江南之恋》。

案例一：沱牌曲酒的《悠悠岁月酒》[①]

“沱泉酿美酒，牌名誉千秋。”沱牌曲酒传承自唐时的“射洪春酒”与明代射洪人酿出的“谢酒”。这股浓香美味被辛勤的射洪人继承下来，在1989年的第五届全国评酒会上大放光彩。凭借“窖香浓郁、绵软醇厚、清洌甘爽、尾净余长、尤以甜净”的风格，沱牌曲酒经过曾祖训等一众专业白酒评委的盲评，获得93分的最高分，成功入选中国名酒，被授予国家名酒金质奖，同时也被定位为浓香型白酒的样板酒，风靡一时。

进入20世纪90年代，沱牌迎来了发展高光期。沱牌大胆启用多位新生代的影星来演绎产品广告，“悠

① 沱牌酒，追忆悠悠岁月里的经典味道｜五粮液｜白酒｜泸州老窖_网易订阅。

悠岁月酒，滴滴沱牌情”这句广告语几乎在一夜之间响彻大江南北。

广告的大热，也推动了沱牌曲酒的销量。20世纪90年代，沱牌系列酒连续3年在白酒行业位居全国销量前三，更是创造了累计50亿瓶的销量奇迹。时至今日，人们仍会念起当年酒香浓郁、甘美甜净的味道，那句家喻户晓的“悠悠岁月酒，滴滴沱牌情”仍被老酒友们津津乐道，成为一代人的记忆。为此，舍得酒业特意推出纪念版的沱牌曲酒名酒复刻版，让人们在相同的味道中追忆往昔。

案例二：隆力奇的《江南之恋》

《江南之恋》是江苏隆力奇生物科技股份有限公司（以下简称隆力奇）投资近千万元委托北京太阳圣火广告有限公司创意策划和拍摄制作的MTV音乐电视。《江南之恋》画面截图如图7-2所示。作品风格优雅、情深意长，将江南风情风景与隆力奇品牌文化完美结合，传递了隆力奇胸怀世界、远行天下的博爱情怀。

《江南之恋》歌词全文如下。

清风吹散千古恩怨
断桥残雪诉说浪漫
水乡红伞烟雨缠绵
枫桥明月摇来客船
天堂飘来的云
江南洒下了雨
西方梦绕的情牵
东方朦胧的思恋
天堂飘来的云
江南洒下了雨
西方梦绕的情牵
东方朦胧的思恋
隆力奇这美丽的传说
世界的传奇 传奇
书香评弹 知己红颜
春江水暖 芬芳家园
丽日帆影 锦绣灿烂
四海碧波 天涯相伴
天堂飘来的云
江南洒下了雨
西方梦绕的情牵
东方朦胧的思恋

天堂飘来的云
江南洒下了雨
西方梦绕的情牵
东方朦胧的思恋
天堂飘来的云
江南洒下了雨
西方梦绕的情牵
东方朦胧的思恋
天堂飘来的云
江南洒下了雨
西方梦绕的情牵
东方朦胧的思恋
天堂飘来的云
江南洒下了雨
西方梦绕的情牵
东方朦胧的思恋
天堂飘来的云
江南洒下了雨
西方梦绕的情牵
东方朦胧的思恋
隆力奇这美丽的传说
世界的传奇 传奇

图7-2 《江南之恋》画面截图

5. 描述式

描述式广告正文是以极其生动细腻的描绘刻画，激发人们基本情感和欲望的一种广告文体，读来恰似一篇散文。这类广告正文，如果描绘真切感人，会打造出鲜明的形象并给受众留下深刻的印象；否则，就会让人觉得言之无物、枯燥乏味。

描述式广告有很多经典案例，统一企业借父亲节创作的《爸爸的脚步》就是其中的优秀代表，广告文案如下。

爸爸的脚步，永不停止。
曾经，我们携手走过千万步：
逛过庙会，赶过集会，
走过沙滩，涉过溪水。
爸爸的脚步，陪我走过好长的路……
一面走，一面数，
左脚是童话，右脚是盘古；
前脚是龟兔，后脚是苏武。
爸爸的脚步，是我的故事书，
一面走，一面数，
左脚一、三、五，右脚二、四、六；
前脚是加减，后脚是乘除。
爸爸的脚步，是我的算术；
爸爸的脚步，是我的前途。
为了孩子，为了家，
爸爸的脚步，永不停止……
今天，让我们陪爸爸走一段路！

7.3.3 广告正文创作的原则

（1）紧扣主题，围绕标题。广告正文应围绕广告标题展开阐述，可举事例来论证标题。当然，正文更是对主题的文字表述，以主题为核心展开，否则，广告就偏离了主题。因此，即使正文很华丽，很吸引人，但如果言之无物或受众不知道广告想说明什么，正文就会失去作用，从而影响到广告标题的效果。

（2）正面陈述，言简意赅。正文应尽量陈述广告产品的事实，用艺术化的语言表述产品特性，以传达最为直观的信息。切记不要闪烁其词，躲躲闪闪，绕大圈子，不知所云。正文的篇幅长短并无界定，一般以短文为好。但对于特殊产品如汽车，长文案反而效果显著。

（3）特性突出，具体生动。正文应突出广告产品的特性，抓住受众最为关心的利益点进行阐述，但应注意避免写成枯燥乏味、毫无活力的“使用说明”式的陈述语句。广告正文中应增加艺术表现成分，使其生动有趣。

（4）语言热情，朴实真诚。正文行文应注意流露出广告产品的信息和人们对该产品的喜爱，这样才能传递此种感受。广告正文创作的艺术性并非要求文字的华丽，而要强调朴实和真诚，在此基础上渲染气氛，增强诱惑。

（5）提出忠告，表明承诺。在广告正文的结尾处对目标受众提出有益的忠告或表明与目标受众利益相关的承诺，能够赢得广告受众的信赖，打消他们的顾虑，促使他们采取购买行动。

案例讨论

孔府家酒，叫人想家

“孔府家酒，叫人想家。”这句温馨的话语是孔府家酒最能打动人心的广告语，也是孔府家酒广告片回家篇的点睛之“语”。广告主要画面如下。

画面1一架飞机缓缓落在机场的停机坪上，王姬的家人们在外面翘首等候。

画面2王姬走向家人，然后和他们紧紧拥抱在一起。

画面3王姬与父母一起坐在沙发上，王姬为母亲系上围巾。

画面4王姬抱着小孩，小孩为她戴上一顶帽子。

画面5（特写）有人用毛笔在红纸上写了一个大大的“家”字。

画面6王姬一家人围着桌子在吃饭。

画面7（特写）一瓶孔府家酒被人从盒子里拿出来。

画面8王姬斜倚着，深情地说：“孔府家酒，叫人想家。”身后是一家人在饭桌上亲切交谈的场景。

这则广告选取的是人们日常生活中的场景，显得真切、朴实。广告语和背景音乐都充满了人情味，是典型的情感广告。这则广告的诉求点落在一个“家”字上。“千万里，千万里，我一定要回到我的家。我的家啊，永生永世不能忘。孔府家酒，叫人想家！”寥寥数语巧妙地把孔府家酒中的“家”与家庭的“家”、国家的“家”联系在一起。

资料来源：何平华. 中外广告案例选讲［M］. 武汉：华中科技大学出版社，2012：237-238.

案例评析

孔府家酒在播放回家篇广告之前在国内最多只能算是一个区域性品牌，播放之后立即名声大振，一跃成为全国性品牌。这则广告之所以如此成功，主要得益于其准确的情感诉求。“家”在中华文化中占有极重的分量，有丰富的内涵，孔府家酒的“家”文化诉求激起了消费者的强烈共鸣，进而培养了消费者对孔府家酒的好感。孔府家酒之后的大卖便水到渠成。

7.4 广告标语与广告附文

7.4.1 广告标语

广告标语（slogan），又叫广告口号，是经常使用的广告语言，在广告传播中具有独特的、重要的作用。广告标语是对广告商品信息精练的概括或对广告主企业理念简洁的诠释，或两者兼顾。广告标语便于传播和记忆，是广告主企业进行宣传的重要内容，甚至与企业品牌一道，构成企业宝贵的无形资产。

1. 广告标语的特点

（1）精练简洁，内涵丰富。广告标语总是试图以较少的文字传达最为丰富的广告信息。为了便于记忆与传播，广告标语在许多情况下不能与广告标题一样。广告标语往往都是肯定的表述，是对广告商品及广告主企业的高度概括。正如品牌一样，其内涵可能涉及广告主企业的各个方面，为广告主企业所独有。举例如下。

没有愈合不了的伤口。（邦迪创可贴广告）

永远的绿色，永远的秦池！（秦池酒广告）

大家好，才是真的好！（好迪洗发水广告）

真诚到永远！（海尔电器广告）

四海一家的解决之道！（IBM 网络服务广告）
喝可乐，生活添味道！（可口可乐广告）
非常可乐，中国人自己的可乐！（非常可乐广告）
27 层净化。（乐百氏纯净水广告）
好酒，可以喝一点。（板城烧酒）
突破渴望，敢于第一。（百事可乐广告）

（2）生动形象，意味深长。广告标语的语言总是力求生动有趣、真挚感人。几个字，一句话，即将商品的特点栩栩如生地展现出来，令人称奇。这也正是广告标语的魅力所在。举例如下。

路遥知马力，日久见“跃进”。（跃进汽车广告）
滴滴香浓，意犹未尽。（麦氏咖啡广告）
钻石恒久远，一颗永流传。（戴比尔斯钻石广告）
千里情意，一线相系。（AT&T 公司 10810 中文台广告）

（3）定位准确，吸引目标受众。广告标语对广告商品信息的概括是建立在商品定位的基础之上的，语言、语气的运用均应对此有所考虑，以使目标受众产生亲近感，易于接受。举例如下。

金利来——男人的世界。（金利来商品广告）
威力洗衣机，献给母亲的爱。（威力洗衣机广告）
只溶在口，不溶在手。（M&M 巧克力豆广告）
牛奶香浓，丝般感受。（德芙巧克力广告）
晶晶亮，透心凉。（雪碧汽水广告）
新一代的选择！（百事可乐广告）

（4）相对固定，强化传播。广告标语与广告标题不同，应是相对固定的。因为广告标语总是与品牌联系在一起，形成“品牌—标语—商品—企业”这样一种联想。若随意改变，就会损害这种联想路径的完整性。企业应当增强对广告标语的宣传意识，在不同的场合，经常传播广告标语，加强公众对广告标语的记忆和了解，这将有助于企业形象的建立。

2. 广告标语创作的原则

（1）简洁明了。广告标语力求简洁、言简意赅。如“特步，飞一般的感觉！”如攀特牌涂改笔的广告语“一笔勾销”。

（2）朗朗上口。广告标语应易读、易记。如维维豆奶的广告语“维维豆奶，欢乐开怀”。又如，飘柔洗发水的广告语“头屑去无踪，秀发更出众。”

（3）阐明利益。广告标语应阐明受众关心的利益点。如蓝天六必治的广告语“牙好，胃口就好！”再如奥尔巴克百货公司企业形象广告语“百万的企业，毫厘的利润”。

（4）经久耐用。广告标语要考虑其时效性，最好能与品牌永久相伴。如“可口可乐，挡不住的感觉！”

3. 广告标语创作的主要方法

（1）口语法。例如，雀巢咖啡广告语“味道好极了！”再如波导手机广告语“波导手机，手机中的战斗机”。

（2）夸张法。如格力空调广告语“从非洲到南极，一步之遥——格力空调。”又如，丰田汽车广告语“车到山前必有路，有路必有丰田车。”

（3）对仗法。例如，某燃气器具广告语“蓝蓝的火，浓浓的情！”又如绿野香波广告语“原野的清新，水晶的光洁”。再如华歌尔服装广告语“长夜如诗，衣裳如梦”。

（4）排比法。例如，某一公益广告语“选择宽容，就是选择对情感的珍视；选择宽容，就是选择对万物的眷恋；选择宽容，就是选择对他人最好的关怀”。

（5）双关法。例如，某理发店广告语“新事业从头做起，旧现象一手推平”。

（6）谐音法。例如，某酱菜广告语“‘酱’出名门，传统好滋味”。又如摩托车广告语“‘骑’（其）乐无穷”。再如李宁牌运动鞋广告语“步步为‘赢’（营）”。还有某酒家广告语“举杯邀明月，对饮（影）成三人”。

（7）回环法。例如，“万家乐，乐万家”。

（8）对比法。例如，某臭豆腐广告语“臭名远扬，香飘万里”。

（9）顶针法。例如，“车到山前必有路，有路就有丰田车！”又如，“加佳进家家，家家爱加佳！”

（10）预言法。例如，三九胃泰的广告语“岁岁平安，三九胃泰的承诺！”

思考题

随着社会的变迁，我国企业的广告标语发生了哪些变化？

7.4.2 广告附文

广告附文是广告文案中的附属文字部分，是对广告内容必要的交代和进一步的补充说明。它主要由商品名称、企业名称、企业标志或品牌标志、权威机构证明、企业地址、网址、联系方式、购买商品或获得服务的途径和方式以及特殊信息（如促销的赠品、领取赠品的方式）等组成。

广告附文一般不将上述内容全部列出，应根据广告目标、媒体选择等进行取舍。

例如，大卫·奥格威为舒味思（Schweppes）奎宁柠檬水所做的广告附文如下。

如果你喜欢这一则广告但没有品尝过舒味思的话，请寄明信片来，我们会做适当的安排。

函寄：纽约市东6街30号舒味思收。

广告附文的作用主要有3点：一是能够对广告正文起到补充和辅助作用，二是能够促进企业销售策略的实施，三是能够帮助广告受众进一步加深对企业形象及品牌形象的认知。

习　题

一、单选题

1．某台灯广告标题“用功读书时，灯光不足是最大忌讳，请保护你的眼睛”，使用的创作形式是（　　）。

A．反衬式　　B．祈使式　　C．借喻式　　D．抒情式

2．某酒店门牌广告标题“敝店素来出售的是一种掺水10%的陈年老酒，如有不愿掺水者，请预先声明，但饮后醉倒概与本店无关”，使用的创作形式是（　　）。

A．陈述式　　B．新闻式　　C．借喻式　　D．对比式

3．下列属于直接式标题的是（　　）。

A．力士香皂，国际著名影星的护肤秘密

B．我探出了琼的底细

C．我的朋友乔·霍姆斯，他现在是一匹马了

D．热气腾腾，蒸蒸日上

4．在广告文案中，注目率最高的是（　　）。

A．标题　　B．正文　　C．附文　　D．空白处

5．（　　）是广告的必要说明，包括企业名称、企业地址、电话、传真、电子邮件地址等。

A．正文　　B．标题　　C．附文　　D．商标

二、多选题

1．广告标题创作的原则包括（　　）。

A．避免使用否定词　B．长度适中　C．避免使用笼统或概括性很强的词语

D．尽量把新的内容引入标题　E．用否定之否定的说法来强调肯定信息

2．广告标语创作的原则包括（　　）。

A．简洁明了　B．朗朗上口　C．阐明广告受众关心的利益点

D．经久耐用　E．富有文采

3．创作广告正文的原则主要有（　　）。

A．紧扣主题，围绕标题　B．正面陈述，言简意赅

C．特性突出，具体生动　D．语言热情，朴实真诚

E．极尽渲染，尽力夸张

4．广告附文主要由（　　）等组成。

A．商品名称　B．企业名称　C．企业标志或品牌标志

D．权威机构证明标志　E．企业地址

三、名词解释

1．广告标题　2．间接式标题　3．广告正文　4．广告标语　5．广告附文

四、简答及论述题

1．广告文案有哪些特征？

2．广告标题创作的主要形式有哪些？

3．广告标语主要有哪些特点？

4．试论述广告正文的类型。

5．试论述广告标语创作的主要方法。

综合案例

为什么海底捞广告从不强调“服务”？

只要一说到海底捞，很多人提及的第一个关键词基本上都是“服务”。而它的广告语，不管是早期的“来自四川的火锅，好火锅自己会说话”，还是目前的“一起嗨，海底捞”（见图7-3），都从未提过“服务”二字。

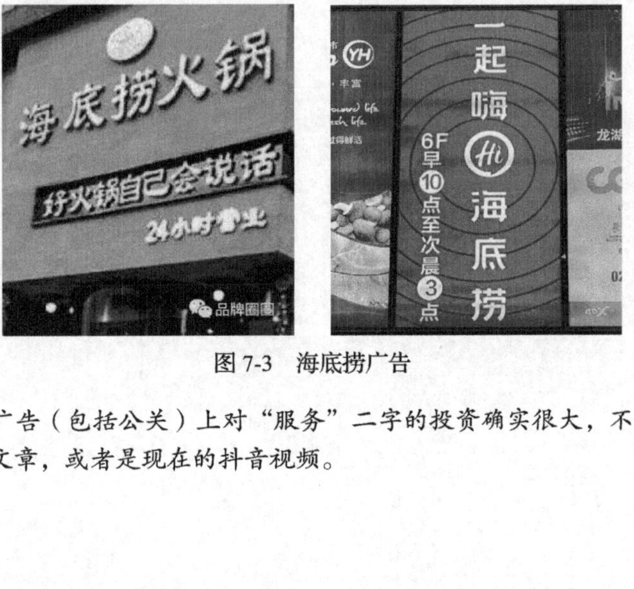

图7-3　海底捞广告

当然，海底捞在软广告（包括公关）上对“服务”二字的投资确实很大，不管是早期的微博段子，还是后来的微信公众号文章，或者是现在的抖音视频。

那么，为什么海底捞不把自己最大的特点直接写在硬广告上，而要通过软广告的形式去传播呢？原因很简单——“享受优质服务”并不是吃火锅的主流动机。谁会因为服务员会在椅子上放一个洋娃娃，就自己一个人去吃火锅呢？又有多少人会因为服务员会送你发卡、会做美甲、会送你零食，就想去吃一顿火锅呢？（虽然的确有人就是冲着这些去的，但这更多是慕名尝鲜，无法持续。）

人们为什么要吃火锅？其实最主要的动机有两个：解馋和社交。

所以在硬广告上，海底捞无论是将宣传的重点放在“好火锅”上还是“好氛围”上，都是相对正确的选择。

而软广告就不一样了，由于服务的确非常到位，甚至到了出乎意料的程度，所以它的确能成为有趣的话题，成功引起受众的兴趣，并让他们在这些话题和故事中了解和喜爱海底捞这个品牌（甚至还会产生“既然服务这么好，那其他方面也一定好”的晕轮效应）。

那么海底捞的广告语“一起嗨，海底捞”，到底是不是一句好的广告语呢？

单从文案的角度来看，其实它并不算好，因为当人们在生活中提到海底捞的时候，基本没人会说这句话。而一句好的广告语，要么直接来自消费者，要么是被设计出来的、能让消费者主动说的一句话。

其实，以海底捞目前的规模及火锅品类的发展状况来看，其广告语的作用可能更应该是不断强调自己的领导地位。毕竟，除了业内人士，还真没多少人明确知道：原来海底捞就是排名第一的火锅品牌。（同时也是排名第一的中餐品牌）。而这个领导地位，无论是对于其实体门店，还是它的快消品业务来说，都是一个可以共用的、绝佳的认知优势。

资料来源：品牌圈圈。

问题讨论

1. 你是否同意本文对海底捞广告语的评价？
2. 你觉得海底捞的广告语是否需要改进？如果需要，请为海底捞创作一条新的广告语。

第 8 章　广告设计与制作

本章导读

广告设计与制作是广告活动的一项重要内容，是广告理论与广告实践的具体反映和体现。广告设计与制作的成功与否，直接影响到广告的效果。不同的广告媒体因传播特点不同，对广告设计与制作的要求也有所不同。在设计和制作广告时，应充分把握不同媒体的特点，使传播的内容与形式协调一致，以达到最佳的传播效果。本章主要讲述广告设计与制作的含义，报纸、杂志、广播和电视四大媒体的广告设计与制作，也对其他类型广告的设计与制作进行了简单的介绍。

知识结构图

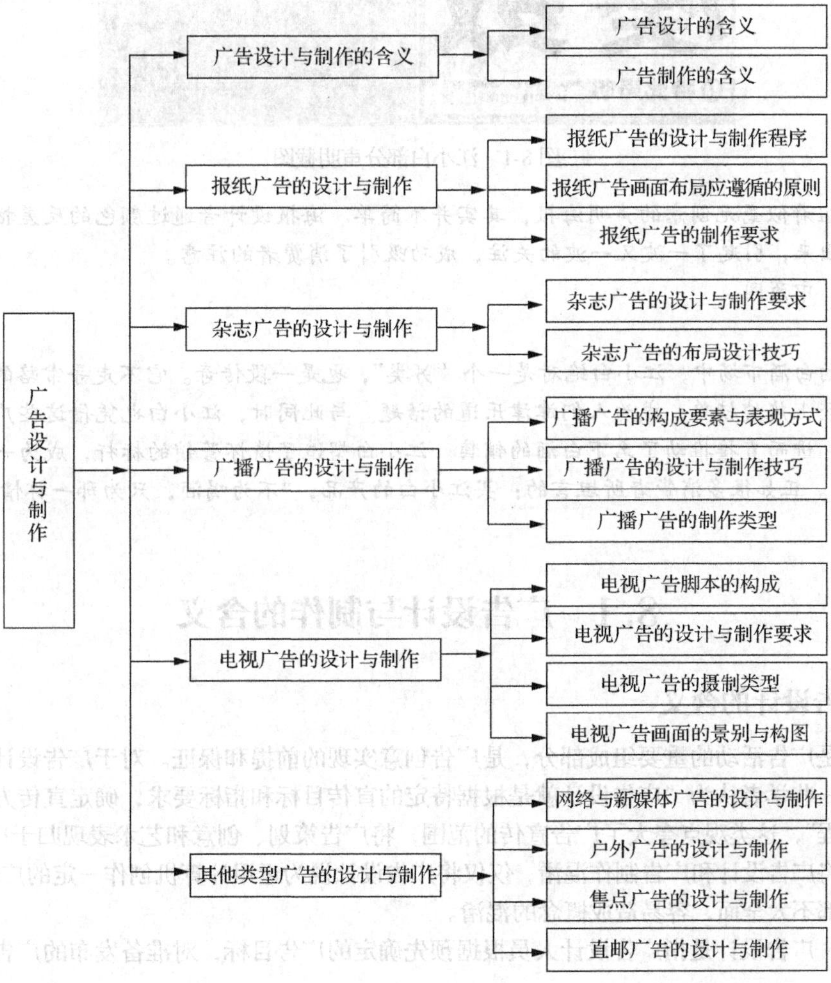

开篇引例

江小白连发100条声明海报登上热搜榜单

2021年11月19日，江小白因在微博上连发100条声明又一次成功地登上了热搜榜单。这家仅成立10年的白酒企业成了业界最会营销的公司，就算没有大事发生也能掀起一波舆论的浪花，让资深的营销人员都深深折服。各种神奇的配色，配上趣味的文案，既回应了负面舆论，又做了正面宣传。江小白部分声明截图如图8-1所示。

图8-1　江小白部分声明截图

江小白这组看似毫无创意的声明海报，其实并不简单。海报设计者通过颜色的反差把最核心的文案与观点突出了出来，引起了一波又一波的关注，成功吸引了消费者的注意。

资料来源：中商网。

案例分析

在近年来的白酒市场中，江小白绝对是一个"另类"，也是一段传奇。它不走寻常路的广告设计及广告文案时常会登上热搜榜单，成为人们津津乐道的话题。与此同时，江小白也凭借这些广告成功俘获了大量粉丝的心，进而直接推动了名下白酒的销售。江小白塑造了情怀营销的标杆，成为一代消费者心中的"青春小酒"。正如很多消费者所坦言的：买江小白的产品，"不为喝酒，只为那一杯情怀"。

8.1　广告设计与制作的含义

8.1.1　广告设计的含义

广告设计是广告活动的重要组成部分，是广告创意实现的前提和保证。对于广告设计的定义，学术界众说纷纭。一些学者认为"广告设计就是根据特定的宣传目标和指标要求，确定宣传方法、广告图样及广告词的过程"，这类观点夸大了广告宣传的范围，将广告策划、创意和艺术表现归于广告设计之中。还有一些学者将广告设计和广告制作混淆，仅仅将广告设计视为运用计算机创作一定的广告画面。显然，以上两种观点都不太全面，容易造成概念的混淆。

综合来看，广告设计是指广告设计人员根据预先确定的广告目标，对准备发布的广告信息进行创意构思和编排组合，并用视觉符号将其传达出来并使之产生影响的全过程。

过去，人们习惯于把广告设计归入平面设计的范畴，正是因为印刷技术的发展和介入，形成了现代广告设计的良好开端，印刷媒体广告设计一度成为广告设计的代名词。但是，随着广播、电视、网络等新型广告媒体的不断涌现，广告设计早已不再局限于印刷媒体。

8.1.2 广告制作的含义

与广告设计密不可分的一个重要概念是广告制作。所谓广告制作就是通过各种表现手法和技巧将观念形态的广告创意转化为具体、形象、直观的广告作品。广告设计与广告制作之间的关系可以表述为：没有广告设计，广告制作便无从入手；而不进行广告制作，广告设计只能是一纸空谈。简言之，广告设计是广告制作的前提，广告制作是广告设计的结果。

随着广告媒体的不断丰富和发展，广告制作也从原来的单纯的平面制作拓展到电视、广播等电子媒体的广告制作上来。但不管何种类型的广告媒体，其制作都需遵循一定的流程，都必须能够充分体现广告设计的理念，从而吸引目标受众关注，并最终实现促进销售的目标。

8.2 报纸广告的设计与制作

报纸是一种重要的广告发布媒体，曾与杂志、广播和电视一道被誉为四大广告媒体。报纸广告以文字和图画为主要视觉刺激，具有阅读方便、易于保存、不受时间限制等诸多优点。虽然近年来网络媒体异军突起，但报纸作为一种重要的信息载体在众多的广告媒体中依然占有重要的地位。

微课堂

报纸广告的制作

8.2.1 报纸广告的设计与制作程序

报纸广告的设计与制作程序如下。

1. 设计初稿

在这一阶段，广告制作人员要将酝酿好的广告创意用草图的形式表现出来，并加上一个醒目的标题，然后征求广告主的意见。经广告主同意后，广告制作人员再制作一个较详细的稿样；如果广告主不同意，就必须对初稿进行修改，直到广告主满意为止。

2. 选择字体

报纸广告中的字体是指文字的书写样式。字体的选择会影响广告的外观、设计及识别性。

报纸广告中的字体主要有印刷体、手书体、美术体 3 类。印刷体包括宋体、正体、黑体、隶书等多种。报纸广告标题运用最多的是黑体和宋体。手书体包括篆体、隶书、碑体、草体、行体、楷体，以及各种流派的手书体。美术体种类繁多，不胜枚举。

下面我们以一则广告标题为例，来说明上述几种字体所带来的不同视觉效果。

当太阳升起时，我们的爱天长地久（黑体）

当太阳升起时，我们的爱天长地久（宋体）

当太阳升起时，我们的爱天长地久（隶书）

当太阳升起时，我们的爱天长地久（楷体）

…………

广告制作人员在选择广告字体时，必须考虑以下几点。

（1）易读性。报纸广告的字体要使受众容易接受，使他们一看就明白、了解。

（2）适当性。字体的大小、位置等都要与广告文案正文及整体的特点相适应。

（3）外观协调。广告字体外观要与广告商品的特性、广告主题表现、广告的整体格调保持和谐，不能随意化。

（4）强调重点。广告字体的个性要能突出体现广告商品的特点，体现广告商品的文化附加值，使媒体受众一看就能感悟到广告商品的个性特征。

3. 选择色彩

色彩是影响读者注目率的一个重要因素，不同的颜色会让读者产生不同的心理反应。据调查，与黑白广告相比，彩色广告的注目率要高10%～20%，回忆率要高5%～10%。媒体受众对彩色广告的注目时间是黑白广告的2～4倍。在我国，随着经济的不断发展，广告主的经济实力不断增强，套色、彩色印刷广告也开始多起来，但报纸上的黑白广告仍占主导地位。

对于黑白广告，如果能恰当地运用黑白两色做对比衬托，也能取得很好的视觉效果。黑白广告要注意底、面的颜色对比，这是因为广告文字符号辨识的难易程度，在很大程度上依赖文字与背景的差异或对比程度。底色与面色越接近，辨识起来就会越困难；反之，两者差异越大，辨识就会越容易。不过，人们的阅读习惯和色彩的明暗度等因素也会影响色彩匹配的易读性。例如，同样是黑白两种颜色，白底黑字的匹配就比黑底白字易于识别。

随着现代印刷技术的发展，广告文字和底面的色彩匹配多种多样。美国广告学家卢基经过实验研究，列出了13种色彩匹配的易读性等级，其中黄底黑面的匹配易读性最高（许多交通广告都采用这种色彩匹配），绿底赤面的匹配易读性最差（见表8-1）。对于色彩匹配的问题，广告制作人员应加以注意。

表8-1 各种色彩匹配的易读性等级

色彩匹配														
色彩匹配	底色	黄	白	白	白	青	白	黑	赤	绿	黑	黄	赤	绿
	面色	黑	绿	赤	青	白	黑	黄	白	白	白	赤	绿	赤
等级		1	2	3	4	5	6	7	8	9	10	11	12	13

4. 画面设计

报纸广告的画面设计要注意以下两点。

（1）要把握版位的重点。报纸广告不同于电视广告，电视广告由于占满电视荧屏的全部画面，所以具有强迫性。但报纸广告除了整版广告外，大部分广告只是占据全部版面的一部分，因此读者阅读具有一定的选择性。为了吸引读者关注，需要采取精简的手法，广告画面不可放置太多的内容，否则容易导致读者厌烦。

（2）画面要有变化。富有动态感的报纸广告画面更能引起读者的注意。

通常，广告策划者在接到广告方案之后，先构想出许多表达方式，然后将这些构想绘成草图，在所画的草图中选出一两个最理想的，再绘出正式草图或半完成稿，有时为了与其他广告公司比稿，甚至要把正式的原稿即完稿制作出来。

如何将广告的各要素（广告要素包括文案的量、插图或照片等的大小或形态、表现文案的字体等）放在最恰当的位置，以发挥最大的广告效果呢？这涉及广告画面布局的技巧问题。报纸广告画面布局的好坏直接影响到广告的效果，我们将在下一小节进行详细的介绍。

5. 制版

将设计好布局的画面稿送给有关部门制版，并印制清样。

6. 校对清样

将制版后的清样与原稿对照，以确保画面稿的质量，有时也可以对清样进行局部的修改与补充，以保证画面的整体效果。

7. 印刷

将校对无误的清样送交印刷厂印刷。印刷以后校对无误，报纸广告就可投放市场。

8.2.2 报纸广告画面布局应遵循的原则

为有效进行报纸广告画面的布局，应遵循以下原则。

1. 平衡对称原则

报纸广告画面布局平衡的参考点是视觉中心（optical center）。平衡对称就是将一定篇幅内的要素巧妙编排，使视觉中心以左部分与视觉中心以右部分对称，视觉中心以上部分与视觉中心以下部分对称。一般人的视觉中心大约在整体报纸版面中心上面的1/8处，或在底线上面的5/8处。一般来讲，有两种平衡对称形式，即规则性对称与非规则性对称。

纯粹的左右对称是规则性对称的关键。成对的要素置于中央轴的两边，使广告有相等的视觉分量。这种形式会给受众留下威严的、稳固的及保守的印象。

非规则性对称是指与视觉中心距离不等地放置不同尺寸、不同形状、不同颜色、不同明度的要素，但仍可呈现出视觉上的平衡感。如同一个摇摆物，接近中心点的视觉分量较重的物体，与距中心点较远的视觉分量较轻的物体相平衡。

大部分的报纸广告画面为非规则性对称，因为这样可使广告看起来生动而有趣，较富想象力。

2. 视觉移动原则

在制作报纸广告时，为吸引媒体受众的关注，可应用以下视觉移动原则。

（1）借助广告中人物或动物模特的视线指引，使媒体受众的视线移动到下一个重要的要素上。

（2）利用指示图形的设计，如利用方向标、长方形、直线、箭头等，引导媒体受众的视线从一个要素转移到另一个要素。

（3）利用连载漫画的故事情节或图片旁的简短说明，促使读者为了了解情节的发展，必须从头依次阅读下去。

（4）利用留白（white space）及色彩效果来强调主题。留白是指报纸广告画面中不编排任何要素的部分（甚至以黑色或其他颜色为背景而非白色）。利用留白可以使某一孤立的报纸广告要素显得更突出，可以使媒体受众更加集中注意力。如果能在报纸广告文案周围大量留白，广告要素看起来就如同位于舞台的中央，十分抢眼。

（5）按照读者阅读时的自然趋向，即目光由报纸广告版面左上角，从左至右、从上到下沿“Z”字形移动到右下角，来安排从重要到不重要的广告信息。

（6）利用广告画面尺寸大小的变化来吸引受众的注意力。

3. 空间比率原则

报纸广告的各要素应基于其重要性，调和适当的空间，以形成完美的广告画面。不要平均分配每个要素所占的空间，以免造成画面单调乏味。

4. 要素对比原则

为使读者对报纸广告画面的特殊要素产生兴趣，设计者可充分利用颜色对比、尺寸对比或其他形式的对比，突出重点。例如，颠倒方式（反白色），或者为黑色、白色广告镶红边，或者是一个风格异乎寻常的广告，这些都可吸引读者对广告画面特殊要素的注意力。

5. 连续性原则

报纸广告画面设计中的连续性原则，是指采取相同的版式、相同的表现手法和风格，结合不同寻常的、独特的画面要素来进行设计。例如，在连续刊登的报纸广告中采用标准字体，重复出现卡通人物或容易记忆的标语等，以突出广告商品的特征。

6. 清晰简化原则

设计者在设计报纸广告画面时应注意，任何与广告内容无关的部分都应该删去，因为内容过多会造成广告画面混乱，使读者阅读困难，进而破坏广告的整体效果。

8.2.3 报纸广告的制作要求

报纸广告制作一般有以下要求。

1. 连续刊登

报纸广告要取得更好的效果，必须有计划地连续刊登，以适应报纸时效性较强的特点。连续刊登广告，可大大增加读者接触到广告的机会，从而扩大广告的受众范围。

2. 版面大小合理

版面大小对广告的效果有着直接的影响。一般情况下，版面越大，广告的关注率越高，但广告费也会随之增加。因此，广告主应依据自身的财力，合理地选择广告版面。

拓展知识

报纸广告的各种版面介绍

广告版面的选择，除考虑费用以外，还应依据广告目标制定不同的策略。通常的做法是，告知性广告使用大版面，提醒性广告使用小版面，节日性广告使用大版面，日常性广告使用小版面。

3. 位置安排得当

报纸的广告位置安排是指将广告登在报纸的哪一版位上。位置不同，广告效果会有所差异。如，报纸正版（第一版）广告，最引人注目，效果最佳，但收费也最高。在两版之间的夹缝刊登广告，费用低廉，但容易被人忽略。

同一报纸版面内的不同位置，广告效果也不一样。版位越符合读者的视物习惯和视觉规律，其广告效果越好。依据读者的视物习惯，版位注意值如图 8-2 所示。

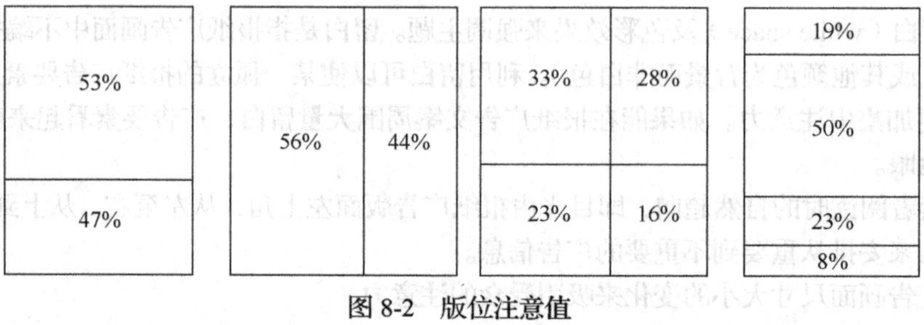

图 8-2 版位注意值

4. 情境配合

报纸的不同版面会有不同的报道重点，广告内容要与该版内容相协调。例如，可以在报纸的时尚版刊登时装广告，在文艺版刊登文娱广告，在体育版刊登运动器材广告等。同类广告最好安排在一起，如将食品广告放在一起，从而方便读者阅读选择。广告应避免与能引起负面联想的内容放在一起，如刊有讣闻的版面不要刊登婚纱摄影广告等。

8.3 杂志广告的设计与制作

杂志广告与报纸广告同属于印刷类广告，所以在设计与制作杂志广告时，我们可以借鉴报纸广告的设计与制作方法。但杂志广告有着自身的特点，在设计与制作时也应该与报纸广告有所区别。

8.3.1 杂志广告的设计与制作要求

杂志广告的设计与制作要求主要有以下几点。

1. 图文并茂

杂志具有发行周期长、专业性强、读者传阅率较高等特点。因此，杂志的印刷往往较为精美，设计与制作要求也相对较高一些。色彩鲜明的杂志广告图案能够逼真地再现广告商品（或服务）的特点和个性，从而引起读者的注意，激发其购买兴趣。同时，杂志广告中的文案要视具体情况灵活处理，可以简明扼要，也可详细介绍。

2. 正确利用版面

位置与尺寸大小是杂志版面的两个重要因素。杂志的版面位置一般可以分为封面、封底、封二、封三、扉页和内页等。据调查，如果把最高注意度设定为100，则各版面位置的注意度如表8-2所示。

表8-2 杂志版面位置的注意度

版面位置	封面或封底	封二	封三或扉页	底扉或正中内页	内页
注意度	100	95	90	85	50

杂志上同一版面的广告位置和报纸一样，上比下好，中间比下面好；大比小好，横排字则左比右好，竖排字则右比左好。

3. 情景配合

杂志广告的情景配合与报纸广告的要求大体相同，即同类广告最好集中在一个版面内，内容相互影响的广告最好不要放在一起。

4. 采用多种形式

杂志广告的设计与制作要运用多种手段，采用各种形式，以使杂志广告的表现形式丰富多彩。杂志广告的设计与制作形式主要有以下几种。

（1）折页广告。采取双折、三折、四折等形式扩大杂志的页面，以适应某些广告的特殊需求。图8-3所示为四折页的杂志广告，它显然能够传递比单页广告更多的信息，也更为醒目。

（2）跨页广告。这种广告的面积是单页广告所占面积的两倍。它的广告画面是一幅完整的图案，以充分展示广告商品的名称、品牌、功能以及价格等特点。

（3）多页广告。多页广告是指在一本杂志内，连续刊登同一企业的多页广告，以提高该企业的曝光率。

（4）插页广告。插页广告是指在杂志正文中插入的整页广告，如图8-4所示。

图8-3 四折页的杂志广告

图8-4 插页广告

（5）其他形式的广告。其他形式的广告如联券广告（见图 8-5）、香味广告、3D 立体广告（见图 8-6）和有声广告等。联券广告指杂志广告的底部附有礼品券、优惠券、竞赛券等，读者可以剪下，凭此券到指定地点兑现或领取赠品。香味广告是指杂志广告用有香味的墨水印刷，或者在杂志广告上喷洒香水。例如，有些化妆品广告就将特殊香水喷洒在杂志广告上。在一些大型广告的制作过程中，还要求采用立体形式，以增强广告的真实性和感染力。例如，利用立体的人像、动物、商品或风景照片等。有声广告是将一种很薄的录音带或唱片资料插入杂志广告中，读者在翻阅杂志时就能听到优美的音乐。

图 8-5　联券广告

图 8-6　3D 立体广告

> **思考题**
>
> 同为平面广告，为何杂志广告的设计与制作要求同报纸广告有很大的不同？

8.3.2　杂志广告的布局设计技巧

杂志广告布局设计的原则是求新求异，广告作品能够充分体现广告创意的内容，并将广告信息最大限度地传递给目标消费者。杂志广告的布局设计技巧主要有以下两点。

1. 突出杂志广告的主题

一则杂志广告成功与否，通常在媒体受众与广告主题接触的瞬间就已确定。因此，杂志广告布局设计的第一步就是分析广告主题。通过分析广告主题，了解广告商品的个性，确定杂志广告的诉求点，使布局设计围绕诉求点展开。第二步是将构成杂志广告的各要素按照与广告主题关系的紧密程度进行排位，并将它们结合起来，使其在画面布局设计中有序地体现出来。

2. 增强广告信息视觉传达的美感

视觉美感对杂志广告的效果会有较大的影响，因此在杂志广告布局设计时需注意以下 3 点。

一是注意文案的可视度、可读性。在杂志广告中，文案不论长短，字体不论大小，都必须以容易阅读为原则。

二是注意布局的美感和整体性。在设计杂志广告时，要浓缩广告内容，提炼主旨，然后将其具体视觉化。在制作技术方面，应根据要素的重要性来减少陈列单元的数量。例如，将商品名称、价格、企业名称、地址、品牌名称、标识物等作为一个单元。同时还要考虑画面中文案的摆放位置、字体、长度以及形态等，使它们相互间协调起来，构成一个艺术整体。

三是布局要新颖别致、有个性。杂志广告的布局设计要讲求“动感”，力求做到新颖别致，对媒体受众具有吸引力。

8.4 广播广告的设计与制作

8.4.1 广播广告的构成要素与表现方式

广播广告的独特之处就是通过声音来传递广告信息，也就是“以声夺人”。广播广告中的声音包括语言（人声，就是广告词）、音响和音乐，它们就是广播广告的三要素。

1. 语言

广播媒体中的语言与平面印刷媒体中的语言有着本质的区别，印刷媒体中的语言是抽象符号式的文字语言，而广播中的语言则只能是有声的口头语言。这是广告策划者必须加以区分的。广播广告的语言表现方式比较多，这里介绍一些常用的表现方式。

（1）比喻法，即将广告产品间接地用其他东西做比喻。例如，在砂糖广告中，可以将砂糖比喻为白雪。又如，有一则牙刷广播广告为“××品牌牙刷，就是一毛不拔”。

（2）逆向表达法，即不是从正向来看待事物，而是从相反的方向来考虑事情，以发现新的观点。

（3）暗示法，即利用一些大家熟悉的名言、格言、谚语等，来暗示某一事物。

（4）列举法，即将广告产品的成分、色泽、款式、价格等内容一一列举，分别向媒体受众展示。

（5）重复法，即重复运用广告中的关键词，以突出广告产品的品牌。例如，现代集团的广告“技术的现代，现代的技术”。

（6）定义法，即赋予广告产品新的概念。这种方法改变了广告产品原有的概念，使它与生活中的某一事件联系起来，使媒体受众形成一种有利于产品销售的联想。

（7）语源法，即运用一些有悠久历史的语句，以突出广告产品的经营历史或优异品质。例如，“车到山前必有路，有路就有丰田车”。

（8）现场报道法，以现场报道的形式描写整个过程，使媒体受众产生身临其境的感受。

（9）修辞疑问法，即以问卷的形式直接将广告产品的有关信息告诉媒体受众，使他们对产品形成一个完整的概念。

（10）否定诉求法。大多数广告常以产品的特点或优点为诉求主题，以期给媒体受众留下正面的印象。而使用否定诉求法的广告则以产品的不足或缺点作为诉求点，从反面将广告产品的特征客观地告诉媒体受众，如果运用得当，这种方法比正面诉求更为有力。例如，“××品牌手表，48 小时内误差仅有 2 秒钟”。

（11）夸张法，即通过艺术的手法夸张广告产品的功能，增强广告产品对媒体受众的吸引力。夸张法与夸大不同，夸张法是一种艺术形式，而夸大则带有一定的欺骗性。运用夸张法不是指说假话，而是通过一定的艺术形式将广告产品的特征或功能渲染出来，以增强其视听效果。

（12）反复法，即反复地强调同样或类似的表现。例如，广告歌多出现在一则广播广告中，以加深听众对广告产品品牌的印象。

（13）双关语法，即说俏皮话，通过一些幽默的俏皮话将广告产品的信息传递给媒体受众。

广告策划者在运用广播广告语言时，除了灵活地运用一定的广播广告语言表现方式，还必须了解以下几点。

（1）广播广告是一种“说的语言”。“说的语言”是用来听的，而汉语中有许多同音异义的字，特别是我国幅员辽阔、方言众多，稍有疏忽，就会使听众产生误解，这一点必须注意。同时，广播语言是人发出的声音，讲话者的形象、表情等都会借助语音、语调传达给听众。听众甚至还可以根据语速来体味说话者的心情。因此，广播广告可以通过听觉效果来调动听众某一方面的兴趣，使他们产生购买欲望。

（2）广播广告要简洁明了。广播广告中所用语句要避免拖沓冗长，用简洁的词句将所要说的话表达出来。句子要尽量简短，段落要分明，层次要清楚，尽量少用形容词。

（3）忌用难懂的词句。在广播广告中，学术用语、专用术语要尽量少用，多采用浅显易懂的词句。

（4）情节要生动感人。广播广告是表现生活的片段，虽然持续时间较短，但情节要感人，有一定的趣味，这样才能使听众产生“继续听”的兴趣。

（5）多次反复。广播广告为了将广告产品的品牌、功能等信息如实传递给听众，有时需要不断地重复同样的内容，使听众明确了解广告产品的基本情况。反复不同于执拗，反复是将产品的名称多次列出；而执拗是纠缠，会使听众产生反感。

2. 音响

音响是指除了人声和音乐之外的一切声音，音响可以大大增强广播广告的表现力和感染力，因而是重要的表现手段之一。音响可以创造某种特定的环境，可以叙述或表现一个事件，也可以表现思想和情感。在制作广播广告时应注意音响的以下特征。

（1）音响的叙事性。现实中一切事物都有自己独特的声音，如风声、鸟鸣、马嘶等。也就是说，声音总是和形象联系在一起的，这也正是声音能够令人产生视觉联想的前提。

广播广告中的人物不需要说他打破了盘子，听众只要听到陶瓷破碎的声音和感叹声就知道了。要表现喝饮料的过程，只需要展示打开瓶盖时“嘭”的一声，再加上喝饮料时“咕嘟咕嘟”的声音，最后展示喝过饮料后舒适的一声感慨“啊……”就可以了。同样，要表现火车站的环境，用现场的嘈杂声、车轮转动声和汽笛声就能把听众带到这个环境中去。

（2）音响的表现力。音响的表现力主要是通过联想来实现的，而这种联想又是由独特的广告创意引发的。和视觉一样，音响也同样具有非凡的表现力。因此，对音响的巧妙使用，可以把许多无法或难以表现的信息轻而易举地传达给听众。例如，药品广告的效果一般在广播广告中很难表现出来，因为它无法像电视那样运用画面进行演示。而一则胃肠药品的广播广告却运用自然音响达到了这一目的，即雷声（约5秒的雷鸣）—雨声（倾盆大雨）—号角声（雨声停后约2秒）—念出胃肠药品名，从而把服药后的效果表现得恰如其分。

（3）音响的个性化。现代企业大多比较重视企业形象识别系统的建构，以期通过设计独特的视觉形象为企业赋予个性，从而使本企业从众多的企业中脱颖而出。在广播广告中，企业可以创作出富有个性化特征的音响并作为自己的标志，使人们一听到这个音响就知道是什么产品或哪家企业。例如，美国的某品牌化妆品，用优美动听的门铃声作为自己的标志，把这种音响同产品紧紧地联系在一起，使之成为产品的象征。

3. 音乐

音乐是一种抽象的艺术形式，具有强烈的情绪性，对人的情感、态度、行为影响极大。音乐在广播广告中能发挥多种作用：一是它可以活跃广告的气氛，使广播广告的内容丰满起来；二是它能够增强广播广告的吸引力，引起媒体受众的注意，美好的音乐常能使听众沉浸在想象之中；三是有利于塑造广告产品的形象，突出产品的个性；四是特定音乐也可以成为广告产品的标志，使媒体受众轻易将产品与其他产品区别开来。

广播广告中的音乐主要分为两种类型：一种是背景音乐，另一种是广告歌曲。

（1）背景音乐。背景音乐主要用来烘托气氛，配合人声使用。例如，一则雪地鞋的广播广告，开头以《溜冰圆舞曲》缓缓混入并配合至终，听到这首优美抒情的乐曲，听众的脑海里马上就会浮现出欢乐的溜冰者在冰上翩翩起舞的场面。这首为人们所熟悉的乐曲和雪地鞋这种产品联系在一起，起到了很好的陪衬作用，从而加深了人们对这一产品的印象。

（2）广告歌曲。这种形式就是把广告所要传递的重要信息，用歌曲的形式表现出来。它不同于电影插曲，不要求多样化和高技巧，只求易学易记、曲调活泼、歌词简短。广告歌曲创作的目的，是以优美的旋律和独特的音响，加深人们对广告产品特点的认识，强化记忆，并引发联想。

8.4.2 广播广告的设计与制作技巧

语言、音响和音乐作为广播广告的三要素，并不是简单地相加，而是相互融合。三者融为一体，变化无穷，魅力无穷，不仅能弥补单一的人声、音响或音乐的不足，而且可以发挥整合效能，从而产生强大的表现力，让听众产生身临其境的感觉。广播广告的设计与制作技巧主要有以下两点。

1. 突出语言的主导地位

在广播广告中，语言是传达信息的主要手段，也是使广播广告具备说服力和影响力的关键，音响和音乐也都是为这个目标服务的。一则广播广告可以没有音响和音乐，只要语言引人入胜，符合听觉规律，切合消费者心理需要，同样是一则好的广播广告。当然，音响和音乐的恰当使用会大大增添广告语言的魅力，加强广播广告的整体效果。但是，如果片面追求形式，在音响和音乐上过度雕琢，而忽略了对广告语言的精益求精，就会喧宾夺主，达不到广告的目的。

2. 采用灵活的三要素组合方式

广播广告的三要素（语言、音响、音乐）应采用灵活的组合方式，以求得最佳的广告传播效果或最低的广告设计制作成本。

（1）只有语言，没有音响和音乐

这是广播广告中常见的一种。其优点是设计制作简单，成本低，广告诉求直接明了；缺点是广告表现方式单一，对听众缺乏吸引力。

（2）音乐和语言相互配合

音乐和语言相互配合的方式又可进一步细分为以下 4 种。一是以音乐开头，然后音乐与语言混播；二是以语言开头，然后语言与音乐混播；三是音乐与语言同时播出；四是音乐和语言交替出现。使用音乐与语言相互配合的方式，可以使广播广告更具艺术表现力，从而增强对听众的吸引力，但这对广播广告的设计与制作者提出了更高的要求。

（3）音响和语言相互配合

与音乐和语言相互配合的方式相类似，音响和语言相互配合的方式也可细分为 4 种，分别是以音响开头，然后音响与语言混播；以语言开头，然后语言与音响混播；音响与语言同时播出；音响和语言交替出现。音响的出现可以增强广播广告的表现力和感染力，给听众一种身临其境的真实感受。

（4）音响、音乐和语言的配合

这种配合分为以下 3 种形式：一是以音乐开头，穿插语言和音响；二是以音响开头，穿插语言和音乐；三是以语言开头，穿插音乐和音响。将广播广告的 3 种元素组合使用，能够同时发挥音乐、音响和语言在广告传播中的优势，从而达到较好的广告效果。

8.4.3 广播广告的制作类型

广播广告的制作类型主要有以下几种。

1. 直述式

直述式是指由播音员或演员按照写好的广告词，一字不变地读出，不加入任何演技，这是最基本的一种广播广告形式。

2. 独白式

“独白”一词本是戏剧用语，是指演员在舞台上自问自答，唱独角戏。独白式广播广告是指在使用广告产品的生活情景中，以广告中的个性人物独白的方式将广告产品的特点、功能、价格、生产厂商等信息传播给听众的一种广告形式。

广告中的个性人物，是指在广告中经常出现的，用以体现广告产品个性的人物或动物形象。出现在广告中的个性人物，能使广告更富有情趣，使商品的特征得以充分体现。

3. 对话式

对话式广播广告，是指在广告中利用母子、情侣、夫妇、兄妹等角色，通过对话，将广告产品的特征及使用情况告诉听众的一种广播广告形式。这种形式容易使听众产生亲近感或现实感，从而增加广告产品的可信度。如某品牌助听器的广播广告就十分幽默地突出了产品的功效，让听众难以忘怀。

员："大爷，您买啥？"

爷："啥，减肥茶？不减，我这么瘦，再减就没了。"

员："……大爷，买什么您自己挑！"

爷："咋的，还得上秤约[①]？"

员："大爷，您老耳背，我给您介绍一个新伙伴儿。"

爷："啊？要给我介绍个老伴儿，不行啊，家里有一个啦。"

员："大爷，我给您介绍这个，保证您满意。"

爷："啥，助听器？对，我就是来买助听器的。"

男声独白："××牌助听器，让听障人士不再打岔。"

4. 戏剧式

戏剧式是指编排一场戏剧，让剧中人物将广告产品的特征用戏剧台词告诉听众的一种广告形式。戏剧式广播广告具有较强的趣味性，但地域性比较强。这种形式只适用于地方性媒体。

5. 音效式

音效式广播广告是指利用音响效果，将广告产品的信息传输给媒体受众的一种形式。广播电台通过声音营造气氛的能力非常强，通过播放一段特殊的音乐，使媒体受众展开想象，将广告产品与某一事物联系起来，以达到塑造品牌形象的目的。

8.5 电视广告的设计与制作

电视是一种集声音、图像和文字于一体的电波媒体，能够通过声波和光波信号直接刺激受众的感官和心理。电视的表现形式丰富，内容逼真，具有很强的冲击力和感染力，因此是一种极为重要的广告媒体。

8.5.1 电视广告脚本的构成

电视广告脚本也称电视广告文案，是电视广告创意的文字表达形式。广告脚本是体现广告主题、塑造广告形象、传播信息内容的语言文字说明，是广告创意的具体体现，也是摄制电视广告的基础和蓝图。电视广告脚本的构成要素主要有广告词、音乐与声响、画面等，其中前两项与广播广告有类似之处，但更有特色。

1. 广告词

广告词也称台词，包括解说、演词、字幕3种形式。

（1）解说。解说是指随着广告画面的展现而做的讲解，又叫背景语言，用以加深观众对画面的理解。解说应简明扼要，突出个性。画面已表现清楚的不用多说，要让画面有更多表现的机会，不要说个不停。

（2）演词。演词是指在戏剧性广告中人物的对话或独白，以剧中人物的话语来表达商品个性，比解说更为有趣，感染力更强。

---

① "约"读yāo，口语，指用秤称。

（3）字幕。字幕是指直接在电视屏幕上打出的文字，如商品品牌名、企业名等。它们有的叠印在活动的画面上，有的在广告末尾打出，也有的用特定镜头通过放大商品的标签或品牌名进行展示，以加深观众的印象。

电视广告的广告词只是对视觉表达的补充，应比广播广告的语言更精练，有更多的停顿，以免影响视觉效果。

阅读资料 8-1　电视广告脚本的写作要求

电视广告脚本的写作既要遵循广告脚本写作的一般规律，又必须顺应电视广告脚本创作的特殊规律。具体要求如下。

第一，电视广告脚本的写作，必须首先分析研究相关资料，明确广告定位，确定广告主题。在主题的统帅下，构思广告形象，确定表现形式和技巧。

第二，电视广告脚本的写作，必须运用蒙太奇思维，用镜头进行叙事。语言要具有直观性、形象性，容易转化为视觉形象。

第三，以镜头段落为序，运用语言文字描绘出一个个广告画面，必须时时考虑时间的限制。因为电视广告是以秒为计算单位的，每个画面的叙述都要有时间概念。镜头不能太多，必须在有限的时间内传达出所要传达的内容。

第四，电视广告是以视觉形象为主，通过视听结合来传播信息内容的，因此电视广告脚本的写作必须做到声音与画面和谐，即广告解说词与电视画面“声画对位”。

第五，电视广告脚本的写作，应充分运用感性诉求方式，调动受众的参与意识，引导受众产生正面的“连带效应”。为达此目的，脚本必须写得生动、形象，以情感人，以情动人，具有艺术感染力。这是电视广告成功的基础和关键。

第六，写好电视广告解说词，即广告词或广告语。它的构思与设计，将决定电视广告的成败。

2. 音乐与声响

电视广告的音乐与声响能增强广告的节奏感，烘托意境。悦耳动听的音乐、惟妙惟肖的声响有助于加深观众对广告的印象。

3. 画面

电视画面是指用电子摄录系统拍摄和制作的，由电视屏幕显现的图像。画面是电视广告的主要构成要素，具有生动、直观、具体等特点，往往一个镜头就可以提供多种视觉信息。

8.5.2　电视广告的设计与制作要求

要设计与制作一则好的电视广告，必须注意下述几点。

（1）广播化。电视广告要配合活动画面的需要，充分发挥声音的功能，应像广播广告一样，使语言、音乐和音响达到逼真、动听、简明的效果。具体表现为：语言要口语化、简短化和节奏化；音乐与音响要贴切、动人和协调。

（2）艺术化。电视广告集语言、人物、动作、画面、音乐等于一体，具有声像、视听兼备的优点。充分利用上述优点，采用艺术化的表现方式，电视广告能够达到报纸、杂志和广播媒体广告所不具备的传播效果。

（3）简短化。电视广告播出的时间受相关部门的严格限制，例如，2016 年国家新闻出版广电总局（现国家广播电视总局）就规定单条食品、药品的电视广告时长不能超过 1 分钟。因此，电视广告必须简短有趣、主题突出、情节简单、语言精练，绝不能拖泥带水、杂乱无章。

（4）动作化。电视广告画面是活动的画面，可以通过各种动作表现帮助策划者实现广告的创意。

（5）多样化。电视广告在内容、情节、语言等方面要求简单明快，表现形式要求活泼多样，这样才能更好地发挥电视广告的效果。

思考题

电视广告的制作要求与方法对当前的网络短视频广告同样适用吗？请说明理由。

8.5.3 电视广告的摄制类型

电视广告的摄制类型有动画片、活动片、特殊效果片和纪录片等多种类型。

1. 动画片

动画片（animation），又叫卡通片（cartoon）。动画片利用人的“视觉残象”原理，使画面中的东西产生动感。动画片将有连续动作的各个画面逐帧拍摄，然后通常以每秒转动24格的速度放映，使观众看到人或物的动态。

动画片在艺术构思上，特别擅长表现夸张的、幻想的、虚构的题材和情节。它能使幻想与现实紧密地交织在一起，把幻想的东西通过具体形象表现出来，具有独特的感染力，这是动画艺术的特性。例如，动画片可让手表、电视机、电冰箱跳舞，让汽车、自行车在空中飞翔。

动画片中的主角人物或动物，往往也借助虚构情节加强渲染力。例如，为加深观众对商标的印象，商标中的动物图形从商标中走出来介绍商品。

例如，著名的米其林卡通人物“必比登”（在中国更名为米其林先生，见图8-7），早在100年前就已出现，现在更是妇孺皆知。消费者一看到这个可爱的虫形卡通人物就会想到米其林轮胎。尤其是那则“米其林轮胎使刹车距离缩短1米”的广告，几乎能让所有人过目不忘。

图8-7 米其林卡通人物

由于动画片的这些特点，传达特殊广告内容或针对儿童等特殊目标消费者市场做广告时，动画片广告的效果比较好。但是针对成年人做动画片广告时要谨慎。因为一些成年人会把动画片广告内容理解为人为的表现，特别是过分的夸张反而容易引起观众的反感。

2. 活动片

活动片也叫写实广告片（live action），常用于拍摄真人、真物、真景，是常用的广告片，能够给观众以真实感和现实感。

3. 特殊效果片

特殊效果片（special effects）是指在音响、画面、镜头等方面加上特技，以营造气氛，从而对观众的视觉产生刺激并给其留下难忘印象的广告片。例如，在广告中，牙膏从盒里跳出来等。

4. 纪录片

纪录片包括现场转播与现场录像两种形式，如拍摄顾客盈门、产品实际操作、时装表演、名人推荐商品等。

8.5.4 电视广告画面的景别与构图

在电视广告的构成要素中，画面占主体地位。在画面的摄制过程中，要选择好画面的景别和构图。

1. 画面的景别

景别是电视广告语言的基本要素，电视广告就是利用不同的景别组合形成特有的"语言"来向观众传播信息。简单地讲，景别就是被摄主体所占画面大小的不同。景别的首要功能就是描述，通过大小不同的位置变换使媒体受众看清广告的内容。景别还能通过营造特定的环境气氛，使媒体受众产生某一方面的心理效果。运用不同的景别可以产生不同的气势规模，形成某种特殊的氛围，突出强调细节布局等，从而向媒体受众传达画面以外的某种心理信息。

景别的划分习惯以画面边框截取成年人身体部分的多少为标准。其一般可以分为远景、全景、中景、近景和特写。

（1）远景。远景是指表现广告人物周围的空间、环境、自然景色或众多人物活动场面的电视画面。远景的视野开阔，空间规模宏大，常用来突出展示广告主体与周围世界的关系。远景有利于展示宏大的场面，引发一种豪迈的情感。

（2）全景。全景是指表现成年人全身或场景全貌的电视画面。在电视广告中，全景向媒体受众展示广告产品的全貌，使媒体受众对广告产品有一个完整的视觉印象。许多广告策划者在制作电视广告时，常用全景来展示广告产品的各个方面，以求给媒体受众留下一个清晰的产品印象。

（3）中景。中景是指表现成年人膝盖以上或有典型意义的局部场景的电视画面。中景可以用来表现广告主要情节和人物的情感交流，可使媒体受众看清广告中人物的动作姿态与感情变化。绝大多数以表现商品与消费者之间关系为内容的电视广告，基本上都是采用中景来展示广告创意的。

（4）近景。近景是指表现成年人胸部以上或局部的电视画面。近景可以用来表现广告产品的具体特征，如一些洗发水的广告就是用近景来显示头发柔顺飘逸的特征。化妆品的电视广告多用近景来展示广告产品的个性，因为近景能够产生较强的视觉效果，使产品的一些细微的特征得以充分展现。

（5）特写。特写是指表现成年人肩部以上或被摄物体局部状况的电视画面。特写能够产生强烈的视觉冲击力，使广告产品深深地留在媒体受众的记忆中。许多化妆品电视广告，如香奈儿唇膏广告（见图8-8）用特写来展示女性的娇美，从而激发目标消费者的购买欲望。

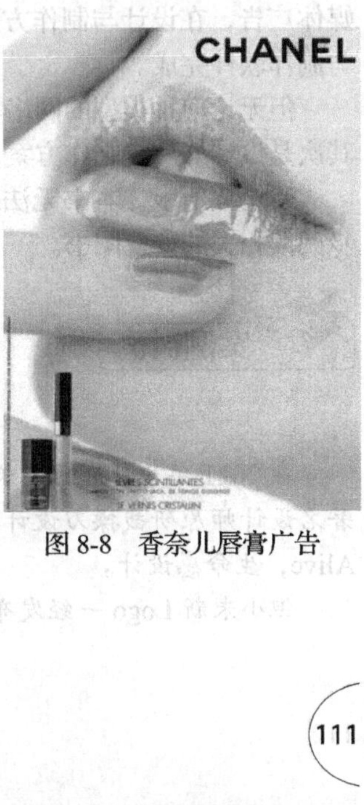

图8-8 香奈儿唇膏广告

特写可以细致入微地表现人物的神态表情，将广告事物的具体细节充分表现出来。如可以用特写来突出广告产品的品牌，也可以表现消费者在使用广告产品时的感受等。

2. 画面的构图

电视广告的画面是否有美感、是否有吸引力，在很大程度上取决于广告画面的构图。画面构图是指画面的结构，即通过把构成画面的各种要素进行艺术性的排列和组合，使其成为具有美感并体现特定销售主题的形态。构图最初是以静态画面形式出现的，随着科学技术的不断发展，人们逐渐将绘画、摄影的一些原理引入构图之中，于是构图就有了动态的表现形式。因此，静态画面的构图原则与形式是电视画面构图的基本理论，只有掌握了静态画面的构图理论，才有可能制作出视听效果俱佳的电视广告。电视画面构图具有以下特点。

（1）固定的画幅比例。电视广告画面构图是一种“美”的创造，它的最大特点是有固定的画幅比例，一般为 16 : 9。这就决定了电视广告画面构图必须在这个比例内进行。

（2）画面构图的动态性。绘画、摄影中的画面是对客观物体的一种静态展现，它们体现了物体的瞬间美。电视广告画面是一系列不断变化的镜头，每一幅画面在变化的同时又有明显的承接性，因而电视广告画面构图具有动态性。

3. 画面构图的要求

电视广告画面构图一定要符合以下要求。

（1）简洁完整。电视广告画面构图要使媒体受众一看就明白、一看就清楚。一幅画面只能反映一项内容，围绕一个销售主题展开，要给媒体受众一个完整的印象。

（2）均衡统一。均衡就是画面布局符合人们的视觉习惯，上下、左右搭配合理，有稳定感；统一就是所有画面要素构成一个统一的整体，围绕一个主题，局部画面是整体构图的组成部分。

（3）突出主题。画面的各个要素要合理搭配，包括色彩的明度、线条的形状与走向等都必须以突出主题为中心。

8.6 其他类型广告的设计与制作

除了前文介绍的报纸、杂志、广播、电视广告，网络与新媒体广告、户外广告、售点广告、直邮广告的设计与制作也各具特点，下面分别做简要介绍。

8.6.1 网络与新媒体广告的设计与制作

网络与新媒体广告的分类繁多，形式多样，内容庞杂，如基于 Web 的网络广告包括网幅广告、企业网站广告、关键词广告、搜索引擎广告、电子邮件广告、网络游戏广告、网络广播广告、流媒体广告、富媒体广告；基于 WAP 的网络广告包括手机广告、微博广告、微信广告、短视频开屏广告等。此外还有一些创新形式的新媒体广告，如楼宇广告等。

不同类型的网络与新媒体广告在设计与制作上差异很大，有些接近报纸、杂志广告，有些与广播、电视广告类似，它们可以借鉴相应媒体广告的设计与制作原则、技巧和方法；还有一些新型的网络与新媒体广告，在设计与制作方面具有一定的独特性，需要相关人员具有一定的专业知识并借助专门的设计与制作软件完成。

但无论何种类型的网络与新媒体广告，在设计与制作时都需遵照如下思路：首先是做好广告的构思；其次是设计好广告制作方案，包括文案设计、脚本设计等；最后是按照既定的设计完成广告作品。

受篇幅所限，本书无法对不同类型的网络与新媒体广告逐一进行详述。有学习需求的读者，可进一步阅读相关的专业图书。

案例讨论

小米的新 Logo

在 2021 年 3 月底的小米新品发布会上，小米正式公布了新 Logo。据官方介绍，新 Logo 由日本国际著名设计师原研哉操刀设计共同打造，将小米品牌视觉融入东方哲学的思考，提出全新的设计理念——Alive，生命感设计。

但小米新 Logo 一经发布，就引发了大众的群嘲，因为这款新 Logo，和小米原来的 Logo 太过相似。

小米的新旧 Logo 如图 8-9 所示。一时间，“小米换 Logo”一事成为大众议论的焦点，大家的言论都围绕着小米新旧 Logo、设计师、雷军展开，吐槽派认为 Logo 丑、贵，甚至用变装的 Logo 开玩笑，支持派则认为新 Logo 代表了一种东方哲学，传递了品牌新理念。

新　　　　旧

图 8-9　小米的新 Logo 与旧 Logo

其实，小米此次换新 Logo 绝不是表面上这么简单，此次 Logo 换新实际上是一次事件营销造势，从表层上看是视觉美学的提升，从深层次看是品牌形象提升和公司战略变化的需要。

资料来源：搜图网。

案例评析

从传播的角度，这次换新 Logo 是一场拥有顶流配置的事件营销，为小米带来了巨大的流量。小米利用原研哉所拥有的权威感与其设计的简单形成了高度反差，再加上雷军亲切互动的助力，通过一众意见领袖、超级传播者，引发了全网全民式讨论与狂欢，进一步传递了小米 Logo 背后的理念。在这次长达半个月持续发酵的事件里，每个人都成了小米故事的传播者。从设计本身的效果看，这次 Logo 换新是一次美学和视觉的提升，给品牌增添了不少时尚感。Logo 由“方”到“圆”，消减了锐气，增添了不少灵动和活力。

8.6.2　户外广告的设计与制作

户外广告历史悠久，中外史书上记载的最早的广告形式均是户外广告。虽然近年来新媒体不断涌现，但户外广告依然是传递广告信息的重要载体。有意思的是，我国网络发展的先驱者瀛海威公司的广告语“中国距信息高速公路还有多远？前方 1 500 米远”，就刊登在中关村的户外广告牌（见图 8-10）上。

图 8-10　瀛海威公司的户外广告

户外广告的种类较多，各有特点，因而在具体设计与制作工艺上会有较大的区别。但从设计与制作的指导思想上来说，不同类型的户外广告又有很多共同之处。户外广告的受众是行人或交通工具里的乘客，人们在广告前的停留时间一般较短，很少会注意到广告的存在。因此，户外广告要想吸引受众关注，必须要具备较强的视觉冲击力。广告的设计与制作人员要根据距离、视角和周边环境这 3 个因素来确定广告的内容、广告的大小和具体的表现方式。户外广告要着重创造良好的视觉效果，画面应尽可能简洁，标题与正文一般要合一，广告创意要有新意，利益阐述要清晰。

8.6.3 售点广告的设计与制作

售点广告的种类较多，且不同种类间的差异很大，如实物陈列与现场广播等，因此本书很难对其设计与制作进行统一的介绍。但不管是何种形式的售点广告，其根本目的都是突出商品的特色、展示商品的优点，从而刺激消费者采取购买行为。这是售点广告的设计者和制作者需要牢记的。

8.6.4 直邮广告的设计与制作

在设计和制作直邮广告时应该注意以下几点。一是要选择合适的投递对象，要根据目标受众的特征来制作有针对性的直邮广告；二是直邮广告的表现方式要精美别致，让消费者产生兴趣；三是配图时，多选择与所传递信息有强烈关联的图案，刺激记忆；四是多用询问式直邮广告，因其通常以奖励的方法鼓励消费者回答问题，能起到双向沟通的作用，比介绍式直邮广告更能引起消费者的兴趣。此外，直邮广告务必写清楚购买地址和方式方法，相关人员还要及时处理消费者的反馈信息等。

习 题

一、单选题

1．报纸广告制作一般没有以下哪项要求？（ ）

A．色彩明亮　B．连续刊登　C．版面大小合理　D．位置安排得当

2．一般人的视觉中心大约在整体报纸版面中心上面的（ ）处，或在底线上面的 5/8 处。

A．1/8　B．1/5　C．1/4　D．1/3

3．与黑白广告相比，彩色广告的注目率要高（ ）。

A．5%～10%　B．10%～20%　C．20%～25%　D．10%～30%

4．美国广告学家卢基经过实验研究，列出了 13 种色彩匹配的易读性等级，其中（ ）的匹配易读性最高。

A．红底蓝面　B．白底黑面　C．绿底赤面　D．黄底黑面

5．（ ）是指表现广告人物周围的空间、环境、自然景色或众多人物活动场面的电视画面。

A．近景　B．中景　C．远景　D．全景

二、多选题

1．报纸广告中的字体的样式主要有（ ）3 类。

A．草体　B．艺术体　C．印刷体
D．手写体　E．美术体

2．杂志广告的设计与制作要求有（ ）。

A．图文并茂　B．正确利用版面　C．情景配合
D．采用相似形式　E．有声有色

3．电视广告的画面构图一定要符合以下哪几项要求？（ ）

A．图文并茂　B．简洁完整　C．均衡统一
D．突出主题　E．有声有色

三、名词解释

1. 电视广告脚本　2. 景别　3. 活动片　4. 解说　5. 演词

四、简答及论述题

1. 报纸广告的设计与制作程序是怎样的?
2. 报纸广告画面布局应遵循哪些原则?
3. 试论述杂志广告的布局设计技巧。
4. 试论述电视广告的设计与制作要求。
5. 试论述广播广告三要素的组合方式。

综合案例

白加黑感冒药的电视广告设计

(画面) 白加黑感冒药的药盒。

(字幕) 白加黑，治感冒，表现就是这么好!

(画外音) 打喷嚏的声音，紧接其后的是轻快的背景音乐，且背景音乐贯穿整个广告。

(画面) 清晨，香港凤凰卫视主播吴小莉穿戴整齐后对着镜子露出自信从容的微笑；特写镜头展示桌上刚用过的白加黑感冒药，药盒旁放着因服药而喝了一半水的水杯；吴小莉微笑着走到车旁，打开车门准备驾车去工作。

(画外音) 白加黑，白天服白片不瞌睡，正常工作。

画面中左右各出现一幅画面，并缓缓向中间靠拢，左边的是白色背景上画有太阳，右边的为灰色背景上画有月亮，与白加黑感冒药的药盒上的画面一致。随着画面的分开，镜头下的场景也发生了改变。

(画面) 主播节目结束后，吴小莉从容地与另外3名同事讨论着稿件。

(画外音) 晚上服黑片睡得香，巩固疗效。

同上，左右出现的画面相接又相离后，镜头场景改变。

(画面) 白加黑感冒药的药盒特写。

(画外音) 感冒用白加黑。

(画面) 吴小莉对着镜头自信地说道："表现就是这么好。"画面中吴小莉旁边是白加黑感冒药的药盒，药盒下为"表现就是这么好"字样。

(画面) 东盛标志。

(画外音) 东盛，topsun。

此则广告的最大亮点是采用了USP式广告的创意策略。服用普通感冒药会使人昏昏欲睡，严重影响人们白天的生活和工作。而白加黑感冒药能将感冒治疗分为白天和晚上两个部分，使服用者白天不瞌睡并且晚上睡得香。广告将白加黑感冒药这种独一无二的好处有效地转换成了产品独特的销售主题，向消费者提供了足够的证明，不禁让人眼前一亮。

资料来源：百度文库。

问题讨论

1. 请对白加黑感冒药的电视广告的设计进行评述。
2. 结合本案例谈谈电视广告的设计要求。

第 9 章　广告媒体及媒体策略

本章导读

广告媒体是广告主将广告信息传递给目标受众的载体。广告媒体选择的正确与否关系到广告传播活动的成败。因此，在开展广告活动时，我们必须要充分了解不同广告媒体的特点，并掌握广告媒体的选择与发布策略。本章专门对广告媒体及媒体策略进行阐述，内容包括广告媒体概述、广告媒体的选择、广告媒体的组合与发布策略等。本章的学习可以使我们对广告媒体及媒体策略有全面的了解。

知识结构图

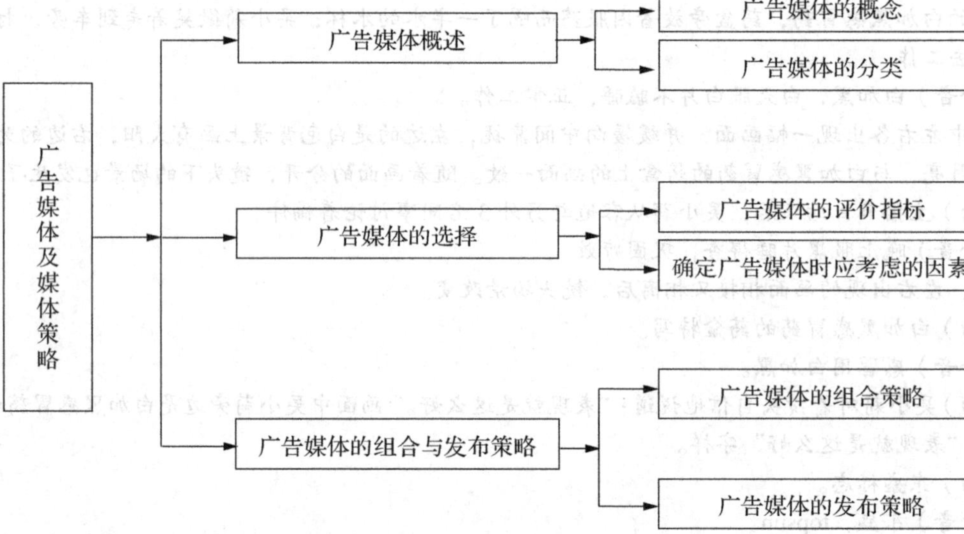

开篇引例

“环境即媒介”的思考

“有一天，当你起床后喝下第一杯饮料时，你在杯底发现了某饮料的广告；你探出头望了一眼楼底，发现公交车车顶贴着广告语 Don't jump（不要跳），这是某求职网站的广告，提醒你不要急着跳槽；你乘电梯下楼时，发现电梯上贴着某降压药品的广告；你去超市，发现手推车上也贴着超市商品的广告；当你付钱时，发现收银员找给你的硬币的一面竟然也贴着某银行的广告；你搭出租车回家，出租车车身涂着某运输公司的广告；回到家，你悠闲地躺下，抬眼一看月亮，惊奇地发现月亮上出现了某知名计算机品牌的标志。”以上是新加坡李奥贝纳的创意总监在“金铅笔”广告年度峰会上播放的一段短片，描述的是未来生活中的一天。

随着经济的发展，广告在人们的生活中扮演了越来越重要的角色。广告的发展日新月异，广告发布的媒体已经不仅仅局限于传统的四大媒体：报纸、杂志、广播、电视。现代媒体广告挤破头也很难创造出新意。而美国的广告商转而盯向苹果、番茄等大众食品，效应可不一般。由美国著名影星金凯利主演的电影《骗子，骗子》，其广告就做在苹果上。金凯利那张令人喜爱的面孔被印成贴纸，贴到了美国购物中心货架上 1 200 万个“史密斯奶奶”苹果和“富士”苹果上。由于消费者在挑选水果时一般都很仔细，而且苹果还需要削皮，所以苹果广告比电影、报刊广告取得了更好的效果，吃到苹果的人同时也记住了该影片。

环境即媒介的概念，让人类凭借着智慧和无限的想象力，将广告媒介无限延伸、扩张……一直渗透到我们生活的每一时空。广告媒体的更新、表现形式的多样充分显示了广告主、广告公司的聪明才智，也让消费者感到更多的惊喜、享受到更周到的服务。但同时我们更应深刻地认识到，广告主、广告公司做广告应把握好度。我们不能把丑恶媚俗的广告强加给受众。我们不能唯利是图，把任何东西都拿来做广告。例如冯小刚的电影《大腕》中，在大腕儿的葬礼上，一伙人把大腕儿的身体各部位都当广告媒体卖。葬礼的背景场地也都卖给了各广告商，可谓为了赚钱不择手段。影片的情节虽然夸张，但相信还是值得广告界认真思考的。

案例分析

广告是一种商业推销手段，也是一种文化。成功的广告常常并不赤裸裸地王婆卖瓜，相反，它要把自己的商业动机乃至商业性质巧妙地掩藏起来，让人感觉不到是在做广告。这个时候它就要借助于创意，借助于巧妙的媒介和叙述方法。我们衷心希望广告能越做越精彩，更希望消费者能自由自在地畅游在广告海洋中。

9.1 广告媒体概述

9.1.1 广告媒体的概念

在英语中，媒体（media）是媒介（medium）的复数形式，两者的差别是范围不同。媒介包含媒体，媒体是媒介的一种。凡是能使人与人、人与事物或事物与事物之间产生联系或发生关系的物质都是广义的媒介，而媒体则专指传播信息的媒介。

广告媒体是用于传递广告信息的载体，凡是能刊载、播映、播放广告作品，在广告宣传中起传播广告信息作用的媒体都可称为广告媒体。除了常见的报纸、杂志、广播、电视和网络外，路牌、交通工具、霓虹灯、商品陈列、橱窗、包装物以及产品说明书、企业名录等也都是广告媒体。

9.1.2 广告媒体的分类

广告媒体的分类方法有很多。根据受众规模的不同，广告媒体可以分为大众媒体和小众媒体两大类。其中，大众媒体主要包括电视、广播、报纸、杂志、网络和电影媒体。小众媒体种类众多，我们比较熟悉的有户外广告牌、交通车体等媒体。

1. 大众媒体

大众媒体，顾名思义就是传播范围大、受众广泛、影响力较大的媒体，这是一个相对的概念。电视、广播、报纸、杂志、网络、电影等媒体均属于此类。特别是前 4 种，是传统广告传播活动中最为常见的媒体，通常被称为传统的四大广告媒体。但近年来，网络媒体异军突起，已成为当今第一大媒体。

（1）电视广告媒体

电视广告媒体是自 20 世纪 40 年代以来发展迅速，覆盖面广的一种广告媒体。如今，电视早已走进千家万户，成为人们生活中获取信息、愉悦身心的重要工具。

① 与其他媒体广告相比，电视广告具有以下优点。

• 直观性强，具有视听效果的综合性。电视广告集展示声音、图像、色彩以及互动4种功能于一体，可以直观地、真实地、生动地反映产品的特性，能够给广告受众留下深刻的印象。

• 传播范围广，信息传播迅速。电视具有极高的普及率，受众广泛。电视广告能在节目覆盖的地域范围内迅速传递，易于配合新产品上市、销售等促销活动。

• 有较强的冲击力和感染力。电视广告借助声波和光波信号直接刺激人们的感官和心理，因而具有较强的冲击力和感染力。

• 有利于说服广告受众，增强消费者购买的信心和决心。由于电视广告形象逼真，就像一位上门的推销员一样，直观地把产品展示在每一位受众眼前，容易使受众对广告产品产生好感，进而引发其购买兴趣和欲望。

• 注意率高、影响面广。在日常生活中，多数人在看电视的时候比较专心，所以电视广告的注意率较高。对多数人来说，电视是一种娱乐形式、教育途径，是重要的信息来源，是生活的重要组成部分。

② 与其他媒体广告相比，电视广告具有以下缺点。

• 针对性不强、诉求不精准。电视属于典型的大众媒体，受众的收入水平、职业、社会阶层、年龄、性别以及受教育程度等千差万别，电视媒体受众的这个特点决定了电视广告具有针对性不强、诉求不精准的缺点。

• 受众被动接受，缺乏选择性。绝大多数观众看电视节目的目的是娱乐、接受教育和获取新闻资讯，而不是接受电视广告传播的信息。但其观看电视时只能被动地接受电视台播放的节目，缺乏自主选择性。

• 费用高昂，中小企业一般无力承受。电视广告的费用较高，除了媒体使用费外，还包括广告设计费、制作费、模特代言费（不是全部都有）、场地费等。因此，大多数中小企业无力负担电视广告的费用。

• 受时间所限，不利于深入传递广告信息。单条电视广告播放时长多在30秒以内，企业很难在这么短的时间里将广告商品的卖点完整地展现给目标受众。

• 电视台播放广告过多，观众容易产生抗拒情绪。为了谋求较高的经济利益，大多数电视台竭尽所能地插播广告，正常的电视节目因此常常被广告打断，所以电视广告容易引起观众的不满和抵触。

（2）广播广告媒体

广播媒体包括有线电台和无线广播网。广播广告媒体运用语言、音像、音乐等元素来传达广告产品或企业的信息。广播广告媒体的特点可以概括为：采用电声音频技术，专门诉诸广告目标受众的听觉。

① 与其他媒体广告相比，广播广告具有以下优点。

• 覆盖面广，收听方便。广播不受时间和空间的限制，无论城市还是乡村，无论在路上还是在家中，人们都可以方便地接收广播信号，随意地选择自己所喜爱的广播节目。

• 以声带响，亲切动听。广播媒体是声音的艺术。广播广告最突出的特点就是用语言解释来弥补无视觉性形象的不足。广播广告运用声音的艺术，能够惟妙惟肖地模拟各种场景，给人以身临其境的感受。

• 制作容易，传播迅速。与电视广告相比，广播广告制作就要容易很多，一般不需要外景，整个制作在录音棚里就可以完成。同时，广播广告的制作周期短，因而能够快速地借助电波传播出去。

• 经济实惠，广告主能够承担。广播广告的制作和刊播费用要远低于电视广告，因而一般的中小企业也能够承担。

② 与其他媒体广告相比，广播广告具有以下缺点。

• 缺乏视觉感受。与其他媒体广告相比，广播广告缺少视觉支撑。对受众来说，广告是“只闻其声，不见其人”，因而难以留下深刻的印象。

• 受新兴媒体的冲击巨大。受网络媒体等新兴媒体的巨大冲击，广播媒体的影响力在逐渐减弱，广播广告的受众越来越少。

• 听众被动接受，选择性不强。广播广告很少被听众主动接受，听众一听到广告往往很快换台，转而收听其他电台的节目。

（3）报纸广告媒体

报纸是传统的四大传播媒体之一。报纸运用文字、图像等印刷符号，定期、连续地向公众传递新闻、时事评论等信息，同时传播知识、提供娱乐或生活服务。报纸一般以散页的形式发行，版数具有一定的伸缩性，刊载信息容量较大。报纸是较早面向公众（消费者）传播广告信息的载体，现在依然是重要的广告媒体之一。

① 与其他媒体广告相比，报纸广告具有以下优点。

- 覆盖面广，发行量大。除少数专业性强或是面向特定较小区域的报纸以外，一般公开发行的报纸都具有较大的覆盖面和发行量。
- 广告信息传播迅速。报纸以日报为主，出版周期短，读者通常可以读到当天的报纸，因此那些对时效性要求较高的产品很适合在报纸上刊登广告。
- 选择性强，读者阅读时比较主动。广告主可以根据各种报纸的覆盖范围、发行量、知名度、读者群等情况，灵活地选择某种或某几种报纸进行广告宣传。由于报纸的可读性强，读者阅读时可以自由地选择喜爱的栏目。
- 读者广泛而稳定。报纸能满足各阶层媒体受众的共同需要。因此，它有极广泛的读者群。不同的读者群，其兴趣、偏好各不相同，在一定时期，个体的兴趣、偏好是不易改变的，这就使得报纸的目标市场具有相对的稳定性。
- 表现方式灵活多样。报纸传播信息的方式多种多样，或图文并茂，或只有文字；或诉诸理性，或诉诸情感。
- 信息易于保存，便于查找。报纸媒体不同于电视和广播媒体，读者可不受时间限制，重复阅读报纸或查找所需要的信息资料。
- 可以凭借报纸的信誉增强广告效果。由于报纸是以报道新闻为主的，故其所传递的信息容易使读者产生信赖感，并影响读者对报纸所刊载广告的感觉。
- 广告费用相对较低。报纸广告的费用要远低于影视广告，而且广告主还可以根据预算情况灵活选择不同报价的版面刊登广告。

② 与其他媒体广告相比，报纸广告具有以下缺点。

- 有效时间短。报纸以日报为主，新闻性强，出版周期短，被读者留存的时间不长，因此在报纸上刊登的广告很难对广告受众产生长期的影响。广告策划者要特别重视对报纸广告诉求点的准确把握，即精心思考“说什么”和“怎么说”，尽可能在有限的时间内给读者传递令其印象深刻的广告信息。
- 广告注目率低。报纸广告通常不会占据最优版面，而读者阅读报纸时又倾向于阅读新闻报道和其他感兴趣的栏目，因此大多数报纸广告会被读者所忽视。
- 印刷不够精美。由于纸张材料和技术的局限，以及发行者对报纸印刷成本的考虑，不少报纸广告的印刷常常显得粗糙，容易引起读者的不信任感。
- 报纸广告表现形式单一，无听觉与动态视觉刺激，广告吸引力不强。
- 广告相互干扰，广告的关注度低。报纸的售价一般很低，报社大都是靠广告收入来维持运转。为了增加收入，报社往往会尽可能在报纸上多安排广告，大量的广告排列在有限的报纸版面上，广告之间容易产生干扰效应，进一步降低读者对广告的关注度。

（4）杂志广告媒体

杂志是一种具有一定间隔周期、定期发行的出版物，与报纸同属印刷媒体。杂志一般分为周刊、半月刊、月刊、双月刊和季刊等。杂志比报纸具有更强的针对性，往往针对特定的受众群体。

① 与其他媒体广告相比，杂志广告具有以下优点。

- 针对性强，目标受众明确。杂志是针对某一特定人群的出版物，读者较为明确，如《大学英语》杂志，其主要读者就是对英语学习有需求的在校大学生。如果在该杂志上发布大学四六级考试和考研英语参考书的广告，往往能收到很好的效果。

- 信息的生命周期较长，传阅率高。杂志的出版周期长，专业性和知识性较强，读者在阅读时较为专注，反复阅读率和传阅率较高。因此，在杂志上刊登的广告往往在较长时期内具有传播效果。
- 印刷质量较好，广告表现力较强。杂志中刊登的广告一般采用铜版纸彩色印刷，印制精美，广告的表现力较强。因而杂志广告能够对读者产生较强的视觉刺激，给其留下深刻的印象，如图 9-1 所示。

图 9-1　杂志广告

- 编排整洁、灵活性强。杂志媒体版面小，每页编排较为整洁，不像报纸那样内容繁杂。因此，每则广告都显得醒目；同时杂志广告可承载的信息较多，可以比较自由地运用文字、图片、色彩等手段表现广告内容。杂志还可以通过多页或折页来拓展版面空间，运用一些特殊形式来表现广告产品，形成震撼的画面效果。
- 面向的人群比较固定，杂志广告的效果较一般媒体更容易测定。

② 与其他媒体广告相比，杂志广告具有以下缺点。

- 时效性差。杂志一般为月刊、双月刊或季刊，出版周期较长，因而刊播广告的时效性较差。
- 受众不够广泛。杂志的读者往往为特定的人群，受众有限，杂志不太适合发布大众产品广告。

（5）网络广告媒体

被誉为“第四媒体”的互联网的兴起与迅猛发展，为广告业提供了一种全新的媒介和一次全新的机遇。它所创造的信息平台为广告市场提供了一个巨大的潜在传播渠道，它的发展带来了传媒生态的新变化。互联网通过一系列互相连接的终端设备，在全球范围内实现信息交换和传播，具有报纸、杂志、广播、电视等传统媒体所不具有的优势。当然，发展中的网络媒体也有不尽完善的地方，对于网络广告的评价也是众说纷纭。本书将在第 13 章专门介绍有关网络媒体的知识，这里就不做具体分析了。

思考题

在网络广告媒体迅猛发展的今天，传统的四大广告媒体面临着哪些挑战？该如何应对这些挑战？

（6）电影广告媒体

电影广告是指以电影或其衍生媒体为载体的广告形式。电影广告一般在正片之前放映，观众在接收广告信息时环境较舒适，心情较放松，对广告的排斥心理较弱，注意力较集中，因而广告能取得比较好的效果。随着我国广告业的发展，电影广告越来越受到重视，已被不断开发和利用。

但电影广告受放映时间和场地的限制，传播范围有限，且电影广告片的拍摄费用也比较高，因而广告界对电影广告的重视程度不及其他媒体。

不过自冯小刚导演在 1999 年将“中国银行”植入电影《没完没了》中之后，广告植入便成为国产电影中一道亮丽的风景线。好的广告植入不仅能让观众乐享其中，还能使商业利益最大化，让制片方和广告主实现双赢。下面是一组电影中的植入广告镜头（见图 9-2～图 9-4）。

图 9-2 《父子雄兵》中神州专车的植入广告镜头

图 9-3 电影《港囧》中的中国人寿植入广告镜头

图 9-4 《天下无贼》电影中淘宝网的植入广告镜头

除了电影，如今不少电视剧中同样存在着大量的植入广告，限于篇幅，在此不再详述。

2. 小众媒体

相对于大众媒体而言，还有很多用来传播广告信息的媒体，因为其传播范围较小，受众群体有限，故被称为小众媒体。这些媒体往往可以直接影响消费者的购买行为，促进销售，是对大众媒体广告有益的补充。小众媒体有时也被称为促销媒体。

小众媒体广告主要有以下几种形式。

（1）售点广告

售点广告围绕销售点现场内外的各种设施做广告，有明确的诱导动机，旨在吸引消费者，唤起消费者的购买欲，具有无声却又十分直观的推销效力。它可直接影响销售业绩，是完成购买阶段任务的主要推销工具。

（2）直邮广告

直邮广告通过邮寄、赠送等形式，将宣传品送到消费者家里或公司所在地。美国广告函件协会对直邮广告下的定义是："对广告主所选择之对象，将印就的印刷品，用邮寄方法，传递广告主所要传达的信息的一种手段。"

直邮广告在西方国家被广泛应用，许多企业将此作为重要的促销手段。在我国，由于消费者对此种广告的信任度普遍较低，故直邮广告目前还不是主流的广告形式。

（3）户外广告

户外广告指设置在室外的广告，如霓虹灯广告、路牌广告（见图 9-5）、灯箱广告、LED 看板等。其种类繁多，特点各异。总体来看，户外广告一般传播主旨比较鲜明，形象突出，主题集中，引人注目。但它也具有受时空限制、传播范围小、广告信息量小、消费者接触时间短等缺点。

（4）交通广告

交通广告是指利用公交车、地铁、飞机、船舶等交通工具及其周围的场所等媒体做广告，其中，车体广告如图 9-6 所示。交通广告价格比较低廉，并且有着较好的传播效果，所以对企业有很大的吸引力。

图 9-5　路牌广告

图 9-6　车体广告

思考题

当前广告媒体的发展呈现出哪些新的特点？这对企业的广告媒体选择产生了哪些影响？

9.2　广告媒体的选择

广告媒体选择是指根据广告目标，以最低的成本选择最合适的传播媒体，把广告信息传达给既定的目标消费者，并保障接触者的数量和接触的次数。其中心任务就是比较不同媒体的优缺点，并根据广告目标选择恰当的广告媒体。

9.2.1　广告媒体的评价指标

不管何种媒体，都有自身的特性。评价这些特性需要有客观公正的标准。在广告媒体选择的实践中，量化的评价指标是重要的选择依据。这些指标包括视听率、开机率、节目视听众占有率、总视听率等，下面分别进行介绍。

1. 视听率

视听率（rating）是指在一定时间内收看（收听）某一节目的人数占电视观众（广播听众）总人数的百分比。其计算公式如下。

$$视听率=\frac{收看或收听节目的人数}{媒介覆盖区域内的总人数}\times 100\%$$

视听率是广播电视媒体最重要的评价指标之一。广告主和广告公司根据该指标购买广播节目和电视节目的广告位，以判断他们的广告信息能触达多少人，计算这些人将会多少次暴露于广告信息之下。外国的广播电视经营者常用该指标来评价节目的普及情况；如果某一节目的视听率高，该节目就可继续播放；反之，就有可能被停播。视听率也是媒体经营者确定广告价格的重要依据，通常节目视听率越高，媒体的广告收费也越高。

2. 开机率

开机率（homes using TV，HUT）是指在一天中的某一特定时间内，拥有电视机的家庭中收看节目的户数占总户数的百分比。例如，某一目标市场上有 1 000 户家庭拥有电视机，在 2020 年 12 月 3 日 14：00—18：00，有 125 户在看 A 节目，100 户在收看 B 节目，50 户在收看 C 节目，25 户在收看 D 节目，此时的开机率为 30%。

开机率的高低，因季节、一天中的时段、地理区域以及目标市场的不同而异。这些变化反映了目标市场消费者的生活习惯和学习、工作等形态。早晨，消费者外出学习、工作等而导致开机率低；傍晚，消费者回家，则开机率高；深夜人们逐渐入睡，开机率又降了下来。

3. 节目视听众占有率

节目视听众占有率（program audience share）是指在一定时间内，收看或收听某一特定节目的户数占总开机户数的百分比。依照上例，节目 B 的视听众占有率约为 33.3%（总开机户数为 300，而收看 B 节目的户数为 100）。

节目视听众占有率主要由以下因素决定（以电视节目为例）。

（1）何时播映。黄金时段播出的节目比在其他时间播出的节目通常具有更高的收视率。这也是电视台对不同时段收取不同广告费用的重要原因。

（2）该节目播映时与其他电视台有关节目的竞争状况。

（3）该节目前后播出的节目。如果在该节目前播出的节目非常有吸引力，观众就不会立即转换频道。同样，如果在它之后播出的节目很精彩，观众就会非常留意该频道。

（4）节目内容，精彩的节目自然具有较高的视听众占有率。

（5）节目的发展情节等。

4. 总视听率

总视听率（gross rating points，GRPs）是指在一定时期内某一特定的广告媒体所刊播的某广告的视听率总和。例如，一个媒体或媒体节目的视听率为 30%，广告刊播 5 次，则总视听率为 30%×5=150%。表 9-1 所示为在 4 个节目上共插播 13 次广告的具体情况，其总视听率为 200%。

表 9-1 总视听率计算表

节目名称	家庭平均视听率/%	插播次数/次	总视听率/%
节目 A	20	2	40
节目 B	15	4	60
节目 C	25	2	50
节目 D	10	5	50
合　计	70	13	200

5. 视听众暴露度

视听众暴露度（impressions）是指特定时期内收看（收听）某一媒体特定节目的人数总和。与总视听率不同的是，视听众暴露度以个人数（或户数）而不是用百分数来表示，其计算公式如下。

$$视听众暴露度=视听总数\times视听率\times发布次数$$

6. 到达率

到达率（reach）是指媒体到达目标受众的人数占媒体目标市场总人数的比例，到达率为非重复性计算数值，即在特定期间内，不论一位观众暴露于特定广告信息多少次，都只能计算一次。到达率的计算公式如下。

$$到达率=\frac{媒体到达目标受众的人数}{媒体目标市场的总人数}\times100\%$$

到达率适用于一切广告媒体，唯一不同之处是表示不同广告媒体的到达率的周期各异。一般而言，电视、广播媒体到达率的周期是 4 周，这是因为收集、整理电视、广播媒体的有关资料要花费大约 4 周的时间。

7. 暴露频次

暴露频次（frequency）是指视听众在特定时期内暴露于某一媒体特定广告信息的平均次数。暴露频次与到达率指标一样，适用于所有广告媒体。需要强调的是，暴露频次是平均指标。暴露频次的计算公式如下。

$$暴露频次=\frac{总视听频次}{到达率}$$

8. 千人成本

千人成本（cost per thousand method，CPM，M 源自罗马数字“千”）是指把广告信息送达至 1 000 人（户）所需的广告费用。其计算公式如下。

$$千人成本=\frac{广告费}{广告实际受众的人数或户数（以千为单位）}$$

千人成本适用于任何媒体，而且计算简单，因而是评价广告媒体最常见的指标之一。

9. 有效到达率

有效到达率（effective reach）也称有效暴露频次，是指在一特定广告暴露频次范围内，有多少媒体受众知道该广告信息并了解其内容。

广告的有效到达率是由多种因素决定的，主要包括产品的购买周期、广告信息的复杂程度、产品的市场地位、品牌的知晓度以及广告媒体的传播特性等。国外广告学家对最佳广告暴露频次做了大量的研究，得出以下结论：

（1）只暴露 1 次的广告宣传没有任何价值；

（2）广告宣传在暴露 2 次时才会有一些效果；

（3）在一个月或一个购买周期中暴露 3 次，广告宣传才能产生预期的广告效果；

（4）广告宣传在达到一定的暴露频次以后，广告效果递减；

（5）广告宣传在达到某一程度的暴露频次时，广告效果为零，甚至会产生负效果。

广告专家丹 · E. 舒尔茨认为，广告暴露频次少于 3 次没有效果，最佳广告暴露频次是 6 次，当暴露频次超过 6 次后，媒体受众就会对广告信息感到厌倦，其后的广告暴露不仅没有任何效果，甚至还会产生负效果，如图 9-7 所示。

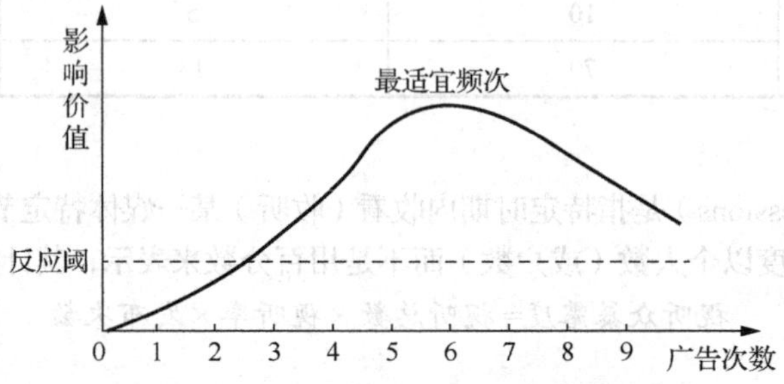

图 9-7 丹 · E. 舒尔茨对广告有效暴露频次的分析

9.2.2 确定广告媒体时应考虑的因素

1. 广告媒体的形象和地位

任何媒体都有自身的形象，同样的广告品牌，使用不同的广告媒体播发广告文案相同的广告时给受众留下的印象是不一样的。这种现象被称为“关联效果”。究其原因是广告媒体本身的长期价值取向所形成的社会效果，给利用该媒体发布的广告信息造成一种附加外在的影响。这种影响在某种程度上会影响受众对该媒体广告信息是否持信赖、接受和采用的态度。

2. 目标消费者的媒体接触情况

不同的广告受众通常会接触特定的媒体。有针对性地选择易于为目标受众接受的媒体，是增强广告促销效果的有效方法。例如，一则针对 IT 人士的广告在专业杂志上发布无疑要比在大众娱乐类报纸上发布效果更好。

3. 广告商品的特性

选择广告媒体，应当依据广告商品的特性。因为不同媒体在展示、解释、可信度、吸引力等方面具有不同的特点。工业品与消费品、技术性能较强的复杂产品与较普通的产品，应分别采用不同的媒体进行广告宣传。

4. 市场竞争情况

企业在选用广告媒体时，要结合市场竞争情况选择适当的媒体：如果与竞争对手实力相近，可以选择相同或相似的媒体发布广告；如果与竞争对手实力悬殊，应尽量避开对方使用的主要广告媒体，以避其锋芒。

5. 广告的时效性

不同广告媒体的制作、发布和传播速度不同，如果广告的时效性要求较高，网络与新媒体无疑是最佳的选择。

6. 广告传播区域

在选择广告媒体时，企业必须使媒体所能触及的影响区域与自身所要求的信息传播范围相适应。例如，企业的目标市场为全国市场，则应该选择在全国性的广告媒体上发布广告。

7. 相关法律、法规

选择广告媒体时应遵守国家的相关法律、法规。例如，我国《广告法》明确规定："禁止在大众传播媒介或者公共场所、公共交通工具、户外发布烟草广告。禁止向未成年人发送任何形式的烟草广告。禁止利用其他商品或者服务的广告、公益广告，宣传烟草制品名称、商标、包装、装潢以及类似内容。烟草制品生产者或者销售者发布的迁址、更名、招聘等启事中，不得含有烟草制品名称、商标、包装、装潢以及类似内容。"

8. 媒体成本

媒体成本是企业选择广告媒体的重要考虑因素。依据成本选择广告媒体时，最重要的不是看绝对成本的数字差异，而是媒体成本与广告接收者之间的相对关系，即千人成本。在比较千人成本的基础上，考虑媒体的传播速度、传播范围、记忆率等因素之后，择优确定广告媒体，可以取得较好的效果。

9. 广告预算

企业发布广告必须量力而行，应在广告预算的限定下依据自身的财力来合理地选择广告媒体。

案例讨论

Narry.com 成功的广告媒体策略

泰国是个常年炎热的国家，几乎没人穿西装。可是在泰国，裁缝业却是一个非常流行的行业。在泰国，每 4 家店中就有 1 家是裁缝店。泰国裁缝店的主要客源是外国人和游客。

在当地，进行广告宣传的裁缝店并不多，但是从实际效果看，广告的确是使自己从众多竞争对手中脱颖而出的好方法。Narry.com 就是一家善于运用广告的裁缝店，其成功之处就在于了解谁是自己的目标消费者，更知道如何有效地利用有限的预算将广告信息传达给这些消费者。

Narry.com 广告成功的原因就在于出现在了当地航班所提供的杂志和旅游手册中。大多数做广告的裁缝店都会选择户外广告，但是户外广告通常只能充当指路牌的角色，其效果远远不及直接把广告做到消费者手中那么有效。由于各裁缝店之间的最终产品几乎没有多大差别，因此 Narry.com 在深入了解消费者所关心的和自己所提供的服务的基础上，不仅强调品牌，而且强调自己品牌的个性。在这种情况下，广告的目的首先是使自己与其他裁缝店区分开来，然后是加强消费者的信心并激发消费者的兴趣。

作为只在泰国停留几天的游客，他们主要会考虑以下几个问题。

（1）制作水平及工艺。衣服尺寸是否合适？衣服是否需要修改多次才能合身？

（2）款式。裁缝店是否能够提供最新的款式？还是只能遵循传统？

（3）方便和快捷性。裁缝店是否很容易找到？消费者能否在短时间内拿到成衣？

（4）价格。裁缝店能否提供最优惠的价格从而避免消费者因逐家询价而浪费大量时间？裁缝店会不会欺骗游客？

Narry.com 广告清楚而又直接地回答了消费者的上述疑问，帮助消费者树立了充分的信心和足够的信任感。

案例评析

本案例是一个花小钱办大事的经典案例，Narry.com 只用了极为有限的广告预算（不到10万美元）就实现了令人相当满意的销售回报。Narry.com 并非一家资金实力雄厚的大公司，而只是泰国一家年收入为 200 多万美元的中等规模的裁缝店。但公司深谙媒体策划之道，通过在当地航班所提供的杂志和旅游手册中刊登广告，将广告信息精确地传递给目标消费者，避免了广告费用的浪费。此外，公司的广告内容设计也非常出色，直接清楚地主动解答了消费者的疑问，从而打消了消费者的顾虑，赢得了消费者的信任。

9.3 广告媒体的组合与发布策略

9.3.1 广告媒体的组合策略

广告媒体的组合策略是指在对各类媒体进行分析评估的基础上，根据市场状况、受众心理、媒体传播特点以及广告预算的情况，选择多种媒体进行有机组合，在同一时间内发布内容基本一致的广告。

1. 广告媒体组合的主要作用

广告媒体组合的作用主要体现为以下几点。一是可以弥补单一媒体在传播范围上的不足。任何媒体都有一定的传播范围和目标受众，即使是受众最为广泛的网络媒体也是如此。媒体组合可以克服单一媒体的传播局限，扩大传播范围。二是有利于充分利用不同媒体各自的优点，实现优势互补。每种媒体都有各自的优缺点，如报纸广告发行量大，传播范围广，但信息的生命周期较短；杂志广告制作精美，信息的生命周期较长，受众集中，但受众不够广泛；电视广告传播迅速，受众广泛，但是信息稍纵即逝、不易保存。为克服以上单一媒体的缺点，必须采用媒体组合的策略。

2. 广告媒体组合的原则

在制定广告媒体组合策略时，应遵守以下原则。第一是全面覆盖原则，即使用组合媒体后，广告应该能够覆盖绝大多数的目标市场。第二是不同媒体的优势互补原则。要充分考虑不同媒体的特点，实现媒体间的优势互补。例如，化肥、农具等农资产品，可以采用电视广告加农村刷墙广告的形式。电视广告可以提高这些农资产品的知名度并增强其品牌影响力，而在农村做刷墙广告则可直接针对农民提出广告诉求，更贴近受众。

3. 广告媒体组合的方式

广告媒体组合的方式有多种，如传统媒体和网络新媒体的组合、视觉媒体和非视觉媒体的组合、电波媒体和印刷媒体的组合、大众媒体和小众媒体的组合等。具体采用哪一种组合方式取决于产品的类别、产品的生命周期、市场的竞争状况、目标消费者的媒体偏好以及企业自身的广告预算和广告目标等。媒体的组合运用形式多样，方式灵活，但也非常复杂。企业在制定广告媒体组合策略时，一定要做好充分的广告调查工作。

总体来说，广告媒体组合可分为同类广告媒体的组合和异类广告媒体的组合两大类。

（1）同类广告媒体的组合

① 广播广告媒体的组合。广播广告媒体组合有两类形式：一类是中央人民广播电台和省级及以下地方的广播电台的组合，简称中央台和地方台；另一类是省级及以下地方台之间的组合，简称地方台与地方台。中央台与地方台之间的广告媒体组合多以中央台为主，地方台为辅。此组合利用中央台权威性与新闻性较强的特点，地方台灵活性、娱乐性、区域听众各具特色的优势进行优势互补。用中央台作为广告媒体是以宣传品牌为主，而地方台是以促销为主。不同地方台与地方台之间的组合，其主要目的是激发目标消费者的购买欲望，促进产品的销售。

② 电视广告媒体的组合。电视广告媒体的组合与广播广告媒体的组合方式极为相似，也有两类组合形式：一类是中央电视台与省级及以下电视台的广告媒体组合，另一类是省级及以下电视台之间的广告媒体组合。

作为最权威的全国性媒体，中央电视台频道栏目多、影响力大、覆盖范围广，是企业广告宣传的重要广告媒体。但中央电视台的广告费用较高，很多企业难以承受。地方电视台虽然影响力和权威性不及中央电视台，但广告费用相对较低，也更加贴近目标消费者，因此也可作为企业广告宣传的重要选择。企业可从自身的实际情况出发，灵活运用电视广告媒体的组合策略。

③ 报纸广告媒体的组合。报纸广告媒体的组合是指全国性的报纸和地方性报纸之间的组合。全国性的报纸，如《人民日报》《光明日报》《中国青年报》《南方周报》等，具有发行量大、覆盖面广、权威性强等特点。而地方性报纸具有浓郁的地方特色，很受当地人的喜爱，在该类报纸上刊登旅游等方面的广告往往很有效果。企业选择报纸广告媒体组合时，可采取多种组合形式，方式非常灵活。

④ 杂志广告媒体的组合。杂志广告媒体组合与报纸广告媒体组合类似，常用的组合策略有全国性杂志广告媒体之间的组合、全国性杂志与地方性杂志的组合、地方性杂志之间的组合。由于杂志具有比其他大众媒体更强的专业性，所以特别适用于某些特定产品的广告宣传，如技术性较强的产品等。

⑤ 网络与新媒体的组合。网络与新媒体是当前最大的广告媒体，其影响力远超其他媒体，因而成为众多企业发布广告的首选媒体。网络与新媒体包含了众多的媒体形式，如基于PC端的传统网络媒体和基于移动端的新兴网络媒体，因此网络与新媒体的广告组合形式极为丰富。

（2）异类广告媒体的组合

异类广告媒体的组合是指以某种广告媒体为主体，辅以其他广告媒体的一种广告发布方式。采用这种组合策略是为了克服同类媒体的不足，通过多种媒体来进行优势互补，以取得最佳的广告媒体投放效果。我们都知道，同一类别的广告媒体，无论是听觉类广告媒体还是视觉类广告媒体都有一定的传播局限性，显然，进行异类广告媒体的组合至关重要。

异类广告媒体的组合形式多样，不同媒体组合的具体做法和所能发挥的优势也各不相同。例如，采用报纸与电视的广告媒体组合，一般做法是先在报纸上对企业及产品进行广告宣传，待消费者对企业产品有一定的了解后，再利用冲击力强的电视广告媒体开拓市场。

异类广告媒体的组合方式还有电视与广播的组合、报纸与广播的组合、报纸与杂志的组合、电视与杂志的组合、网络与新媒体以及其他媒体的组合以及多个媒体之间的交叉组合等。限于篇幅，本文不再逐一介绍。

9.3.2 广告媒体的发布策略

微课堂

广告媒体的发布策略

广告媒体的发布策略包括广告发布的时序策略、广告发布的时机策略、广告发布的频率策略和广告发布的地区分配策略等，下面分别进行介绍。

1. 广告发布的时序策略

所谓时序，就是时间秩序。广告发布的时序策略主要有提前策略、即时策略和延时策略3种。

提前策略是广告发布早于产品进入市场的一种广告发布策略，目的是为新产品上市制造声势或是在产品进入旺季之前抢在竞争对手之前开展广告攻势，以便先声夺人，抢占市场先机。采用提前策略的成功案例很多，如脑白金在正式上市之前，就已经在各种媒体上进行了大量的广告宣传，使得消费者非常期待，因而其产品在 1997 年刚一上市，就形成了热销。

即时策略是指广告与产品同时进入市场的广告发布策略。这种策略较为常见，广告发布与产品上市同步可以使消费者看到广告后不用等待就可买到产品。如果广告创意和制作优秀，可以起到很好的当期促销效果。

延时策略是指广告发布晚于产品进入市场的一种策略。例如，有些产品在进入市场时会采用试销的方式，然后根据销售情况做一些有针对性的广告。采取这种策略主要是为了避免广告发布的风险。但由于广告发布滞后，企业有可能失去一些市场机会。

2. 广告发布的时机策略

俗话说“机不可失，时不再来”，广告发布能否抓住时机非常关键。我们不难发现，每年“双 11”到来之际，各大电商的促销广告就会扑面而来，无论是线上还是线下，也无论是在城市还是乡村，到处都可以见到电商广告。电商广告在此时突然发力，都是想抢得先机，最大限度地吸引网络消费者的注意力。

广告发布的时机包括商品时机、黄金时机、节令时机和重大活动时机 4 种。商品时机是指利用商品与时间的内在联系，巧妙地发布广告。黄金时机是广播和电视广告所特有的，因为广播和电视媒体有所谓的黄金时间（视听众收看或收听的高峰时段），利用这个时段做广告效果最佳。不过在黄金时间发布广告费用很高，很多中小企业往往无法负担。节令时机是指各种节日来临和季节变换能够为商品销售带来良机，而此时也是广告发布的难得机遇。逢年过节是消费的旺季，季节变换之际，也是某些商品的热销之际（如春夏之交，空调销售进入旺季），所以商家在此时都会抓住机会加大广告投入。重大活动时机是指一些重大活动所带来的广告发布机遇。如每 4 年一届的世界杯是全世界亿万球迷的盛大节日，全球各大媒体无不关注，这期间无疑是商家发布广告的良好时机。

3. 广告发布的频率策略

广告发布的频率是指在某一特定时期内广告发布的次数。根据频率是否固定，广告发布又可分为固定频率发布和变动频率发布两种。

固定频率发布是指在一定时间内广告的发布次数固定，采用的是一种平均分配的策略。而变动频率发布是指依据实际情况不断变化广告发布的次数。广告次数可以是逐渐增加的，也可以是逐渐减少的，还可以是先增加后减少或先减少后增加的。

4. 广告发布的地区分配策略

广告发布的地区分配策略主要有 3 种：一是广告预算完全投入全国性媒体，二是全国性媒体与地方性媒体结合使用，三是只使用地方性媒体。广告策划人员在制定媒体策略时，可将品牌发展指数（brand development index，BDI）作为分配的依据。

品牌发展指数是描述特定市场状况的一个指标，其计算公式如下。

BDI=（某品牌区域销售量/某品牌全国销售量）/（区域人口数/全国人口数）×1 000%

品牌发展指数反映了一个品牌在特定区域市场的销售水平是高于还是低于全国的平均数，可作为制定广告发布的地区分配策略的依据。

习　题

一、单选题

1．下列属于小众媒体的是（　　）。

A．广播　　B．电视　　C．杂志　　D．车体

2．下列属于杂志媒体优点的是（　　）。

A．传播范围广，传播迅速　　B．注意率高，影响面大

C．覆盖面广，发行量大　　D．针对性强，目标受众明确

3．以下哪项不是电视媒体的特点？（　　）

A．传播范围广　　B．媒体受众的被动性

C．传播效果的一次性　　D．制作容易，传播迅速

4．（　　）是指广告与产品同时进入市场的广告发布策略。

A．即时策略　　B．提前策略　　C．延期策略　　D．以上均不正确

5．下列不属于平面广告的是（　　）。

A．电视广告　　B．报纸广告　　C．杂志广告　　D．招贴广告

二、多选题

1．广播广告的优点主要有（　　）。

A．覆盖面广　　B．亲切动听　　C．传播迅速

D．收听方便　　E．图文并茂

2．报纸广告的优点有（　　）。

A．覆盖面广　　B．发行量大　　C．传播迅速

D．针对性强　　E．印刷质量较高

3．杂志广告的缺点主要有（　　）。

A．时效性差　　B．受众不够广泛　　C．广告费用高

D．不易携带　　E．不易存留

4．广告媒体的发布策略包括（　　）等。

A．广告发布的时序策略　　B．广告发布的时机策略

C．广告发布的频率策略　　D．广告发布的集中策略

E．广告发布的地区分配策略

5．确定广告媒体时应考虑的因素主要有（　　）。

A．目标消费者的媒体接触情况　　B．广告商品的特性

C．市场竞争情况　　D．广告传播区域

E．媒体成本

三、名词解释

1．广告媒体　2．广告媒体选择　3．视听率　4．广告媒体的组合策略　5．品牌发展指数

四、简答及论述题

1．电视广告的优缺点主要有哪些？

2．广播广告的优缺点主要有哪些？

3．报纸广告主要有哪些缺点？

4．试论述广告媒体组合的主要作用。

5．试论述广告发布的时序策略。

综合案例

83%的流行广告语来自电梯媒体，户外媒体的推动力究竟有多强？

进入信息碎片化时代后，品牌仍然面临着严峻的挑战。然而，在这个困境与机遇共存的时代，还是有不少优秀的品牌凭借广告语，在消费者心中刷足存在感，突出重围。

在益普索（Ipsos）发布的《2020年中国广告语盘点》评选出的Top10热门广告语中，唯品会“品牌特卖，就是超值”和妙可蓝多“奶酪就选妙可蓝多”成为年度认知度最高的广告语。

从有关消费者对2020年热门、高辨识、占据心智的广告语的记忆渠道分析中，益普索发现，大多数被引爆的品牌通过线上、线下多渠道进行整合传播，其中密切贴近消费者生活和消费场景、曝光频次高、观看干扰度低的媒体渠道有利于产生更好的品牌记忆效果。

同时，益普索在报告中提到，电梯媒体在加强广告语记忆效果中的作用最为突出，其次是互联网。在引爆品牌传播方面，83%的贡献源于电梯媒体。

那么，电梯广告，为何总能让人印象深刻？

电梯作为优质的户外营销传播媒介，一直以来都受到广大广告主和消费者的关注。CTR 媒介智讯发布的《户外广告观察2020年11月刊》显示，2020年11月，电梯液晶显示屏广告花费增幅高达35.8%，电梯海报花费增幅达50%；IT服务、化妆品、金融业等领域的头部品牌，如丸美、京东金融，均以电梯广告投放为主。

在广告语盘点中，益普索认为，具有良好覆盖的媒体为广告内容实现广度沟通提供了基础条件，而高频次重复性观看则是令消费者产生深度记忆的关键。

受众跨越不同圈层，能够广泛触达主力消费群体的电梯媒体，正成为众多品牌的投放重地，发展势头迅猛。由于其路径优势，其在特定的消费者等候或上下电梯的场景中对消费者形成集中且高频次的传播，消费者表示“在电梯里面无聊，等电梯就会看到，来来回回播放，印象深刻”，也有消费者解释道：“因为回家路上经常看到，有时候在电梯里无聊就会去关注。”同时，电梯媒体在消费者的空闲时间进行传播，为有创意的品牌广告语提供了吸引消费者目光的良好机会，比如有消费者提到“广告词简单顺口好记，一看就知道产品的特别之处，很有想法，而且是办公室电梯里经常出现，看的次数多了就记住了”。

这样的传播特征，也让许多品牌看到了电梯媒体的营销潜力。在CTR所统计的户外广告Top10品牌榜单中，个人金融决策平台京东金融，主投电梯液晶显示屏广告；寝具品牌慕思的广告主要投放在电梯渠道；手机品牌三星和饮料品牌日加满在电梯液晶显示屏广告上的花费占比均接近100%。

资料来源：微信公众号“户外广告参考”，作者李昂。

问题讨论

电梯媒体作为数字化时代的一种新型户外媒体，为何备受广告主的青睐？

第 10 章　广告效果测定

本章导读

随着经济的不断发展，企业间的竞争日趋激烈。为了促进销售，提高市场占有率，也为了赢得相对于竞争对手的优势地位，企业不惜投入大笔的广告费用。这些广告费用的投入能否带来预期的收益，是企业极为关心的事情。因此，测定广告效果已成为现代广告活动的重要组成部分。本章主要包括广告效果测定概述、广告经济效果测定、广告沟通效果测定、广告社会效果测定等内容。通过对本章的学习，我们可以掌握广告效果测定的科学方法，从而正确、客观地评价广告的传播效果。

知识结构图

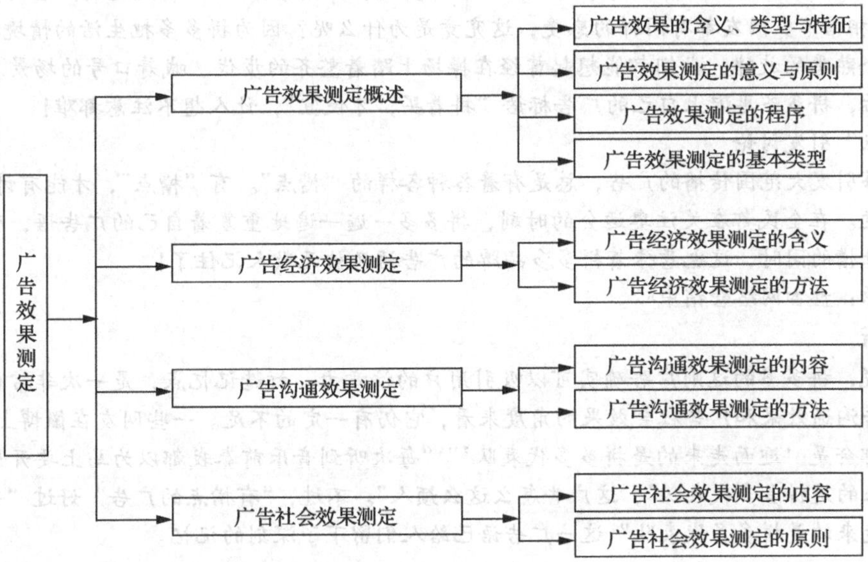

开篇引例

如何证明自己在看奥运会——迎面走来的是拼多多代表队！

2021 年东京奥运会期间，众多观众直呼被拼多多的新广告（见图 10-1）洗脑了。于是网上流传着一个热“梗”，如何用一句话证明你正在看奥运会？我先来：“迎面走来的是拼多多代表队！”这足以证明这则广告的影响力。

对于这则广告，有些人觉得很有意思，有些人则觉得很烦。

各种看法都有，网上一下子就炸开了锅，这也证明它确实达到了一定的传播效果。

图 10-1　拼多多的主题电视广告

1. 洗脑式重复

短短 15 秒的广告，能达到如此惊人的洗脑效果，全靠拼多多在央视花重金得来的不断重复，网友计算，在奥运会转播期间，这个广告在半个小时内就重复了 6 次，不管看哪个比赛项目，都逃不过结束以后那一句“迎面走来的是拼多多代表队”。最后的结果是，体育赛事记没记住不一定，观众倒是把“拼多多代表队”记得牢牢的。

2. 融入生活情境

要问这个广告究竟有多洗脑，有个网友的回答那真是相当精彩：“每次听见这则广告的声音，就很想下楼做操”。相信不少网友都有同样的感受，这究竟是为什么呢？因为拼多多把生活的情境再现得很好，每每听见这个熟悉的旋律，我们都能想起曾经在操场上踏着整齐的步伐、喊着口号的场景。唤醒网友们这样的记忆后，拼多多再配上自己的广告标语“拼着买，才便宜”，让人想不注意都难！

3. “槽点”引发讨论

一则能够引发大范围传播的广告，总是有着各种各样的“槽点”。有“槽点”，才能有讨论，有讨论，自然就有热度。在全民都在关注奥运会的时刻，拼多多一遍一遍地重复着自己的广告语，引发了无数网友的吐槽，吐槽的同时，这也意味着拼多多品牌的广告语又被无数人记住了！

资料来源：盘古网络营销中心。

案例分析

总的来说，拼多多的这则广告确实可以吸引用户的注意力、打造记忆点，是一次非常出色的宣传。但如果从广告沟通效果和广告社会效果的角度来看，它仍有一定的不足。一些网友在微博上调侃：“我今天晚上做梦都会是‘迎面走来的是拼多多代表队’”“每次听到音乐前奏我都以为马上要开始比赛了，结果‘迎面走来的是拼多多代表队’，这广告怎么这么烦人”。不过，“有槽点的广告”好过“平庸的精美”，至少“迎面走来的是拼多多代表队”这一广告语已给人们留下了深刻的记忆。

10.1　广告效果测定概述

广告效果测定是现代广告活动的重要组成部分。本节将主要介绍广告效果的含义、类型与特征，广告效果测定的意义与原则，以及广告效果测定的程序和基本类型。

10.1.1　广告效果的含义、类型与特征

1. 广告效果的含义

广告效果是广告对受众所产生的影响以及由于人际传播所取得的综合效应。广告效果的表现是多方

面的，如对广告产品销售状况的影响、对人们的消费观念和行为的影响、对广告受众心理的影响等。

对广告效果进行评估具有重要的意义，它不仅能够帮助企业提高广告的创意、设计和制作水平，帮助企业调整媒体策略，还能够为企业下一阶段的广告决策提供依据。

2. 广告效果的类型

从广义上讲，凡是在广告播出之后产生的影响都可以称为广告效果。这种影响不仅包括对企业的影响、对消费者的影响，还包含着对社会的影响。因此，广告的效果是广泛而又多元的。一般来说，我们可以从以下几个方面来对广告效果进行分类。

（1）根据涵盖内容和影响范围来划分

根据涵盖内容和影响范围，广告效果可分为经济效果、沟通效果（消费者心理效果）和社会效果。

广告的经济效果又称销售效果，是指广告活动促进产品的销售或提供服务的增加的程度，反映广告活动对企业利润增加的贡献程度。广告主通过付费的形式，利用各种传播媒介向目标受众传递产品、服务以及观念等信息，其最终目的就是通过广告活动刺激消费者采取行动来购买广告产品或接受服务，以促进销售。广告的经济效果是企业广告活动最基本、最重要的效果，也是广告效果测定的主要内容。

广告的沟通效果是指广告活动在消费者心理上的反应程度，表现为广告活动对消费者的认知和心理方面的影响。广告活动能够激发消费者对广告产品或服务的需求，唤起他们的购买欲望，使之产生购买动机，并培养其对广告产品或服务的信任和偏好。广告的沟通效果与销售并无直接的关系，但它可以间接地促进销售。

广告的社会效果是指广告在社会伦理、道德、教育等精神文化方面的影响。广告的内容和表现手法都带有社会形态的烙印，因此，这种烙印必然会对广告受众产生影响。例如，广告所倡导的消费观念、道德规范、思想意识都会产生一定的社会影响。

（2）根据广告产生效果的时间来划分

根据广告活动产生效果的时间，广告效果可以分为即时效果、近期效果和长期效果。

① 即时效果是指广告作品发布后立即就能产生的效果。例如，超市里的打折促销海报一张贴，往往很快就能吸引不少店内的消费者前来购买。

② 近期效果是指广告发布后在较短时间内产生的效果。时间通常是一个月、一个季度，最多不超过一年。在此期间，广告主的广告产品或服务的销售额出现增长，品牌知名度、美誉度等会有一定程度的提高。大多数广告都追求近期的广告效果，它是衡量广告活动成功与否的重要标志。

③ 长期效果是指广告发布后，在很长一段时期内仍然会产生的效果。我们小时候看过的一些电视广告，时至今日依然会浮现在我们的眼前。因此在检验一则广告是否有效时，必须充分考虑到广告产生效果的时间因素，不能仅凭广告的即时效果和近期效果来评价广告的优劣。

（3）根据广告产品所处的不同生命周期阶段来划分

根据广告产品所处的不同生命周期阶段，广告效果可划分为引入期效果、成长期效果、成熟期效果与衰退期效果。

> **思考题**
>
> 在广告产品生命周期的不同阶段，广告效果测定的重点分别是什么？

（4）根据广告宣传活动的整体过程划分

根据广告宣传活动的整体过程，广告效果可以分为事前测定效果、事中测定效果与事后测定效果。这是一种常见的划分方式，其目的是随时了解广告的具体效果，并根据效果的不同不断调整和修改广告计划。

3. 广告效果的特征

广告效果主要具有以下六大特征。

（1）时间上的滞后性。广告效果会受到多种因素的影响，如广告环境、企业营销策略、广告的创意和制作水平、广告媒介的影响力、广告发布的时机等。任何一个因素的微小变化，都可能会影响到广告效果。很多广告效果要经历一段时间才能产生，即广告对消费者的心理认知产生影响以及诱导人们采取购买行动需要一定的时间，我们称之为广告效果的时滞性。

时间上的滞后性使广告宣传的效果往往不能很快、很明显地体现出来。因此，在测定广告效果时，首先要把握广告产生作用的周期，确定效果发生的时间间隔，区别广告效果的即时性和迟滞性。只有这样，才能准确地测定某次广告活动的效果。

（2）效果的积累性。广告宣传活动往往是反复进行的。一次广告宣传由于传输信息的偶然性与易失性，广告效果很难立竿见影。因此，广告一般都是反复发布的，每一次广告的发布都会在一定程度上加深消费者的印象，扩大和提高消费者对广告产品的认知范围和认知强度。所以，某一时点的广告效果都是这一时点以前的多次广告宣传积累的结果。我们不能因为一则广告在发布一次之后未能促使消费者产生购买行为，就断定该广告无效。寄希望于一次广告宣传就能产生良好效果是不太现实的。

拓展知识

广告反复的效果

广告受众因受多种因素的影响而未采取购买行动的这段时间就是广告效果的积累期。针对广告效果的这一特征，广告主在进行广告宣传时，应突出广告的诉求点，以鲜明的特色来打动消费者，使他们产生购买欲望，并最终达成交易行为。

（3）效果的复合性。广告效果具有复合性有两重含义：其一，广告活动不过是企业营销体系的一个环节而已，决定产品销售业绩的因素有很多，如产品开发策略、定价策略、渠道策略等；其二，某一时期的广告效果也许是多种媒体的结果，鉴于不同的广告媒体具有不同的特点，广告主可以综合加以利用。在测定广告效果时，要分清影响广告效果或决定广告效果的主要因素，以确保测定结果的客观性与真实性。

（4）效果的间接性。广告效果的间接性主要表现在两个方面。一方面，受广告宣传影响的消费者，在购买产品之后的使用或消费过程中，会对产品的质量和功能有全面的认识。如果产品质量好并且价格合理，消费者就会对该品牌产品产生信任感，就会重复购买。另一方面，对某一品牌产品产生信任感的消费者会将该品牌推荐给亲朋好友，从而间接地扩大了广告的影响范围。

（5）效果的层次性。广告效果具有层次性，既有经济效果、沟通效果和社会效果之分，又有即时效果、近期效果和长期效果之别。只有将上述效果综合考虑，才有利于广告主销售产品以及塑造良好的企业形象与品牌形象。广告策划者在开展广告宣传活动时，不能只顾眼前利益而发布虚假广告，更不能只要经济利益而不顾社会影响。

（6）效果的耗散性。由于广告之间存在着竞争，同类产品的广告大战，必然会对彼此的广告效果产生负面的影响。例如，一位优秀的广告策划者策划了一次非凡的广告活动，正当人们为之叫好之际，另一位优秀的广告策划者也为竞争对手策划了同样优秀的广告活动，在同一时期与之相抗衡，以致前一位优秀广告策划者所策划的广告效果大打折扣，未能达到预期的效果。在这种情况下，我们能说第一位优秀广告策划者策划的广告活动不好吗？

了解广告效果的六大特征，既有助于我们更加准确地制定广告策略，以争取理想的广告效果，也可以帮助我们树立科学的观念，掌握科学的方法，更加客观地测定广告效果，保证广告活动持续有效地开展。

案例讨论

培训班的广告效果之惑

某高校退休教授张老师看到电子商务物流认证培训非常火爆，也萌发了要办班的想法。张老师本人就是这方面的专家，经常受聘为一些校外的培训机构讲授电子商务物流认证的课程，这些课程很受学生欢迎，因此张老师觉得自己办班也是水到渠成之事。

张老师是个做事雷厉风行的人，有了想法就要尽快付诸行动。于是他拿起电话邀请好友刘先生和一名自己最信赖的学生商量办班事宜，3人一拍即合，办班的事情就这样确定了下来。当天晚上，3人第一次面谈就确定了培训班的办学课程、办学场地、办学资质（挂靠培训学校）和师资等问题。

一切似乎都很顺利。刘先生很快就与一家培训机构达成了挂靠协议并租下了市中心的办班场地，张老师也凭借在电子商务物流培训圈里的资源找好了培训教师。张老师的学生也没闲着，很快找广告公司制作了几百张招生海报，与刘先生一道将招生海报贴满了所在城市的30多所高校校园。

然而，招生海报贴出后，来电咨询的学生寥寥无几，第一届仅仅招了不到10名学员，所收学费还不够支付一个月的房租。张老师对此非常不解，培训班的师资堪称一流，办学场地也很不错，学费收得也比同行要低，为何没有大批学生前来报名呢？3人经过商议，决定加大广告投入，开始印制更多的广告和宣传单，并在当地的报纸上做了几期招生广告。半个月过去了，培训班的招生情况依然没有好转，虽然陆续有学生来电咨询和报名，但办班的庞大开支使他们3人根本无力承担。在匆匆办完一届之后，3人最终关闭了这个“短命”的培训班。

让张老师他们始料不及的是，在培训班停办一段时间之后，他们接到的报名咨询电话却日渐增多。张老师不禁陷入了沉思。

案例评析

广告效果具有时间上的滞后性。很少有广告受众看到广告就立即采取行动，广告对消费者的心理认知产生影响以及诱导人们采取购买行动需要一定的时间。所以广告的效果必须在广告发布一段时间之后才能实现。在本案例中，张老师所做的培训班广告一开始效果不佳正是这个原因。因此，在测定广告效果时应充分考虑到广告效果产生作用的时间周期，不要像案例中的张老师那样轻易、草率地下结论。

10.1.2 广告效果测定的意义与原则

1. 广告效果测定的意义

广告效果测定的意义主要有以下5点。

（1）广告效果测定是对整个广告活动经验的总结。广告效果是对整个广告活动的总结，是检验广告计划、广告活动合理与否的有效途径。在广告效果测定过程中，将广告结果与计划目标进行对比，能够衡量广告目标的实现程度，并能够据此总结经验、吸取教训，为下一阶段的广告活动打下良好的基础。

（2）广告效果测定是广告主进行广告决策的依据。在某一时期的广告活动结束之后，广告主必须客观地测定广告效果，检验广告目标与市场目标、营销目标等的吻合程度，以正确把握下一阶段的广告活动。如果对广告活动的成效心中无数，广告主就会在经营决策方面盲目行动，以致误入歧途。

（3）促进企业改进广告的设计与制作。通过对广告效果的测定，企业可以了解消费者对广告作品的接受程度，鉴定广告主题是否突出，广告形象是否有艺术感染力，广告语言是否简洁、鲜明、生动，是否符合消费者的需求，是否收到良好的心理效果，等等。这些都为企业未来的广告活动提供了参考资料，并有助于企业改进广告的设计与制作，使广告宣传的内容和表现形式的结合日臻完美，从而使广告的诉求更加有力。

（4）促进整体营销目标与计划的实现。广告效果测定能够比较客观地确定广告活动所取得的效益，也可以找到广告宣传因素以外影响企业产品销售的因素，如产品的款式、包装、质量、价格等。企业可据此调整生产经营结构，开发产品，生产适销对路的产品，实现经营目标，取得良好的经济效益。

（5）增强企业的广告意识。对广告效果进行科学的评价、测定，摒弃单凭经验、感觉来主观评判广告效果的做法，可以使企业的广告活动规范化、严密化和精细化，从而制定可行的广告决策。同时，对广告效果的测定可以使企业切实感受到广告所带来的各种收益，增强其运用广告发展企业的信心，促进企业与广告业的共同繁荣。

2. 广告效果测定的原则

为确保广告效果测定科学、准确，在测定过程中必须遵循以下原则。

（1）针对性原则

针对性原则是指测定广告效果时必须有明确而具体的目标。例如，广告效果测定的内容是经济效果还是社会效果？是近期效果还是长期效果？近期效果中是企业的销售效果还是消费者心理效果？如果是心理效果，是测定态度效果还是认知效果？如果测定的是认知效果，是测定媒体受众对产品品牌的认知效果还是对广告产品的功能特性的认知效果？只有确定了具体的测定目标，才能选择相应的手段与方法，测定的结果也才能准确、可靠。

（2）可靠性原则

广告效果只有真实、可靠，才有助于企业进行决策，提高经济效益。在测定广告效果的过程中，要求抽取的调查样本具有典型性和代表意义；调查表的设计要合理，汇总分析的方法要科学、先进；考虑的影响因素要全面；测定要多次进行，反复验证。只有这样，才有可能取得可靠的测定结果。如果多次测定的结果都基本相同，说明该测定方法的可靠程度较高；否则此测定方法一定存在问题，有必要做进一步的修订。

（3）综合性原则

影响广告效果的因素多种多样，既有可控因素，也有不可控因素。可控因素是指广告主能够改变的因素，如广告预算、媒体的选择、广告刊播的时间、广告播放的频率等；不可控因素是指广告主无法控制的因素，如相关的法律法规、目标市场的经济发展水平、消费者的习惯等。对于不可控因素，在测定广告效果时要充分掌握它们对企业广告宣传活动的影响程度，做到心中有数。在测定广告效果时，除了要对影响因素进行综合性分析外，还要考虑到媒体使用的并列性以及广告播放时间的交叉性。只有这样，才能排除片面性的干扰，取得客观的测定结果。

（4）经常性原则

由于广告效果具有时间上的滞后性，效果的累积性、复合性、间接性等特征，因此，企业不能抱有临时性或一次性测定的态度。本期的广告效果也许并不是本期广告宣传的结果，而是上期或者过去一段时间内企业广告活动共同作用的结果。因此，企业在测定广告效果时必须坚持经常性原则，要定期或不定期地测定，同时还要进行科学的分析，从而得出客观的结论。

（5）简便易行原则

在制订广告效果测定计划时，必须坚持简便易行的原则。即在不影响测定要求和准确度的前提下，测定方案不仅要在理论上可行，还要在实施中具有较强的可操作性。

（6）经济性原则

进行广告效果测定，所选取的样本数量、测定模式、地点、方法以及相关指标等，既要有利于测定工作的展开，又要从广告主的经济实力出发，考虑测定成本，充分利用有限的资源为广告主多办事、办好事，否则广告效果测定就会成为广告主的一种负担或成为一种资源浪费。为此，企业要做好广告效果测定的经济核算工作，用较少的成本投入取得较多的广告效果测定产出，以提高广告主的经济效益，增强广告主的经营实力。

10.1.3 广告效果测定的程序

广告效果测定大体上可以划分为确定广告效果测定的具体问题，制订计划、组建广告效果测定研究组深入调查，搜集、整理和分析资料，对广告效果测定结果进行论证分析，撰写测定分析报告等程序。

1. 确定广告效果测定的具体问题

由于广告效果具有层次性的特征，因此用于测定广告效果的问题不能漫无边际，广告效果测定人员应事先决定研究的具体对象以及从哪些方面对该问题进行剖析。广告效果测定人员要把广告主宣传活动中存在的最关键和最迫切需要了解的问题作为测定重点，设立正式测定目标，确定测定问题。

广告效果测定问题的确定方法一般有两种。

（1）归纳法，即了解广告主广告促销现状，根据广告主的要求来确定分析的目标。

（2）演绎法，其基本思想是根据广告主的发展目标来衡量企业广告促销的现状，并确定企业广告效果测定问题。

2. 制订计划、组建广告效果测定研究组深入调查

（1）制订计划。根据广告主与测定人员双方的洽谈协商，广告公司应该委派负责人，写出与实际情况相符的广告效果测定工作计划。该计划内容包括测定进行步骤、调查范围与内容、人员组织等。如果广告效果测定研究组与广告主不存在隶属关系，就有必要签订有关协议。按照测定要求，双方应在协商的基础上就广告效果测定研究的目的、范围、内容、质量要求、完成时间、费用酬金、双方应承担的权利与责任等内容订立正式的广告效果测定研究合同。

（2）组建研究组深入调查。在确定广告效果测定问题并签订测定合同之后，测定研究部门应根据广告主所提问题的要求和测定研究人员的构成情况，综合考虑，组建广告效果测定研究组。在研究组的组建中，应选择好负责人，然后根据相应要求群策群力地进行研究，认认真真深入调查，这样才能产生高质量的测定结果。

3. 搜集、整理和分析资料

广告效果测定研究组成立后，要按照测定的要求搜集有关资料。企业外部资料主要是与企业广告活动有联系的政策、法规、计划及部分统计资料，企业所在地的经济状况、市场供求变化状况、主要媒体状况、目标市场上消费者的媒体习惯以及竞争企业的广告促销状况。企业内部资料包括企业近年来的销售、利润状况，广告预算状况。

整理和分析资料是对通过调查和其他方法搜集的大量信息资料进行分类整理、综合分析和专题分析。资料归纳的基本方法有按时间序列分类、按问题分类、按专题分类、按因素分类等。在分类整理资料的基础上进行初步分析，筛选出可以用于广告效果测定的资料。

分析方法有综合分析和专题分析两类。综合分析是从企业的整体出发，综合分析企业的广告效果。例如，广告主的市场占有率分析、市场扩大率分析、企业知名度提高率分析等。专题分析是根据广告效果测定问题的要求，在对调查资料汇总之后，对广告效果的某一方面进行详尽的分析。

4. 对广告效果测定结果进行论证分析

广告效果测定论证通常采用论证会的方式进行，由广告效果测定研究组负责召开，对广告效果测定结果进行全方位的评议和论证。参与论证的人员包括广告主的代表、广告效果测定研究组的主要成员以及邀请的外部广告专家和学者等。

5. 撰写测定分析报告

广告效果测定分析报告由广告效果测定研究组完成，包括以下内容：绪言，主要阐明测定广告效果的背景、目的和意义；广告主概况，主要说明广告主的人、财、物等资源状况，广告主广告活动的规模、范围和方法等；广告效果测定的调查内容、范围与基本方法；广告效果测定的实际步骤；广告效果测定的具体结果；改善广告促销的具体意见。

10.1.4 广告效果测定的基本类型

广告效果测定的基本类型主要有两大类：第一类是按照广告效果测定的时间点划分，可分为事前测定、事中测定和事后测定；第二类是按照广告效果的层次性进行测定，可分为经济效果测定、沟通效果测定和社会效果测定。

1. 事前测定、事中测定和事后测定

广告效果测定并非只是在广告发布之后才开始，事实上，在广告发布之前和发布过程之中也需要进行效果测定。这是因为事前测定能够起到一定的预测作用，对于整个广告活动的实施有着非常重要的作用；而事中测定则可以检验广告计划的执行情况，以保证广告战略的正常实施。

事前测定是指在广告活动开始之前对广告的策划方案、表现效果及媒体效果进行评价，其主要目的在于提前发现广告作品和媒体组合中存在的问题，及时提出修改意见和方案，以确保广告正式发布后能够产生最佳的传播效果。事前测定主要有针对媒体情况的调查和针对作品效果的测验。媒体调查一般通过访问日记、访问电话或自动记录仪器等，对各个媒体的单位数、受众人数、社会声誉等情况进行事先调查研究；作品测验是对广告创意构想、文案创作的效果等，采用多种方法进行测定，以便为定稿提供参考。

事中测定是指在广告活动实施期间随时了解受众反应，测试和验证广告策略是否符合实际的活动。通常采用市场实验法、回函测定法、分割测定法等方法对广告实施过程中的传播及营销效果进行测定。①

事后测定是指在整个广告活动结束后，有关方面对广告效果所进行的测定。广告效果的事后测定是整个广告效果测定活动的最后阶段，其结果是测定和检验广告活动的最终指标，是人们判断广告活动效益的根本依据。事后测定一般是由广告公司或广告主自己来进行的，现在许多专门的社会中介机构也介入了这一业务领域。事后测定是最常见、最普遍的广告效果测定活动。

2. 经济效果测定、沟通效果测定和社会效果测定

广告经济效果测定的重点是，在投入一定广告费用及广告刊播之后，广告活动所引起的产品销售额与利润的变化情况。广告经济效果是广告主最为关心的问题，但由于广告效果的复杂性，进行销售效果的测定必须注意以下几个问题。②

（1）一个品牌销售量的增减，是由多方面因素综合决定的，广告只是其中一个因素。因此，广告效果测定人员在测定广告销售效果时，必须从企业环境、市场环境全局出发进行系统考虑，全面、科学地分析广告的影响。

（2）广告效果有即时、近期和长期3种表现，不可只追求即时效果。

（3）广告效果包括促销和延缓产品衰退等多方面的作用，广告效果测定人员在分析时，要具体情况具体对待。

（4）要根据广告效果测定目标，选择恰当的测定方法。

广告沟通效果，是指广告在消费者心理上引起反应的程度及其对促进购买的影响，包括知名、了解、信服，或知名、理解、喜爱、偏好、信服，或知名、了解、态度、认为合理或注意、兴趣、欲望等。在广告沟通效果中，接触广告的人们的心理变化基本上遵循“认知—接受—行动”这种发展模式，每一个层次的目的都可以作为广告沟通效果来测定。

广告社会效果测定是指从社会道德、语言文字等方面对广告效果进行综合考察和测定。广告社会效果测定日益受到人们的关注和重视。

10.2 广告经济效果测定

广告的经济效果集中反映了企业在广告活动中的营销业绩。广告经济效果测定是衡量广告最终效果的关键环节。

10.2.1 广告经济效果测定的含义

广告经济效果测定，就是测定在投入一定广告费及广告刊播之后，所引起的产品销售额与利润的变

① 李宝元. 广告学教程. 2版. 北京：人民邮电出版社，2004：321.

② 王国全. 新广告学. 广州：广东人民出版社，2002：322.

化状况。

需要明确的是，"产品销售额与利润的变化状况"有两层含义。一是指一定时期的广告促销所导致的广告产品销售额及利润额的绝对增加量，这是一种最直观的衡量标准。二是指一定时期的广告活动所引起的相对量的变化，它是广告投入与产出结果的比较，是一种更深入、更全面反映广告效果的指标。这种投入产出指标对提高企业经济效益有着重大的意义。它有以下要求。

（1）每增加一个单位产品的销售额，要求广告投入最小，销售增加额最大。

（2）每增加一个单位的广告经济效益相对指标，要求企业（广告主）获益最大。即经济效益的提高要与企业形象、品牌形象的成功塑造相结合。

（3）这种相对指标的提高，要有利于形成一个良好结构与良性循环。良好结构是指企业内在的生产经营结构与市场需求趋势及消费者偏好相适应，从而有利于企业开展广告活动；良性循环是指广告活动有利于企业调整生产经营结构，开发新产品，生产出适销对路的产品，这一循环成为企业发展的一种内在的自律机制。

10.2.2 广告经济效果测定的方法

广告经济效果一般比广告沟通效果更难测定，销售除了受广告活动的影响外，还受其他许多因素的影响，如产品特色、价格、售后服务、购买难易程度以及竞争者的行动等。这些因素越少以及可控制的程度越高，广告对产品销售量的影响就越容易测定。

常用的测定广告经济效果的方法主要有以下几种。

1. 广告费用比率法

广告费用比率法是一种常见的广告经济效果测定方法。广告费用率计算公式如下。

$$\text{广告费用比率}=\frac{\text{本期广告费用总额}}{\text{本期销售总额}}\times100\%$$

广告费用比率的倒数可以称为单位广告费用销售率，它表明每支出一单位的广告费用所能实现的销售额，其计算公式如下。

$$\text{单位广告费用销售率}=\frac{\text{本期销售总额}}{\text{本期广告费用总额}}\times100\%$$

2. 单位广告费用销售增加率法

单位广告费用销售增加率的计算公式如下。

$$\text{单位广告费用销售增加率}=\frac{\text{本期广告后的销售额}-\text{本期广告前的销售额}}{\text{本期广告费用总额}}\times100\%$$

3. 广告销售效果比率法

广告销售效果比率的计算公式如下。

$$\text{广告销售效果比率}=\frac{\text{本期销售额增长率}}{\text{本期广告费用增长率}}\times100\%$$

$$\text{广告销售利润效果比率}=\frac{\text{本期销售利润增长率}}{\text{本期广告费用增长率}}\times100\%$$

4. 广告费用利润率、单位广告费用利润率和单位广告费用利润增加额法

这是一种综合方法，具体的计算公式如下。

$$\text{广告费用利润率}=\frac{\text{本期广告费用总额}}{\text{本期广告后利润总额}}\times 100\%$$

$$\text{单位广告费用利润率}=\frac{\text{本期广告后利润总额}}{\text{本期广告费用总额}}\times 100\%$$

$$\text{单位广告费用利润增加率}=\frac{\text{（本期广告后利润总额}-\text{本期广告前利润总额）}}{\text{本期广告费用总额}}\times 100\%$$

5. 市场占有率法

市场占有率是指某品牌产品在一定时期、一定市场上的销售额占同类产品销售总额的比例。其计算公式如下。

$$\text{市场占有率}=\frac{\text{某品牌产品销售额}}{\text{同类产品销售总额}}\times 100\%$$

$$\text{市场占有率提高率}=\frac{\text{单位广告费用销售增加额}}{\text{同类产品销售总额}}\times 100\%$$

$$\text{市场扩大率}=\frac{\text{本期广告后的市场占有率}}{\text{本期广告前的市场占有率}}\times 100\%$$

6. 盈亏临界点法

使用盈亏临界点法测定广告经济效果的关键是确定平均销售广告费用率。平均销售广告费用率计算公式如下。

$$\text{平均销售广告费用率}=\frac{\text{广告费用}}{\text{产品销售额}}\times 100\%$$

用符号代入推导如下。

$$L=\frac{X+\Delta X}{C} \qquad \text{即} L\times C=X+\Delta X$$

得出 $$\Delta X=L\times C-X$$

此公式中，X 表示基期广告费用，ΔX 表示报告期广告费用增加额，C 表示报告期产品销售额，L 表示平均销售广告费用率。

如果计算结果 $\Delta X>0$，说明广告费用使用合理，经济效果好；$\Delta X<0$，说明广告费用使用不合理，企业需要调整广告宣传策略，压缩广告预算规模。

7. 广告效果测定指数法

这种方法是假定其他因素对广告产品的销售没有影响，只有广告活动与产品销售有着密切的关系。具体做法如下。

广告刊播以后，广告策划者对部分媒体受众进行调查。调查的问题如下。

- 是否看过某则广告？
- 是否购买了广告宣传中的产品？

假定调查结果如表 10-1 所示。

表 10-1 某则广告调查结果

项目	看过某则广告	未看过某则广告	合计人数
购买广告产品人数	*a*	*b*	*a*+*b*
未购买广告产品人数	*c*	*d*	*c*+*d*
合计	*a*+*c*	*b*+*d*	*N*

表 10-1 中，*a* 为看过广告而购买广告产品的人数；*b* 为未看过广告而购买广告产品的人数；*c* 为看过广告而未购买广告产品的人数；*d* 为未看过广告而又未购买广告产品的人数；*N* 为被调查的总人数。

从表 10-1 中可以看出，即使在未看过广告的被调查者中，也有 *b*/（*b*+*d*）的比例购买了广告产品。因此，要从看过广告而购买产品的 *a* 人中，减去因受广告以外的影响而购买广告产品的[（a+c）×b/（b+d）]人，才能得出真正因为广告而唤起购买欲望的效果。用该人数除以被调查的总人数，所得的值以百分比表示就是广告效果指数（Advertising Effectiveness Index，AEI），计算公式如下。

$$AEI=\frac{1}{N}[a-(a+c)\times\frac{b}{b+d}]\times100\%$$

例如，某糖果生产企业为自己的同一系列产品进行过两次电视广告宣传，经过调查，获得以下有关资料（见表 10-2 和表 10-3）。

表 10-2 某糖果产品的第一次广告宣传

单位：人

项目	看过电视广告	未看过电视广告	合计
购买广告产品	50	28	78
未购买广告产品	70	92	162
合计	120	120	240

$$AEI_1=\frac{1}{240}\times[50-(50+70)\times\frac{28}{28+92}]\times100\%$$
$$\approx9.17\%$$

表 10-3 某糖果产品的第二次广告宣传

单位：人

项目	看过电视广告	未看过电视广告	合计
购买广告产品	60	18	78
未购买广告产品	55	107	162
合计	115	125	240

$$AEI_2=\frac{1}{240}\times[60-(60+55)\times\frac{18}{18+107}]\times100\%$$
$$=18.10\%$$

从两次计算结果可以看出，第一次的广告效果指数约为 9.17%，第二次的广告效果指数为 18.10%，第二次比第一次提高了约 8.93 个百分点。如果两次的广告媒体选择、播放时间、广告预算总额相等，那么就说明第二次广告策划明显好于第一次。因此，有必要对第一次的广告策划进行策略性调整或修改。

10.3 广告沟通效果测定

广告沟通效果测定即广告心理效果测定，目的是了解广告在知晓度、回忆和偏好等方面的效果。

10.3.1 广告沟通效果测定的内容

1. 广告知晓度的测定

广告知晓度是指媒体受众通过多种媒体了解某则广告的比率和程度。广告知晓度的计算公式如下。

$$某则广告的知晓度=\frac{被调查者中知道该广告的人数}{被调查者总人数}\times 100\%$$

当新产品上市时，广告宣传的目的是告知媒体受众某品牌产品的存在。当产品处于成长期、成熟期或衰退期时，广告的诉求点则在于产品的功能及特性等方面信息的传输。广告知晓度正是用于测定不同阶段广告效果的有效指标和内容。

2. 广告回忆状况的测定

对广告回忆状况的测定，是指借助一定的方法评估媒体受众是否能够复述或复制出其所接触广告内容的一种方法。"回忆"常被用来确定消费者记忆广告的程度。测定广告回忆状况的方法，主要有无辅助回忆和辅助回忆两种。

（1）无辅助回忆。无辅助回忆又称纯粹回忆，是指让媒体受众独自对某些广告进行回忆，调查人员只如实记录回忆情况，不做任何提示，如问："请您想想在过去几周中，有哪些品牌的方便面在电视上做了广告宣传？"

（2）辅助回忆。这种方法是指调查人员在调查时，适当地给被调查者某种提示。例如，提示广告的商标、品牌色彩、标题或插图等，如问："您记得最近看过或听过××方便面的任何广告吗？"辅助回忆法询问的项目或内容越具体，获得的信息就越能反映媒体受众对广告的了解程度。

3. 偏好状况的测定

偏好是经济学研究的重要问题之一。它是指在一些竞争产品中，消费者较固定地购买某品牌产品的心理特征。美国著名经济学家乔治·斯蒂格勒曾说："趣味偏好是在竞争中筛选出来的，而不是随意给定的，它们必须面临一个连续竞争的严峻考验。"也就是说，偏好在一定时期内是相对稳定的。通过突出感人的诉求点，培养消费者的品牌偏好，对广告主来说是非常重要的。因为偏好一旦形成，在较长时期内将会使消费者产生一系列的重复购买行为。

10.3.2 广告沟通效果测定的方法

广告沟通效果测定根据时间安排的不同可以分为事前测定、事中测定和事后测定。相应地，运用的方法也可以分为 3 种类型。

1. 事前测定

广告沟通效果事前测定是在广告作品正式刊播之前，邀请有关广告专家和消费者团体进行现场观摩，审查广告作品存在的问题，或进行各种实验（在实验室运用各种仪器来测定人们的各种心理活动效应），以对广告作品可能获得的成效进行评价，根据测定的结果，及时调整广告促销策略，修正广告作品，突出广告的诉求点，提高广告的成功率。沟通效果事前测定常用的具体方法主要有以下几种。

（1）专家意见综合法

该方法是在广告文案设计完成之后，邀请有关广告专家、心理学家和营销专家进行评价，多方面、多层次地对广告文案及媒体组合方式可能产生的效果做出预测，然后综合所有专家的意见，并将其作为测定效果的基础。运用此法时，事前要给专家提供一些必要的资料，包括设计的广告方案、广告产品的特点、广告主生产经营活动的现状及其他背景资料等。专家意见综合法是事前测定中比较简便的一种方法。但要注意所邀请的专家应能代表不同的广告创意趋势，以确保所提供意见的全面性和权威性。

（2）直接测试法

这种方法是把供选择的广告展露给一组消费者，并请他们对这些广告进行评比打分。广告评分表如表 10-4 所示。这种方法用于评估消费者对广告的注意力、认知、情绪和行动等方面的强度。虽然这种测定广告沟通效果的方法还不够完善，但如果一则广告的得分较高，也说明该广告可能是有效的。

表 10-4 广告评分表

评分内容	评分
本广告吸引读者注意力的能力如何？	（ ）
本广告使读者往下继续阅读的能力如何？	（ ）
本广告主要的信息或利益的鲜明度如何？	（ ）
本广告特有的诉求效能如何？	（ ）
本广告中的建议激发实际购买行动的强度如何？	（ ）

评分标准

差	中等	一般	好	优秀
0～20	20～40	40～60	60～80	80～100

注：表中每项得分为 0～20 分，最后将各项得分相加评价等级。

（3）组群测试法

这种方法是让一组消费者观看或收听一组广告，对时间不加限制，然后要求他们回忆所看到或听到的全部广告及内容，广告策划者可给予帮助或不给予帮助。消费者的回忆水平表明广告的突出性及信息被了解或记忆的程度。

在组群测试中，必须播放完整的广告，以便做出系统的评估。组群测试一次可以测试 5～10 则广告。在测试中，询问的问题通常有以下几个。

- 您对哪几则广告感兴趣？
- 您喜欢哪一则广告？
- 这则广告宣传的是什么？您明白了吗？
- 您觉得广告中的文字和图案是否有需要改进的地方？
- 您看过广告后，给您留下最深刻印象的是什么？
- 看了广告后，您有没有产生进一步了解广告产品的兴趣，或者近期购买该产品的打算？

（4）仪器测试法

随着科学技术的进步，伴随人类心理效应变化而产生的生理变化测试仪，也在不断地创新与完善。在广告领域，作为一种辅助手段，借助仪器测试广告沟通效果的做法也多了起来。

① 视向测验法（eye camera test）。人们的视线一般总是停留在关心与感兴趣的地方，越关心，越感兴趣，视线驻留时间就越长。视向测验器（eye camera）是记录媒体受众观看广告文案各部分时的视线顺序及驻留时间长短的一种仪器。根据测知的视线移动图和各部分注目时间长短，可以预知以下内容并做相应调整：广告文案文字字体的易读性如何，从而适当安排文字的排列；视线顺序是否符合广告策划者的意图，有无被人忽视或不被留意的部分，如果有，则要对其进行调整；广告画面中最突出或最吸引人的部分是否符合设计者的意图，如果不符合，应立即予以调整。

视向测验法有以下缺点。视线运动是根据眼球移动进行的，但不能确保视线运动与眼球移动完全一致。注目时间的长短，并不能完全说明消费者兴趣的大小。如一目了然的事物，被注视的时间自然就短；

而令人费解的图文，往往需要其花费较多的时间去琢磨。另外，测验费用较高，也是视向测验法的一大缺点。

② 皮肤测试法。该方法主要利用皮肤反射测验器（galvanic skin reflex）来测量媒体受众的心理感受。运用此法的理论根据是，人在受到诸如兴奋、感动、紧张等起伏较大的情绪的冲击后，人体的出汗情况会随之发生变化，由此可测定其感受的波动。

皮肤测试法主要用于对电视广告效果的测定，其次是对广播广告效果的测定。根据测试的结果，大体上可以确定最能激起媒体受众情感起伏的地方，以此检查此处“高潮”是否符合广告策划者的意图。

皮肤测试法也有一定的缺点：每个人的内分泌的情况各不相同，情绪反应也有快有慢，因此必须事先加以测定，再根据实际反映的情况进行修正，工作程序非常烦琐。情绪的波动、内心的冲动，每个人的情况各不相同。引起内心冲动的因素有的来自音响，有的来自画面色彩或表演等。情绪的波动，有的可能是积极的，有的则是消极的。因此，使用此法时，必须辅以其他的方法，进行全面的分析，才能得出正确的结果。

③ 记忆鼓测试法。记忆鼓由一个马达、一个可以滚动的纸卷、一个定时装置，以及一个显示窗构成。测试时，将文案写在纸卷上，开动马达，就可以使纸卷上的字一行一行地由显示窗显露出来。由于有定时装置，因此可以控制每一行文字显露的时间。在广告活动中，记忆鼓测试法专用来研究在一定时间内，人们对广告作品的记忆程度。具体的做法是，被调查者在一定时间内，经由显示窗看完一则广告后，主持测试的人员立即用回想法或再确认法测试被调查者对广告文案的记忆情况，从而评估品牌名称、广告主名称、主要文案的易于记忆的程度。

这种测试法所测得的结果与被调查者的精神状态和记忆力的强弱有直接的关系，因而测试结果会有一定的偏差。

④ 瞳孔计测试法。瞳孔受到明亮光线的刺激会缩小，在黑暗中会扩大。对感兴趣的事物长时间地凝视，瞳孔也会扩大。瞳孔计测试法就是根据这个道理，用有关设备将瞳孔的伸缩情况记录下来，以测定瞳孔伸缩与媒体受众兴趣反应之间的关系。

这种方法多用于电视广告效果的测定。但调查人员对所取得的测试结果也不能过分相信，因为瞳孔扩大这种生理反应到底掺杂着多少感性和心理方面的因素，是难以确定的。而每个人的情感、心理作用的差异都是无法忽视的。

2. 事中测定

广告沟通效果的事中测定是在广告已开始刊播后进行的。事中测定可以直接了解媒体受众在日常生活中对广告的反应，得出的结论也更加准确可靠。但进行这种测定时，广告策划者一般很难根据测定结果对进行中的广告宣传的目标与策略进行修改，只能对具体方式、方法进行局部的调整和修补。常用的广告沟通效果事中测定法主要有市场实验法和函询法。

（1）市场实验法

先选定一两个实验地区刊播已设计好的广告，然后同时观察实验地区与尚未推出广告的地区，根据媒体受众的反应情况，比较实验区与尚未推出广告的地区之间的差异就可以对广告沟通效果做出测定。

美国史达氏（Starth）公司与盖洛普·鲁滨逊（Gallup&Robinson，G&R）公司是两家测试广告沟通效果的公司，其做法如下：先把测试的广告刊登在杂志上；广告登出后，便把杂志分发给消费者中的调查对象；随后公司同这些被调查者接触，并就杂志及其广告问题与之谈话；回忆和认识的测试结果可用来确定广告沟通效果。史达氏公司采用此法时制定了 3 种测试评分的项目，即注意分、领悟和联想分、大部分阅读分，其具体含义及计算公式如下。

- 注意分，即被调查者中声称以前在杂志上看过这则广告的人数在被调查者总人数中所占的百分比，其计算公式如下。

$$注意分=\frac{被调查者中声称看过某则广告的人数}{被调查者总人数}\times100\%$$

- 领悟和联想分，是指被调查者中能准确叙述广告内容的人数在被调查者总人数中所占的比例，其计算公式如下。

$$领悟和联想分=\frac{被调查者中能准确叙述广告内容的人数}{被调查者总人数}\times100\%$$

- 大部分阅读分，即被调查者中声称读过一半以上广告文案的人数在被调查者总人数中所占的比例，其计算公式如下。

$$大部分阅读分=\frac{被调查者中声称读过一半以上广告文案的人数}{被调查者总人数}\times100\%$$

以上 3 种评分结果既可作为测定广告沟通效果的标准，也可作为广告主进一步改进广告方案和表现方式的依据。

（2）函询法

这种方法一般采用调查问卷的形式进行。函询法一般要给回函者一定报酬，以鼓励他们积极回函反馈信息。调查问卷通常以不记名的方式，要求被调查者将自己的年龄、职业、文化层次、家庭住址、家庭年人均收入等基本情况填在问卷上。调查问卷中要尽可能详细地列置调查问题，以便对广告沟通效果进行测试。常见的调查问题如下。

- 您看过或听过有关某品牌产品的广告吗？
- 您是通过什么媒体接触到某品牌产品的广告的？
- 该广告的主要内容是什么？
- 您认为该广告有特色吗？
- 您认为该广告的构图如何？
- 您认为该广告的缺点是什么？
- 您经常购买什么品牌的产品？

…………

3. 事后测定

广告沟通效果的事后测定虽然不能直接对已经完成的广告宣传进行修改或补充，却可以全面、准确地对已做的广告活动的效果进行评估。因此，广告沟通效果事后测定的结论，一方面可以用来衡量本次广告活动的业绩；另一方面可以用来评价企业广告策划的得失，积累经验，总结教训，以指导以后的广告策划。

广告沟通效果的事后测定有两层含义：第一，一则广告刊播过程一结束，就立刻对其效果进行测定；第二，一则广告活动结束后过一段时间，再对其沟通效果进行测定。通常，效果测定与广告刊播结束的时间间隔主要由媒体的性质决定，广告效果测定人员也要考虑目标市场上消费者自身的特点。如果进行测定的时间过早，由于广告效果存在时间上的滞后性，得出的结论就不准确；如果测定的时间过晚，间隔时间太长，广告效果就可能淡化，得出的结论也有可能不准确。

广告沟通效果事后测定常用的方法主要有以下几种。

（1）要点打分法

该方法是请被调查者就已刊播过的广告的重要方面进行打分，各项得分之和就是该广告的实际效果。广告沟通效果打分表如表 10-5 所示。

表 10-5 广告沟通效果打分表

打分项目	打分的主要依据	该项满分	实际打分
吸引力	吸引注意力的程度（创意）	20	
认知性	对广告诉求重点的认知程度	20	
说服力	广告引起的兴趣如何	20	
	对广告产品的好感程度	10	
行动力	由广告引起的立即购买行为	20	
	由广告唤起的购买欲望	20	
传播力	由广告文案的创造性引起的传播程度	20	
综合力	广告的媒体效果	20	

（2）雪林测定法

雪林测定法是美国雪林调查公司（Schwerin Research Co.）根据节目分析法的原理，于 1964 年发明的测定广告沟通效果的一种方法。该测定方法又分为节目效果测定法、广告效果测定法和基本电视广告测定法 3 种。

① 节目效果测定法。这是指召集一定数量的有代表性的观众到剧场，广告策划者说明测定标准以后，请观众按照个人的意见对测定的广告节目进行评分定级。评分的级别通常是有趣、一般和枯燥无味。评分定级完毕之后，广告策划者再请观众进一步说明喜欢或讨厌广告节目中的哪一部分，并阐明理由；或者征求观众对广告节目的意见、建议。广告策划者对节目改进的意见进行统计、汇总，以作为今后设计或制作广告节目的重要依据。

② 广告效果测定法。广告效果测定法与节目效果测定法的内容基本相同，是指广告策划者通过邀请具有代表性的观众到剧场或摄影棚，欣赏进行测定的各种广告片。其与节目效果测定法的不同之处是，在看广告片之前，广告策划者会根据入场者持票号码，要求媒体受众选择自己喜欢的商品。这些被选择的商品品牌中，既有将在广告片中播放的品牌，也有主要竞争对手的品牌。广告片播放完以后，请观众再一次做出选择，如果此次结果中所测定的广告商品品牌的选择度高，高出部分就可认为是该广告片产生的沟通效果。

测定完成后，广告策划者通常会将媒体受众所选择的商品赠送给他们。如果商品单位价值高，也可以赠送他们其他礼品。

③ 基本电视广告测定法。这种测定方法的目的在于客观地评价和判断电视广告片的优劣，以及用标准化的程序测定电视广告的效果。基本电视广告测定的项目主要有以下几个方面。

- 趣味反应。利用集体反应测定机，测定观众对每一广告画面感兴趣的程度。
- 回忆程度。运用自由回答法，请观众回忆广告片中的产品品牌、广告主名称、画面内容以及标语、口号等。
- 理解程度。运用自由回答法，了解观众对广告内容的领悟程度。
- 广告作品诊断。运用自由回答法，请观众指出该广告片的特色，并提出修改意见。
- 效果评定。采用问卷的形式，测定本广告片留给观众的一般印象，即广告片的一般沟通效果。
- 购买欲望。请观众说出有无购买广告产品的冲动或欲望。
- 广告片的整体效果。请观众对广告片做整体的评价。

这种测定方法的优点是客观、全面，能真正反映观众的心理活动状况，取得的资料可信度高；缺点是操作技术性强，成本高，具体推行起来有一定的局限性。

拓展知识

广告效果测定的几种模式

10.4 广告社会效果测定

10.4.1 广告社会效果测定的内容

微课堂

广告社会效果测定

广告社会效果是指广告刊播以后对社会某些方面的影响。这种影响既包括正面的影响，也包括负面的影响。这种影响不同于广告沟通效果或经济效果，广告策划者无法用数量指标来衡量这种影响，只能依靠社会公众长期建立起来的价值观念来对它进行评判。

我们认为，广告的社会效果应该体现在以下几个方面。

（1）是否有利于树立正确的价值观念。如在广告中倡导一种积极向上的价值观念，这对广大青少年来说很有教育意义。

（2）是否有利于树立正确的消费观念。正确的消费观念是宏观经济健康发展的思想基础，也是确保正常经济秩序的基础。

（3）是否有利于培育良好的社会风气。如是否有利于重视教育、爱护环境、节约资源、遵守公共秩序、遵纪守法等良好风气的培养。

思考题

广告社会效果可以量化吗？该如何对其进行测定？

10.4.2 广告社会效果测定的原则

广告策划者在测定广告社会效果时，应该遵循真实性原则和社会规范原则。

1. 真实性原则

真实性原则，即广告宣传的内容必须客观真实地反映产品的功能与特性，实事求是地向媒体受众传递有关广告产品或企业的信息。

广告传输的信息有单面信息和双面信息之分。单面信息是指只集中告知媒体受众有关广告产品的功能与优点，调动媒体受众的情绪，使他们产生购买欲望。但过分强调单面信息会使媒体受众产生逆反心理，有时甚至会使他们产生怀疑。

双面信息是指在广告中不仅告诉媒体受众产品的优点，也告诉他们广告产品存在的缺点或不足。这种广告信息诚实可信，常能赢得消费者的好感。随着消费者的不断成熟，一味地自吹自擂、王婆卖瓜式的广告今后会越来越遭到广大消费者的怀疑乃至抵制。因此，广告宣传坚持使用双面信息，显然是一种明智之举。

2. 社会规范原则

广告策划者在测定某一广告的社会效果时，要以一定的社会规范为评判标准，如以法律规范、社会道德规范、语言规范、行为规范等作为衡量依据。

习 题

一、单选题

1. 广告的（　　）是广告活动最佳效果的体现，它集中反映了企业在广告促销活动中的营销业绩。

　A. 沟通效果　　B. 经济效果　　C. 社会效果　　D. 心理效果

2. 广告的（　　）是指广告发布后在较短时间内产生的效果，时间通常是一个月、一个季度，最多不超过一年。

A. 即时效果　　B. 近期效果　　C. 中期效果　　D. 长期效果

3. 影响广告效果的因素多种多样，既有可控因素，也有不可控因素。下列诸多因素中，广告主可以控制的因素是（　　）。

A. 社会文化　　B. 法律法规　　C. 经济环境　　D. 广告预算

4. 广告效果测定的首要程序是（　　）。

A. 确定广告效果测定的具体问题　　B. 搜集资料

C. 分析资料　　D. 整理资料

5.（　　）是指在广告活动实施期间随时了解受众反应，测试和验证广告策略是否符合实际的活动。

A. 预先测定　　B. 事中测定　　C. 事先测定　　D. 事后测定

二、多选题

1. 广告效果是一个集合的概念，涉及诸多方面。广告效果具有与其他经济活动效果不同的特征，主要表现在（　　）。

A. 时间上的滞后性　　B. 效果的积累性　　C. 效果的复合性

D. 效果的层次性　　E. 效果的耗散性

2. 根据广告活动产生效果的时间，广告效果可以划分为（　　）。

A. 引入期效果　　B. 即时效果　　C. 近期效果

D. 长期效果　　E. 成熟期效果

3. 关于广告效果的测定，以下说法正确的有（　　）。

A. 一个品牌销售量的增减，是由多方面因素综合决定的，广告只是其中一个因素

B. 广告效果有即时、近期和长期3种表现，不可只追求即时效果

C. 同类产品的广告大战，并不会对彼此的广告效果产生负面的影响

D. 广告效果包括促销和延缓产品衰退等多方面的作用，在分析时要具体情况具体对待

E. 要根据广告效果测定目标，选择恰当的测定方法

4. 广告策划者在测定广告社会效果时，应该遵循（　　）。

A. 针对性原则　　B. 真实性原则　　C. 社会规范原则

D. 限制性原则　　E. 经常性原则

三、名词解释

1. 广告效果　　2. 广告经济效果　　3. 广告沟通效果　　4. 声音占有率　　5. 广告知晓度

四、简答及论述题

1. 广告效果测定应遵循的原则有哪些？

2. 广告效果测定的意义主要有哪些？

3. 试论述广告效果测定的程序。

4. 试论述广告沟通效果测定的内容。

5. 试论述广告社会效果测定的原则。

综合案例

脑白金的广告和睡眠者效应

脑白金的广告曾经被很多的业内人士评价为缺乏创意和美感。但有趣的是，当年就靠着这在网上被评为“第一恶俗”的广告，脑白金创下了几十亿元的销售额。这样的广告打下大市场，不是用偶然性就

能解释的。我们从传播学的角度对其广告策略进行剖析，会从中得到一些新的启示。

凭借雄厚的资金，脑白金对受众进行狂轰滥炸，其覆盖率是少有其他广告能够相比的。据统计，春节高峰期，脑白金广告在20多家电视台同时播出，平均每台每天要播出超过2分钟，加起来一天大概播出40分钟，脑白金的销量也在节节上升。从这一层面来说，脑白金广告是成功的。国外消费行为学家安东尼的研究表明：过多地重复广告信息虽然会引起受众的反感，却不影响受众对信息的记忆以及日后的产品购买行为，这些令人愉快或不愉快的一面将随时间的推移而不复存在，只有广告信息本身牢牢地驻扎在消费者记忆深处，这就是睡眠者效应。

耶鲁学派的研究者提出的睡眠者效应（sleeper effect）是指由于时间的间隔，人们容易忘记传播的来源，而只保留对内容的模糊记忆。显然，内容倘若不来源于现实世界、实际生活，就不能感动受众而容易被遗忘；相反，如果传播内容真实、有道理，即使人们忘记了其传播来源，内容最终也能改变人们的态度并被接受。在信息的实际传播、流动过程中，媒介以传播内容取胜的例子并不少见。与这一短期条件制约效果相对照的是长效的睡眠者效应。经过一段时间，由广告引发的情感反应会与产品名字发生分离，尽管名字还是被记住了。因此，一则通过不愉快的情绪而使人集中注意力的广告也会产生记忆的效果。

观众有可能会认为广告制作者很愚蠢，竟用一种令人生厌的镜头或令人不快的场景来做广告，可是日子一长，他们记住的将会是产品，而不是令人不快的反应。当你正在津津有味地收看电视剧时，突然插播了一则广告，而且是几个卡通形象的老人在电视里扭来扭去。脑白金广告中可爱的老头和老太太边舞边唱，一次又一次地出现在电视的各个频道，你就在怒气冲冲的情绪状态中记住了这个产品的名字“脑白金”。随着时间一天天过去，记忆渐渐地淡化，留在你脑海中的只有对产品的印象，而由广告引起的不愉快的情绪早已消散。

还有一项有用的成果是在20世纪60年代后期由罗伯特·再因茨发现的反复曝光效应。再因茨发现，反复暴露在哪怕没有意义的符号面前，也会让看到这些符号的人产生熟悉感和愉快的反应。广告公司的心理咨询顾问建议他们的客户，产品品牌和标志简单地反复曝光，哪怕没有合理的解释和费时费力的辩论，也会使观看它的人产生动摇。许多广告机构测试过这种办法，并发现的确如此。在一场长时间的足球比赛或网球比赛中反复不断地出现产品名称（当然还有颇具男子气概的图像、在阳光下开心的场景等）会产生这样的效果。当球迷购买啤酒或者网球鞋时看到自己经常看见的名字，他们会产生不假思索的反应。美国营销学家米盖尔·L. 雷也认为，对于某些产品，消费者没有获取其信息的动机或缺少分析产品信息的能力，在这种消费者参与度低的情况下，广告就能超越态度改变而直接诱发购买行为。

1. 广告重复的积极作用

（1）消费者的购买习惯可以通过不断重复接触该商标产品的广告逐渐形成，只要该产品的特性能够满足消费者的需求。

（2）在大众不太熟悉产品的场合下，比如一个新产品的推出，频率高的广告不仅会强化大众对它的学习过程，而且高频率本身就可能成为该商标的一个优势指标。

（3）对于著名的品牌，广告的重复作用主要是防御性的，即旨在巩固消费者已经建立了的重复购买习惯，也即认牌购买。

2. 广告重复的消极作用

（1）广告的过度重复容易让消费者因没有新内容而产生厌倦情绪。

（2）随着重复次数继续增加，认知活动会转移到其他的无关信息上。其结果是难以产生态度的改变，甚至会导致消极态度。

根据赛斯·高汀的观点，当市场上已经充斥了太多的类似的产品和营销手段时，想要脱颖而出，就要出现像“紫牛”一样的与众不同的东西。（注：你见过紫色的牛吗？没有。这就对了。你经常见到黄色、黑白相间的牛，那些普普通通的事物已经不能吸引你的眼睛了。现在，有人说制造了紫色的牛，你肯定会好奇地看上一眼。人就是始终寻找新奇的动物。于是，在产品的市场推广理念里，别出心裁和独树一帜就是重要的思路了。）“因为这个世界已经发生了变化，人们能够选择的越来越多，而用来做选择的时间越来越少。”赛斯认为，企业通过传统广告能够争取到消费者注意力的可能性已经越来越小，唯有把以往用在制作、购买广告的高额成本投资在设计和制造“紫牛”产品上，才能做到与众不同，受到青睐的是像紫牛一样的创新和独一无二。

资料来源：中国营销传播网。

问题讨论

1. 脑白金的广告策略是什么？
2. 为什么脑白金的广告饱受质疑却可以收到良好的销售效果？

第 11 章　广告模特与广告音乐

本章导读

企业或广告公司经常利用模特推荐或说明产品，以提高产品的身价，增强消费者信任，推动人们进行仿效性购买。巨大的商业价值使得一些企业不惜一掷千金请来顶级模特为其代言。时下，名人模特是消费者讨论的热点话题，也是广告界关注的重点。本章将主要介绍广告模特的含义和类型以及广告模特的可信性、选择等内容，也将对广告音乐进行探讨。

知识结构图

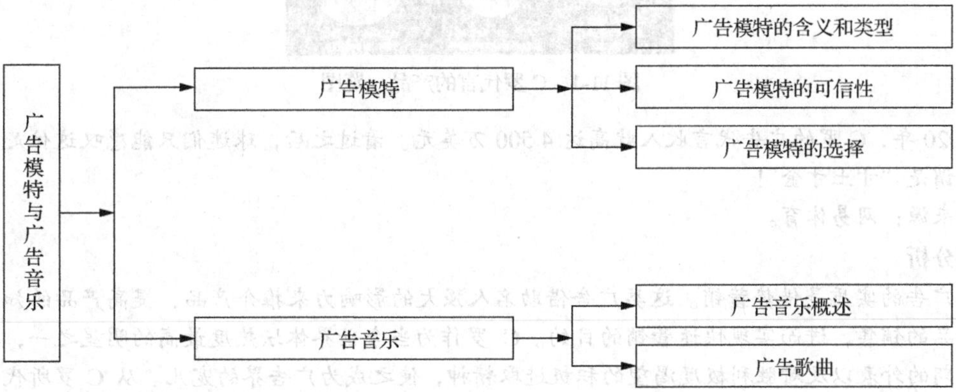

开篇引例

"寸土寸金"，C 罗全身都是宝

作为当今世界足坛闻名的足球明星，C 罗备受广告商的青睐。C 罗代言的产品种类包括饮料、食品、电子产品等，英国《每日邮报》将这些产品都巧妙地用在了 C 罗的身上，从图 11-1 中，我们可以清楚地看到这位足坛当红明星都为哪些产品做了代言。

这张图中，C 罗的头发用的是其代言的清扬洗发水，嘴里含着的是为日本公司代言的瘦脸"神器"，右手举着的是一个按摩工具，同时这只手还拿着一款他代言的实况足球游戏，左边胳膊上有代言的阿联酋航空的 Logo。

C 罗的左手腕戴着代言的泰格豪雅手表，拎着代言的嘉实多润滑油，夹着运动健身营养品，脖子上则挂着代言的丰田汽车的钥匙，腰间别着三星智能手机，另外还有一张葡萄牙银行的银行卡，内裤则露出了代言的阿玛尼及其自创的 CR7 品牌商标。

C 罗脚上穿的是代言的耐克足球鞋，旁边放着代言的肯德基食物以及一瓶烁可力（soccerade）运动饮料。

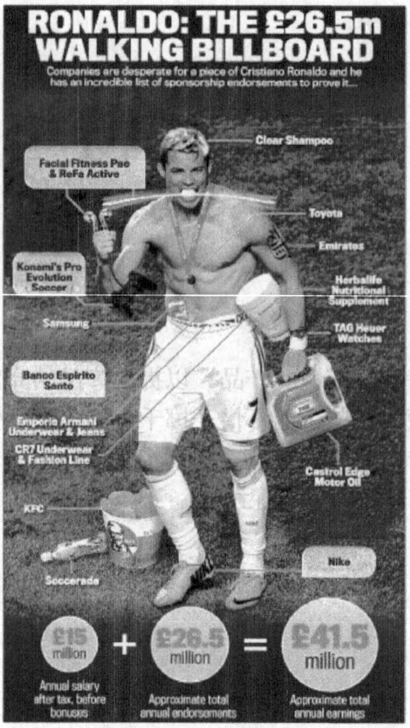

图 11-1　C 罗代言的产品一览图

仅 2020 年，C 罗的广告代言收入就高达 4 500 万美元。看过之后，球迷们只能感叹这位足坛明星的身体真可谓是“寸土寸金”!

资料来源：网易体育。

案例分析

名人广告的实质是借势营销。这类广告借助名人强大的影响力来推介产品，提高产品的知名度，从而促进产品的销售，进而实现快速营销的目的。C 罗作为当今世界体坛热度最高的明星之一，其高超的球技、俊朗的外表以及对胜利极度渴望的积极进取精神，使之成为广告界的宠儿。从 C 罗所代言的产品及巨额的广告代言收入角度来说，“寸土寸金，C 罗全身都是宝”实在是再恰当不过了。

11.1　广告模特

11.1.1　广告模特的含义和类型

微课堂

名人模特

1. 广告模特的含义

所谓广告模特，是指为拥护企业、产品以及品牌而在广告上出现的人物或象征物。企业将模特作为信息的传递者，利用模特的形象、可信性、魅力、类似性等属性来增强广告的说服力，改变消费者对企业或产品的态度，从而促进消费者形成友好的态度。

广告模特的作用如下：模特增强了广告的可读性（或可看性、可听性），模特能够为企业或其产品带来肯定性的态度转变，模特的形象特点可与品牌形象联系起来。

2. 广告模特的类型

广告模特有多种类型，除了人物模特，如名人模特、专家模特、典型消费者模特、最高经营者模特之外，还有非人物模特，如动物模特、动画模特、身体部位模特等。广告模特的类型如图 11-2 所示。

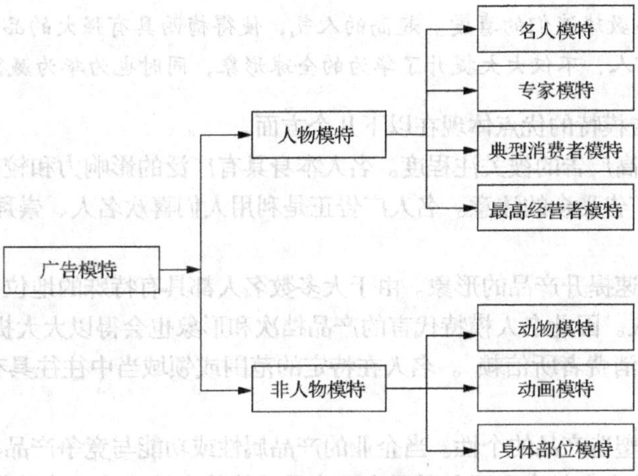

图 11-2 广告模特的类型

（1）名人模特

在众多的模特类型中，名人（celebrity）模特应该是最引人注目的。他们个个身份不凡，或青春靓丽，引领时尚；或演技出众，迷倒众生；或运动天赋不同于常人，重大比赛成绩卓著；又或学有所长，为某一领域之翘楚。不管到底属于哪一类的名人，他们的一言一行通常会得到众多粉丝或崇拜者的追捧。很显然，名人模特拥有其他模特难以企及的高人气。

案例讨论

华为签约梅西开拓全球市场

2016 年 3 月 18 日，华为正式签约梅西为全球品牌形象大使及其商务旗舰 HUAWEI Mate 8 代言人。按照华为的说法，之所以聘请梅西作为其产品的形象代言，源于梅西与 Mate 8 在 Security（安全）、Energy（能量）、Speed（速度）三方面拥有高度的一致性。

Security——比赛场上值得信赖的可靠队友、超低失误过人、进攻助攻全能王

Energy——永远能量满满、表现强劲的“十号先生”

Speed——绿茵场上的速度之王

自签约以来，梅西就成了华为手机忠实的用户。梅西经常使用华为手机拍照，并在个人社交软件上分享这些照片。其中阿根廷球迷俱乐部官方微博发布了一张照片，正是巴萨足球俱乐部获得西甲冠军后，在返程的飞机上梅西和朋友的合影。照片抓拍的瞬间，梅西手上拿的正是华为 P9 手机。

虽然梅西的身体条件并不是球员中最顶尖的，但他一直力争上游的精神以及在球场上的王者气质，与华为打造世界领先的顶尖技术型企业目标高度吻合。足球是世界第一运动，梅西作为世界上最顶尖的球员之一广为人知。华为选择梅西合作，不仅能够有力推动品牌的国际化，更能将华为努力进取、不断突破的精神传递到世界各个角落。

从实际效果看，与梅西的合作也的确推动了华为走向世界。截至 2016 年 11 月 28 日，华为手机在拉美的零售就突破了 1000 万台。与梅西签约的当年，华为在阿根廷的手机销售数量同比增长了 60%，市场占有率达到了 8%。这一优秀的表现，让华为在 2016 年度阿根廷手机市场的供应商排名中超过微软（诺基亚）和阿尔卡特（Alcatel）上升到第四位。

资料来源：改编自市场营销智库。

案例评析

梅西作为享誉世界的当世球王，在社交媒体上拥有数以亿计的粉丝。梅西球技精湛，性格坚毅，形象

阳光，深受全世界绝大多数球迷们的喜爱。超高的人气，使得梅西具有强大的品牌号召力和全球影响力。签约梅西为全球品牌代言人，不仅大大提升了华为的全球形象，同时也为华为赢得了丰厚的市场回报。

具体而言，名人广告模特的优点体现在以下几个方面。

① 名人模特能够提高广告的被关注程度。名人本身具有广泛的影响力和较高的知名度，一旦在广告中出现，就很容易引起广告受众的注意。名人广告正是利用人们喜欢名人、崇拜名人、模仿名人的心理，吸引广告受众。

② 名人模特能够迅速提升产品的形象。由于大多数名人都具有特殊的地位，因此名人也往往被定义为具有较高生活品质的人。因此名人模特代言的产品档次和形象也会得以大大提升。

③ 名人模特更易为消费者所信赖 。名人在特定的范围或领域当中往往具有相当的权威性，从而易于获得消费者的信赖。

④ 名人模特有助于塑造产品的个性。当企业的产品属性或功能与竞争产品类似时，利用名人模特做广告，可有效借助名人的个人魅力和形象赋予企业产品独特的个性，从而使其与竞争产品区别开来。

⑤ 使服务类产品形象具体化。服务类产品又称无形产品，其无形化的特点使得消费者很难直观感受到产品的品质，这也为服务类产品的形象定位增加了难度。在做此类广告时，企业可以借助名人模特的独特形象，为服务类产品赋予具体的形象与特点。

但是，我们也应认识到，名人广告是一把双刃剑，有优点也有缺点。其缺点主要有以下几个方面。

① 喧宾夺主，广告为名人做嫁衣。名人模特往往富有独特的魅力，当他们在广告中出现时，消费者往往更加关注广告模特而不是广告产品本身。最后的结果是，消费者记住了广告模特，却记不住广告产品，造成广告投入的浪费。例如，我们能记住某些明星，并不是因为他们有多么好的作品，而是我们天天都能在广告中见到他们——是企业的广告帮助明星提高了知名度，而不是明星帮助企业提高了产品的知名度。企业花了钱，却为这些广告明星们做了嫁衣。

② 消费者对名人的看法不一。对同一个名人，消费者的反应（或反响）并不一致。因此，企业请名人代言广告产品时，一定要清楚这一点。无论名人模特的名气有多大、声望有多高，也总会有人不喜欢他，甚至对他深感厌恶。最坏的结果是，讨厌该名人模特的人恰恰是广告产品的目标消费者，这样的广告还不如不做。

③ 容易让消费者产生认知不协调的感觉。如果名人模特的形象与所代言的产品不匹配，容易让消费者产生认知不协调的感觉，进而影响广告效果。例如，某企业邀请了一位年过四旬的女明星为一款新潮的少女服饰代言，虽然该女明星在广告中装酷扮小，模仿时尚少女也惟妙惟肖，但目标消费者可能并不会接受和认可。对于大众来说，名人模特的形象是特定的，年过四旬的女明星不管如何“逆生长”，为少女服饰代言都是不合时宜的。

④ 名人模特出事会波及所代言的品牌 。当名人模特出现性丑闻、吸毒、逃税等负面事件时，会对所代言的产品形象造成极大的伤害。例如，一位女星因为代孕、弃养等事件被曝光之后，“人设”崩塌，遭到各路媒体的口诛笔伐。为防止这位女星身上的负面新闻危及品牌，该女星代言的品牌也第一时间站出来，在微博宣布与这位女星终止所有合作关系。因此，企业在选择名人模特代言时，一定要注意事先采取防范措施，以尽可能规避与名人合作可能带来的风险。

思考题

2020 年 5 月 31 日，娃哈哈官宣将此前已为娃哈哈纯净水代言二十余年的某明星替换为新的广告代言人，由此引发了消费者的广泛热议，其原因是什么？企业在更换广告代言人时需要注意哪些问题？

（2）专家模特

专家（expert）一词并没有确切的定义，但人们普遍认为专家是对某一门学问有专门研究的人，是擅长某项技术的人，也是知道如何找到解决问题的方法的人。因此，在大众的心目中，专家往往具有一定的权威性和较高的可信度。我们去医院看病时总想在专家门诊挂号，正好说明了这一点。

由于消费者对专家有着较强的信任，专家模特在说服消费者方面往往具有更好的效果。专家模特尤其适合代言技术壁垒高、工艺复杂、价格高昂、同类之间难以辨识优劣的产品或服务。

需注意的是，广告中的专家模特一定要是真正的专家，请演员在广告中扮演专家是一种欺骗行为，相关责任方需承担法律责任。还需注意的是，当某一专家在广告中的主张与其他专家群体的主张不一致的时候，可能会引起消费者对该产品或该专家的不信任感。

拓展知识

如何避免使“名人广告”变“广告名人”

（3）典型消费者模特

典型消费者（typical consumer）模特是指那些对广告产品没有特别知识的普通消费者所充当的模特。利用典型消费者模特做广告的目的，在于通过消费者知觉的类似性来提高广告产品的可信度。就是说，利用典型消费者模特时，企业主要考虑的因素就是这些典型消费者模特与受众之间的类似性。图 11-3 所示是海尔所做的一则洗衣机广告的画面，画面中一家三代人幸福祥和，给人的感觉既温馨又真实。

（4）最高经营者模特

最高经营者模特又称 CEO（chief executive officer，首席执行官）模特，是较为常见的一类广告模特。在 20 世纪八九十年代，广告的创意还比较贫乏，很多企业都是由厂长或经理直接出现在广告中介绍产品，广告基本上不会使用明星之类的模特。当前，最高经营者充当模特的情况也不少见，我们比较熟悉的是聚美优品的 CEO 陈欧，如图 11-4 所示。

图 11-3　海尔的洗衣机广告画面

图 11-4　聚美优品 CEO 陈欧为公司代言

企业的最高经营者作为广告模特出现在广告中，有助于利用权威和地位提高产品或企业的可信度。但是，利用企业最高经营者模特做广告时需要注意，不要突出最高经营者个人的特点，而要强调企业的理念和产品的质量，从而使消费者的注意力集中在企业或产品上。

（5）动物模特

在广告中利用动物模特可以使广告内容富有趣味而引起更多关注。但利用动物模特时要注意的是，由于动物缺乏像人一样的表达能力，因此在广告拍摄过程中可能需要利用特殊的装备，并且为预防意外发生，要配备一定数量的备选动物。还需注意的是，消费者可能只记住了动物模特有趣的表现，而忘记或忽视了对广告产品本身的关注。

（6）动画模特

除了人物和动物以外，广告中还可以使用动画（animation）模特。这些动画模特能体现产品或企业的性质或特点，把产品的特性具体化，如动画模特七喜小子 FiDo DiDo（见图 11-5）。

（7）身体部位模特

有时广告模特只需展示身体的一部分，以强调或者表现产品的特点，如苗条的曲线、柔顺的头发（见图 11-6）等。利用身体部位模特做广告，不仅可以节省模特费用，还能够把身体某一部位突出展示，因而更容易汇聚消费者的视线。但利用身体部位模特做广告时，应注意不能违反相关规定，如不能暴露隐私部位等。

图 11-5 可爱的七喜小子 FiDo DiDo

图 11-6 飘柔洗发水广告

11.1.2 广告模特的可信性

广告模特的可信性（credibility），是指影响广告受众接受广告信息传递者的肯定主张的特性。只有当消费者信赖广告模特时，模特在广告中的代言才具有说服力。一般而言，起信息源作用的广告模特的可信性表现在以下几个方面。

1. 真实性

真实性（trust worthiness）是指广告受众对信息传递者的信赖程度。我们可以用友好倾向、接受、心理上的安全、被知觉的肯定等词语来解释真实性的结果。广告受众对广告模特真实性的信赖程度越高，就越能够接受模特所代言的企业或产品。

2. 专业性

专业性（expertise）是广告受众对广告模特的专门技能或专门知识等特性的知觉。专业性一般与权威、能力等密切相关，消费者对模特专业性的知觉取决于模特所具有的专业特长以及技能、知识和经验。广告模特的专业性越高，就越能够对消费者的消费意向产生影响。

3. 魅力性

魅力性（attractiveness），是指广告受众对广告模特的迷人外表（attractive appearance）与个性（personality）的知觉。广告模特的魅力性可以成为广告受众判断广告产品是否值得购买的一个重要线索。所以大部分企业在选择广告模特时，都会关注模特的魅力性，尤其是在化妆品行业，这种情况更为常见。例如我们所熟知的香奈儿 5 号香水广告，长期邀请世界知名女星，如奥斯卡影后妮可·基德曼（见图 11-7）等为其代言。模特非凡的魅力，对于塑造香奈儿 5 号香水的品牌形象起到了积极的推动作用。

图 11-7 妮可·基德曼为香奈儿 5 号拍摄的广告

魅力性在很大程度上取决于消费者的主观判断，所以企业要正确地把握广告模特的魅力性，还需要调查消费者对广告模特魅力性的认知程度。

4. 类似性

类似性（similarity）是指广告模特与广告产品的潜在使用者之间的类似程度。与广告受众类似的模特在传递信息时，更容易被认可和接受。例如，在油漆广告中，利用普通消费者模特可能比专家模特的效果更好。

11.1.3 广告模特的选择

在选择广告模特时，企业一定要注意模特与产品之间的相关性。如果模特的形象与产品的内在属性不吻合，不仅难以起到树立品牌形象及促进销售的作用，还可能适得其反，对企业的产品造成不利的影响。因此，企业在选择广告模特时一定要谨慎行事。具体来说，以下几点务必要充分考虑。

1. 同一化与内在化

同一化是指广告受众产生的，有与广告模特类似感觉的过程。因为有这种类似的感觉，消费者很容易就会顺应或支持模特的意见和主张。内在化是指由于广告模特有可信性或专业性，出于对广告模特的肯定态度，广告受众会接受他们在广告中的意见和主张。

2. 名人模特与产品卷入度

利用名人模特可以提高受众对广告或产品的关注度——但是对高卷入产品，如商品房等，名人模特的影响力会大打折扣；而对于低卷入产品，如饮料、洗发水等，利用名人模特的广告效果往往较好。这也很好地解释了为什么可口可乐、百事可乐、宝洁等公司愿意一掷千金请名人来做产品代言。

3. 专家模特与产品特性

对于知识较为复杂、技术壁垒较高的产品，选择专家模特代言是较为恰当的。此时消费者对专家的信赖就会转化为对产品的信赖，从而愿意购买专家所推荐的产品。

4. 典型消费者模特与产品特性

广告受众在接触与自己类似的信息源的时候会有亲切的感觉，因而典型消费者信息源具有较强的说服力。利用典型消费者做广告模特的时候，消费者与这些典型消费者之间的类似性容易引起消费者的仿效性购买。当广告产品为洗衣粉、肥皂等日常生活用品时，利用典型消费者模特做广告将会起到较好的效果。

5. 外国模特与产品特性

外国模特一般具有以下优势。一是强化与用外语来表示的产品或品牌名称之间的联结感。目前在我国，有不少外国品牌是直接用外语来表示的，外国品牌名称与外国模特可以形成一致性。二是利用外国模特做广告可以形成比较强烈的冲击效果，异国形象能够加深消费者对产品的记忆。三是可以提升产品的国际形象。

但在广告中使用外国模特也存在着一定的弊端。一是外国模特的气质和形象往往不适合国内企业或产品。二是外国模特的形象过于强烈的时候，会阻碍消费者对产品的记忆。三是外国模特有可能误导消费者，让消费者将国内产品视为国外产品。

所以，利用外国模特的时候，企业要充分考虑自身和广告产品的特性，并通过预先调查与评价，正确把握外国模特的特点及形象。

利用外国模特的时候，也要注意符合我国广告审查标准，因为一些广告主曾利用外国模特欺骗或误导消费者。我国的《广告审查标准》规定："国内产品，用外国人做模特的，应能够识别为国内产品；国外产品广告，用中国人做模特的，应能够识别为国外产品。"

6. 名人模特与多家代言

当前名人广告出现的最大问题是一个名人往往会同时代言若干个产品，这时广告受众就会有无所适从的感觉，甚至会怀疑这些名人见钱眼开，随意代言。一个名人代言众多产品后，名人效应就会减弱，甚至会引起目标消费群体识记的混乱和对名人广告的不信任。事实上，选择一个代言产品数量很少的名人，不仅广告效果可能会优于选择那些有强烈吸引力但已被过度使用的名人，还能大大节省广告费用。

阅读资料 11-1 有关广告混淆现象的思考

在经济飞速发展的今天，消费者不仅通过电视、广播等电波媒体，还通过报纸、杂志等印刷媒体不知不觉地接触大量的广告。特别是如今电视广告和杂志广告往往是一组一组地播出和刊载，例如，中央电视台晚间黄金时间播出的广告中有关家电的广告多，早间新闻后播出的广告中防盗门广告较多。这时，消费者接触的是一组产品广告，因为广告主一般也是以类似的消费者群体为广告对象的。

结果，消费者在一定的时间内接触的广告信息量过多，所以消费者以消极的态度来处理广告信息。加上消费者在接触广告时，记住一个品牌信息之前又接触了无数新的品牌信息，其无法记住广告所传递的信息。1972 年，布里特（Britt）、亚当斯（Adams）和米勒（Miller）就指出，消费者平均一天能接触的广告量为 300～600 个，但能记住的广告却只是其中很少的一部分。

消费者对广告内容的这种很贫弱的记忆，首先与消费者的不注意（inattention）有关。消费者在目前非常“混乱”（cluttered）的媒体环境下，就容易忽视广告。

另外，大部分产品广告是以单一的内容来表现的，所以类似的广告多，它们在消费者心目中无法形成独特的形象。结果，消费者有时即使能想起广告，也无法把广告内容与产品或品牌联结起来，甚至在广告与品牌的联结中产生错觉：看的是 A 广告，但买的是 B 产品；或看了 B 广告以后，却买了 A 产品。这样企业虽然投入大量费用做广告，却可能帮助了竞争企业。在市场竞争激烈的情况下，竞争产品之间的类似品牌名称和广告表现，容易引起消费者对广告与品牌的联结错觉。消费者不能把广告与品牌相联结的这种错觉现象就叫广告混淆（confusion）现象。

虽然如此，目前国内外学术界却很少研究广告混淆现象，特别是我国大部分企业是在缺乏广告理论的情况下实施广告策略的，所以更容易忽视广告混淆现象，这使企业所做的广告往往不能取得预期的效果。

11.2 广告音乐

广告音乐在情感表现过程中发挥着重要的作用，它不仅会影响消费者的各种情感及反应，还会烘托气氛，刺激消费者的购买欲望。所以，音乐在电视、网络视频和广播广告（统称电波广告）中被广泛使用。

11.2.1 广告音乐概述

广告音乐是指媒体传播在广告宣传过程中所使用的音乐。广告音乐既有一般音乐艺术的审美特征，也包含了广告艺术的某些特性。广告音乐的主要功能与作用是在广告宣传过程中作为背景音乐来衬托画面，从而大大丰富了广告艺术的表现力，也加强了广告诉求的感染力。

具体来说，广告音乐具有以下作用：一是辅助画面和解说词，营造出某种情感气氛；二是引起受众的注意；三是强化广告受众对广告信息的记忆；四是产生迁移效果，即消费者可能因为对广告音乐的好感而把这种好感迁移到广告或广告产品上，从而对广告产品产生好感或购买欲；五是给消费者愉悦的感受，娱乐观（听）众。

但是，在有关音乐是否影响消费者的信息处理过程的问题上，人们有不同的看法。戈恩（Gorn）基于经典条件反应理论指出，如果广告中的音乐是消费者喜欢的音乐，那么，这些音乐有助于消费者形成肯定态度。另外，明德（Milliman）通过研究在超市里调节背景音乐是否会影响销售额与消费者循环的问题，发现节奏（tempo）快的音乐比节奏慢的音乐更能增加销售额，也更能加快消费者循环的速度，由此得出背景音乐可以影响消费者购物行为的结论。但是帕克（Park）和杨（Young）的研究结果则相反，他们调查了在广告中卷入程度不同的情况下，即在高卷入与低卷入以及情感性卷入（affective involvement）等情况下音乐对消费者品牌态度形成的影响，得出在有背景音乐的情况下，消费者对语言信息的回忆度会下降的结论。

综合这些研究结果可以看出，背景音乐在情感性卷入程度高而认知性卷入（cognitive involvement）程度低的产品，如宝石、休闲运动服（sports wear）、化妆品、啤酒等产品的广告中是有效的；相反，在认知性卷入程度高的产品如汽车、电子产品、个人计算机（PC）、保险、照相机的广告中，背景音乐并不一定有效果。

如果广告制作者已决定在广告中加入音乐，那么是制作适合广告产品的新音乐，还是使用消费者一般熟悉的音乐或者是消费者非常熟悉的流行音乐呢？如果使用流行音乐，可能会引起消费者更多的注意，但或许会导致消费者过分关注音乐而忽视广告内容。如果在广告中使用尚未广泛流行的音乐，就要充分利用音乐与情感表现的关系。音乐的情感表现特性如表 11-1 所示。

表 11-1　音乐的情感表现特性

情感表现 / 音乐因素	严肃的	悲伤的	欣赏性的	平稳的	幽默的	幸福的	兴奋的	庄严的	惊讶的
音系	长调	短调	长调	长调	长调	长调	长调	长调	短调
速度	慢	慢	慢	慢	快	快	快	一般	慢
音调	低	低	中间程度	中间程度	高	高	中间程度	中间程度	低
音律	一定的	一定的	流水似的	流水似的	流水似的	流水似的	不规则的	一定的	不规则的
合成	合成音	合成音	合成音	合成音	合成音	合成音	非合成音	非合成音	非合成音
音量	中间程度	柔和的	柔和的	柔和的	中间程度	中间程度	大的	大的	变化多样的

资料来源：BRUMER Ⅱ, GORDON C. Music, Mood and Marketing.Journal of Marketing, October 1990: 100.

11.2.2　广告歌曲

广告歌曲是广告创作中普遍使用的元素，可以有效地唤醒消费者和影响消费者情感。一些广告歌曲广为流传，被奉为经典。比如，1984 年江苏盐城无线电厂（燕舞电器集团前身）所做的燕舞收录机广告，时至今日仍让人回味无穷。广告中，燕舞小子又跳又唱，“燕舞、燕舞，一曲歌来一片情”红遍大江南北，燕舞收录机也凭借此广告在国内一炮打响，此后连续 8 年销量居全国收录机行业首位。

思考题

为何当年燕舞收录机能凭借这则“燕舞之歌”广告迅速打开市场？其背后深层次的原因是什么？给我们的启示有哪些？

目前还没有一个受到广泛认同的机制来解释为什么把信息用歌曲唱出来能够帮助人们记忆。概括起来，学者们的观点主要有以下 3 种。

第一种，由于歌曲具有结构特征，旋律的结构可以辅助歌词的学习和记忆。华莱士（Wallace,1991, 1994）认为，音乐作为一个框架，决定了每句歌词的长度，设定了被强调的和不被强调的音节，并突出了歌词的某些特定元素，使旋律与歌词紧密配合，让每首歌成为一个连贯的整体。鲁滨（Rubin,1977）也得出一致的结论，认为听者回忆歌曲时，是为某段特定的旋律填进与之相搭配的词。因此，音乐不仅仅是信息，它也是一个综合的、一体的框架，因此会辅助歌词的学习和记忆。

第二种，基尔戈、雅各布森和库迪（Kilgour,Jakobson & Cuddy,2000）指出，信息以歌曲形式呈现时，向听者输出信息的速度会减慢。也就是说，语言内容被唱出来比说出来时的发音更慢，这是促进记忆的关键因素。基尔戈、雅各布森和库迪通过实验证明，当把信息内容唱出来的持续时间控制为与说出来的持续时间一样时，信息回忆效果一样。这充分表明，唱出来比说出来时的发音速度慢是歌曲容易学习和记忆的关键原因。

第三种，舒尔坎德（Schulkind,2009）的研究表明，由于大多数人喜欢听或哼唱音乐，听到歌曲会反复哼唱，因此这种充分的练习和复述对记忆会起到明显的促进作用。

上述研究结论也受到不少问难。一些实证研究表明，语言信息被说出来比唱出来更能帮助听者理解和记忆信息内容。因此，关于广告语是说出来好还是唱出来好的争论还将持续下去。

习题

一、单选题

1．（　　）是指那些对广告产品没有特别知识的普通消费者所充当的模特。

A．最高经营者模特　B．典型消费者模特　C．动画模特　D．身体部位模特

2．（　　）是指广告模特与广告产品的潜在使用者之间的类似程度。

A．魅力性　B．专业性　C．类似性　D．真实性

3．聚美优品 CEO 陈欧为自己的公司代言，在这里陈欧属于（　　）。

A．典型消费者模特　B．最高经营者模特　C．动画模特　D．身体部位模特

4．做服务类产品广告时，企业可以借助（　　）的独特形象，为其赋予具体的形象与特点。

A．最高经营者模特　B．名人模特　C．专家模特　D．典型消费者模特

二、多选题

1．非人物广告模特包括（　　）。

A．动物模特　B．最高经营者模特　C．动画模特
D．身体部位模特　E．典型消费者模特

2．人物广告模特包括（　　）。

A．名人模特　B．专家模特　C．身体部位模特
D．典型消费者模特　E．最高经营者模特

3．广告音乐的作用主要有（　　）。

A．营造气氛　B．引起受众注意　C．强化受众对广告信息的记忆
D．产生迁移效果　E．娱乐观（听）众

三、名词解释

1．广告模特　2．典型消费者模特　3．动画模特　4．最高经营者模特　5．广告音乐

四、简答及论述题

1．广告模特的作用主要有哪些？

2．广告模特主要有哪些类型？

3．外国模特具有哪些优势？

4．试论述名人模特的优缺点。

5．试论述广告音乐的作用。

综合案例

男明星代言美妆品牌

有媒体注意到，从2018年起，越来越多的男明星开始进入美妆品牌的代言领域。据统计，2018年，有超过18个美妆品牌起用男明星代言，而到了2019年已有24个美妆品牌由男明星代言。一些男明星因为一部电视剧或一个综艺节目走红后，迅速与美妆品牌签约。

综观这些成功拿到大牌化妆品代言人身份的男明星，基本上都可以称为“流量明星”，流量明星的最大优势自然就是流量。比如，某大牌化妆品宣布知名演员、《亲爱的，热爱的》电视剧男一号李现，成为该品牌亚太区护肤及彩妆代言人。该消息在微博一经发布，不久后，该条博文的转发量就突破了43万次，评论量达3.4万次，点赞近30万次。

资料来源：南方都市报。

问题讨论

挑选男明星代言美妆品牌应注意哪些问题？有何风险？

第 12 章　网络广告

本章导读

伴随着互联网的兴起与迅猛发展，数字媒体已成为继语言、文字和电子技术之后又一新的信息传播载体。数字媒体的发展极大地改变了人们的生活，也对传统的广告活动产生了深远的影响。本章主要讲述网络广告的概念与特点、网络广告的发布方式与类型、网络广告策划、网络广告预算与效果评估等内容。

知识结构图

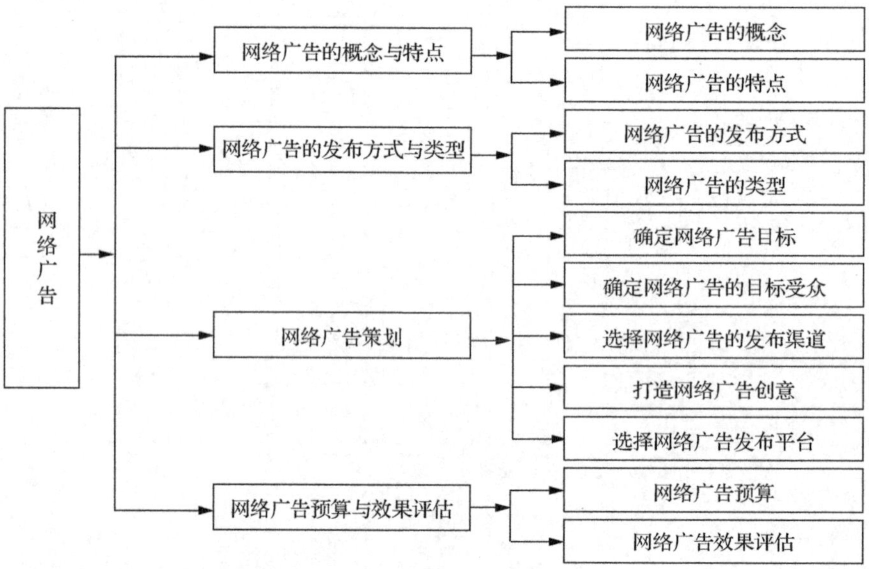

开篇引例

网易严选“双 11”广告短片不走寻常路

网易严选于 2021 年推出了广告短片《离了吧，11 · 11》（见图 12-1），从消费者视角对“双 11”复杂的套路来了一次“吐槽”，玩的虽然还是“反套路”风格，但剧情依旧让人直呼“想不到”。

广告中，女主角的名字是“买家美少女壮士 1991”，代表广大买家；而男主角的名字则是“11 · 11”，代表那个曾经“单纯”、但现在“套路”满满的“双 11”，在他们的“婚姻生活”中，妻子想要轻松愉快地买东西，丈夫想的却是自己的业务增长逻辑……

资料来源：鸟哥笔记 App。

图 12-1　网易严选广告短片《离了吧，11·11》截图

案例分析

网易的这则广告短片表面上是控诉“感情危机”，实际上剑指“双 11”“套路营销”的行业陋习，网易作为“双 11”的一股清流，既输出了网易严选“回归真实生活，拒绝套路”的消费观念，也为品牌从消费者好感度到产品销量的转化埋下了伏笔。

12.1　网络广告的概念与特点

12.1.1　网络广告的概念

网络广告是指以数字代码为载体，以国际互联网为传播媒介，以文字、图片、音频、视频等形式发布的广告。通俗地讲，网络广告是指广告主为了促进商品交换，通过网络媒体发布的广告。网络广告诞生于美国，1994 年 10 月 14 日，美国的 *Wired* 杂志推出了网络版的 *Hotwired*，其主页上开始出现 AT&T 等 14 个客户的广告横幅。这是广告史上的一个里程碑。继 *Wired* 之后，许多传媒，无论电视、广播，还是报纸、杂志，都纷纷设立自己的网站，将自己的资料搬上网络，在刊登信息、提供浏览服务的同时，也在网络媒体上经营广告。自此，网络广告作为一种新的广告形式逐渐为人们所熟知。

虽然网络广告与传统广告一样，其最终的目标都是实现商品的交换，但与传统广告形式相比，网络广告以数字代码为载体，采用先进的电子多媒体技术设计制作，通过互联网广泛传播，因而具有良好的交互功能。

12.1.2　网络广告的特点

与传统的广告形式相比，网络广告具有以下鲜明的特点。

1. 非强迫性

传统广告具有一定的强迫性，无论是通过广播、电视还是报纸、杂志等发布的广告，均要千方百计吸引受众的视觉和听觉上的注意力，将有关信息强行灌输给受众。而网络广告属于按需广告，接受与否的主动权掌握在受众手里，这有效避免了受众注意力集中的无效和被动。

2. 实时性与交互性

网络广告的另一个突出优点是能按照需要及时变更广告内容，包括改错。而对于在传统媒体上发布的广告而言，广告一旦播（刊）出，就很难再变。例如，某促销商品价格发生了变化，如在互联网上更改广告信息可能瞬间就能完成，并且更改成本可以忽略不计，这是传统广告无法做到的。网络广告的实时性可以帮助企业做到广告变化与经营决策变化同步，从而有助于增强企业经营决策的灵活性。

网络广告是一种交互式的广告，查询起来非常方便。网络广告的载体基本上是多媒体、超文本格式文件，只要受众对某件产品感兴趣，仅需轻按鼠标就能由一般受众感兴趣的问题，一步一步深入，获取更多更为详细、更为生动的信息，从而亲身“体验”产品、服务。

3. 广泛性

网络广告的广泛性表现在以下几方面。一是传播范围广，无时间地域限制。网络广告通过互联网可以把广告传播到互联网所覆盖的所有区域，受众浏览广告不受时空限制。二是内容详尽。传统广告由于受媒体的时间和版面的限制，其内容也必然受限；而网络广告则不存在上述问题，广告主可根据需要将广告做得十分详尽，以便广告受众进一步了解相关信息。三是形式多样。网络广告的表现形式包括动态影像、文字、声音、图像、表格、动画、三维空间、虚拟现实等，广告主可以根据广告创意需要对广告的形式进行任意的组合，从而有助于最大限度地调动各种艺术表现手段，制作出形式多样、生动活泼且能够激发消费者购买欲望的广告。

4. 易统计性和可评估性

运用传统媒体发布广告，评价广告效果比较困难，广告人员很难准确地知道有多少人接收到了所发布的广告信息。而对于在互联网上发布的广告，广告人员可通过权威公正的访客流量统计系统，精确统计出每个客户的广告被多少个用户看过，以及用户浏览这些广告的时间分布、地理分布等，从而有助于广告主和广告公司正确评估广告效果，审定广告投放策略。

5. 检索性和重复性

网络广告可以将文字、声音、画面、视频等完美地结合之后供用户主动检索，重复观看。

6. 视听效果的综合性

随着多媒体技术、网络技术及编程技术水平的提高，网络广告可以集文字、动画、全真图像、声音、三维空间、虚拟现实等于一体，为广告受众创造出身临其境的感觉，既满足浏览者搜集信息的需要，又提供了视觉、听觉的享受，增强了广告的吸引力。

7. 经济性

目前，相对于在电台、电视、报刊、户外等媒体上发布广告动辄成千上万元的广告费，网络广告具有很强的经济性。

8. 广告发布方式的多样性

传统媒体广告的发布主要是通过广告代理制实现的，即由广告主委托广告公司实施广告计划，广告媒介通过广告公司来承揽广告业务，广告公司同时作为广告客户的代理人和广告媒体的代理人提供双向的服务。而在网络上发布广告对广告主来说有更大的自主权，广告主既可以选择自行发布，又可以选择通过广告代理商发布。

12.2 网络广告的发布方式与类型

12.2.1 网络广告的发布方式

网络广告有多种发布方式，企业既可以通过内部网络平台进行发布，也可以利用现有的外部网络平台来发布；既可以通过传统的 PC 端发布，也可通过新兴的移动端（如平板电脑、智能手机）等发布。其中，内部网络广告发布平台包括企业网站、企业博客账号、企业微博账号和企业微信公众号等；外部网络广告发布平台包括搜索引擎网站或内容网站、专类销售网、友情链接、虚拟社区和公告栏、网上报纸或杂志、新闻组、网络黄页等。此外，PC 端发布的广告形式和移动端发布的广告形式有很大的不同。到底采取哪一种或哪几种网络广告发布方式，取决于企业自身的实力和具体的业务需要。

12.2.2 网络广告的类型

目前，常见的网络广告类型主要有以下几种。

1. 旗帜广告

旗帜广告是常见的网络广告形式，又名横幅广告，是互联网上最为传统的广告形式。网络媒体在自己网站的页面（page）中分割出 2 厘米×3 厘米、3 厘米×16 厘米或 2 厘米×20 厘米的一个区域（视各媒体的版面规划而定）用以发布广告，因其像一面旗帜，故被称为旗帜广告（见图 12-2）。旗帜广告允许企业用简练的语言、图片介绍自己的产品或宣传企业形象。

图 12-2　旗帜广告

旗帜广告分为非链接型和链接型两种。非链接型旗帜广告不与广告主的主页或网站相链接；链接型旗帜广告与广告主的主页或网站相链接，浏览者可以单击，进而看到广告主想要传递的更为详细的信息。为了吸引更多的浏览者注意并单击链接，旗帜广告通常利用多种多样的艺术形式，如做成动画跳动效果或做成霓虹灯的闪烁效果等。

2. 企业网站广告

企业网站广告是指企业在自建的网站上所发布的广告。企业在自建网站上发布广告不受第三方媒体的限制，因此拥有完全的自主权。企业可以根据需要在网站上发布企业形象广告和产品/服务广告等，从而让受众全面地了解企业及企业的产品和服务。海信官网主页广告如图 12-3 所示。

图 12-3　海信官网主页广告

3. 文字链接广告

文字链接广告以一个词组或一行文字的形式展现，用户单击后可以进入相应的广告页面。文字链接广告的位置灵活，它可以出现在页面的任何位置，可以竖排呈现，也可以横排呈现。这是一种对用户干扰最少的网络广告形式，但对用户的吸引力有限。文字链接广告如图 12-4 所示。

图 12-4　文字链接广告

4. 电子邮件广告

电子邮件广告是指广告主通过互联网将广告信息发送到目标用户电子邮箱的一种网络广告形式。电子邮件广告具有推送目标精准、推广成本低、运作简单且广告内容不受限制等优点，但广告主需注意不能滥发，否则电子邮件广告很容易被用户当作垃圾邮件删去。

5. 搜索引擎广告

搜索引擎广告是指广告主借助搜索引擎，通过关键词搜索和数据库技术，把用户输入的关键词和广告信息相匹配的一种网络广告形式。目前，竞价排名是搜索引擎广告所采用的主要模式。用户在搜索栏中输入关键词之后，搜索引擎广告即可在搜索结果中按竞价的高低顺序显示。搜索引擎广告如图 12-5所示。

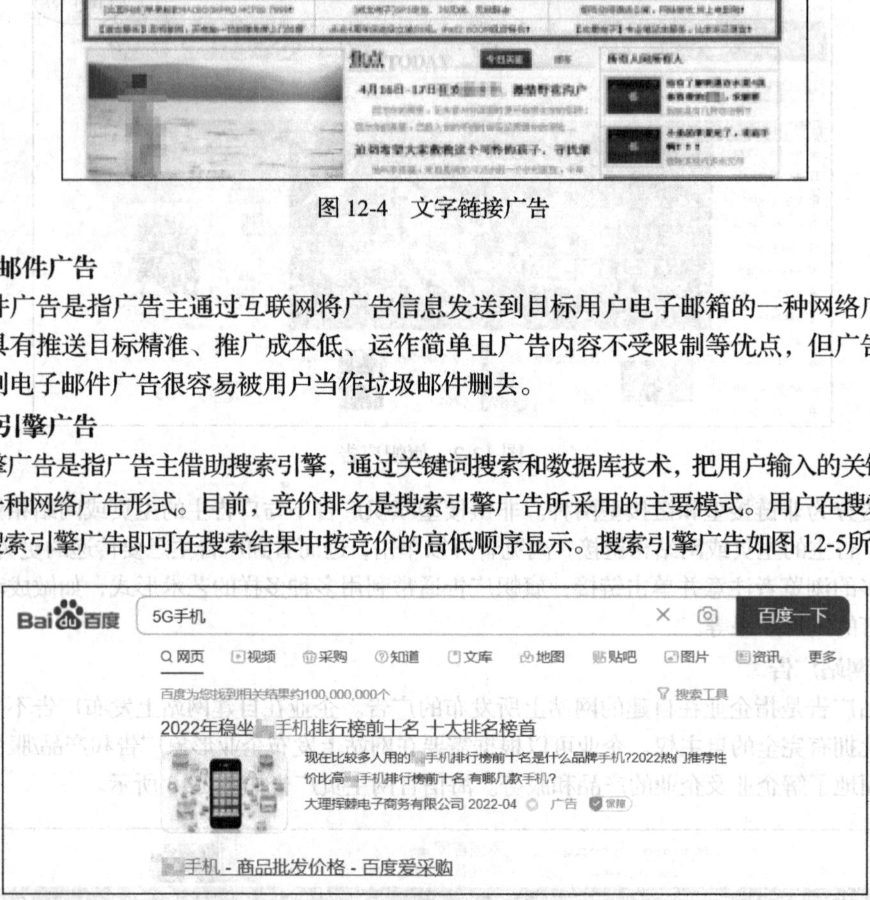

图 12-5　搜索引擎广告

6. 流媒体广告

流媒体广告是指广告主借助流媒体技术在网络上发布广告的一种网络广告形式。流媒体技术可将一连串的媒体数据压缩，通过分段发送数据，在网上即时传输影音，从而实现媒体数据边传送边播放，因此大大节省了下载等待时间和存储空间。根据广告所传达的内容分类，流媒体广告可以分为静态广告和动态广告。静态广告指的是图文结合或高品质动画形式的广告，比旗帜广告更具观赏性。动态广告又可分为音频流广告和视频流广告这两种表现形式，这两种广告可分别认为是传统的广播广告和电视广告在网络媒体上的再现。

7. 富媒体广告

富媒体广告是基于富媒体技术的一种用浏览器插件或其他脚本语言编写的具有视频效果和交互功能的

网络广告形式。其实富媒体并不是一种真正的媒体，而是指目前在网络上应用的一种高频宽带技术。借助富媒体技术，网络广告能够突破网络带宽的限制，实现流畅播放。同时，富媒体广告自身通过程序设计就可实现调查、竞赛等相对复杂的用户交互功能。此外，相对于传统的网络广告，富媒体广告的表现形式更为丰富，不仅有视频广告、扩展类广告和浮层类广告等，还包含地址栏广告、网页背景广告等表现形式。

8. 网络游戏广告

网络游戏广告是以网络游戏为载体，将广告植入游戏之中，以网络玩家为目标受众的一种网络广告形式。网络游戏广告将广告变成游戏的一部分，使广告与游戏紧密结合，让玩家在游戏的状态下体验产品的特性，从而大大增强了广告的传播效果。网络游戏中的 OPPO 和 vivo 广告如图 12-6 所示。

图 12-6　网络游戏中的 OPPO 和 vivo 广告

9. 网络视频广告

网络视频广告是目前较为流行的一种广告形式，可分为传统的视频广告和用户自发制作的视频广告。传统的视频广告是指直接在线播放广告主提供的网络视频，相当于将电视广告放到网上。而用户自发制作的视频广告是用户自制的原创广告，通过网络平台尤其是移动端网络平台进行展示，以传播广告信息，我们在微信和各类短视频平台上经常可以看到这种类型的广告。抖音 App 上的必胜客广告如图 12-7 所示。

图 12-7　抖音 App 上的必胜客广告

10. 移动广告

移动广告是以智能移动终端（智能手机、平板电脑等）为载体发布的广告，具有针对性和交互性强、送达率高等特点。近年来，随着移动网络用户的不断增加，移动广告开始受到广告主的青睐。移动广告的表现形式丰富，不仅包括传统的图片、文字、插播广告、链接广告、视频广告等，还有各种 App 上创新的广告形式，如开屏广告、激励广告等。抖音 App 上的开屏广告如图 12-8 所示。

图 12-8　抖音 App 上的开屏广告

思考题

在当今的移动网络时代，网络广告媒体发生了哪些变化？这些变化对企业的广告媒体选择产生了哪些影响？

12.3　网络广告策划

网络广告策划是根据互联网的特征及网络目标受众的特征对广告活动进行的运筹和规划，在本质上与传统的广告策划思路相似，包括确定网络广告目标、确定网络广告的目标受众、选择网络广告的发布渠道、打造广告创意、选择网络广告发布平台等一系列活动。

12.3.1　确定网络广告目标

网络广告目标是一定时期内广告主期望通过在网络上发布广告而实现的广告活动成果，如促进商品销售，提高商品知名度、美誉度，改变消费者认知，加强与目标消费者的互动，增强市场竞争能力等。因此，网络广告目标不是单一的，而是多元的。

确定网络广告目标的目的是通过信息沟通，使消费者对品牌产生认识、情感、态度和行为等方面的变化，从而实现企业的营销目标。在确定网络广告目标时应遵循以下原则：第一，广告目标要符合企业的营销目标；第二，广告目标要切实可行；第三，广告目标要明确具体；第四，广告目标要有一定弹性；第五，同一企业前后发布的广告的目标要有协调性；第六，广告目标要考虑公益性。

12.3.2 确定网络广告的目标受众

广告的目标受众（target audience）即广告转播的诉求对象。目标受众决定了广告媒体的选择和传播策略，也决定了广告文案的内容。因此，企业发布网络广告必须要根据广告的营销目标确定目标受众，这样所做的广告才具有针对性。

艾瑞咨询认为，网民在广告接受态度较理性的情况下，希望能够看到与自身需求相关的广告。以目标受众为核心的网络广告能够精准定位用户需求，提升用户体验并增强广告效果。因而日益受到广告主的重视。

思考题

如何确定网络广告的目标受众？可采取的方法主要有哪些？

12.3.3 选择网络广告的发布渠道

微课堂

网络广告的发布渠道

企业发布网络广告的渠道有多种，广告主可根据自身的需求，本着广告效应最大化的原则从中选择一种或几种。

1. 企业主页

主页不但是企业良好形象的载体，也是进行产品宣传的绝佳窗口。在互联网上发布的网络广告，无论是旗帜广告，还是按钮广告，大都可快速链接至企业主页，所以，企业建立自己的主页是非常有必要的。企业主页是企业在互联网上进行广告宣传的主要形式。未来企业的主页地址会像企业的办公地址、名称、标志、电话号码、传真一样，成为企业独有的标志，并转化为企业的无形资产。

2. 博客、微博、微信等自媒体平台

随着微博、微信等自媒体平台的兴起，网络广告拥有了新的发布渠道。企业通过自建的博客账号、微博账号和微信公众号来推送广告，目标定位准确，针对性很强，受关注程度较高。

3. 搜索引擎网站或门户网站

搜索引擎是仅次于即时通信应用的第二大网络应用，截至 2020 年 3 月，我国的搜索引擎用户规模高达 7.5 亿，占网民整体的 83%。百度、搜狗、360、神马等搜索引擎是网民检索信息的主要工具，每天的访问量巨大。在搜索引擎网站上投放广告，覆盖面广、针对性强、目标精准，而且其按效果收费，性价比高。百度搜索引擎网站上的激光打标机广告如图 12-9 所示。

图 12-9 百度搜索引擎网站上的激光打标机广告

广告主也可以选择与门户网站合作，如搜狐、网易、新浪等，它们提供了大量的互联网用户感兴趣并需要的免费信息服务，包括新闻、评论、生活、财经等方面。因此，这些网站的访问量非常大，是网上最引人注目的站点。目前，这样的网站是网络广告发布的主要阵地，并且发布广告的形式多种多样。

4. 专类销售网

专类销售网是指汇聚某一类直接在互联网上进行销售的产品的网站。以汽车之家网站（见图 12-10）为例，消费者只要在一张表中填上自己所需汽车的类型、价位、制造者、型号等信息，然后单击搜索，网页上就会马上出现满足其需要的汽车信息，当然还包括从何处可以购买到此种汽车的信息。另外，消费者在考虑购买汽车时，很有可能先通过此类网站进行查询。所以，对于汽车代理商和销售商来说，这是一种很有效的网络广告形式。

图 12-10　汽车之家网站主页

5. 友情链接

利用友情链接，企业间可以相互传播广告信息。建立友情链接要本着平等的原则，这里所谓的平等有着广泛的含义，网站的访问量、在搜索引擎中的排名、相互之间信息的补充程度、链接的位置、链接的具体形式（图像还是文本方式，是否在专门的 Resource 网页介绍，或单独介绍你的网站）等都是必须要考虑的因素。

6. 虚拟社区和公告栏

虚拟社区和公告栏（BBS）是网上比较流行的交流渠道，任何用户只要注册账号，都可以在虚拟社区或公告栏上浏览、发布信息，发表与企业产品相关的评论和建议，这可以起到非常好的口碑宣传作用。

7. 网上报纸或杂志

在互联网日益发展的今天，新闻界也不甘落于人后，一些世界著名的报纸和杂志也纷纷触网，在互联网上建立自己的主页。更有一些新兴的报纸与杂志，干脆脱离了传统的“纸”的媒体，完完全全地成为一种“网上报纸或杂志”。

8. 新闻组

新闻组也是一种常见的网络服务，它与公告栏相似。人人都可以订阅它的信息，并可成为新闻组的一员。成员可以在其上阅读大量的公告，也可以发表自己的公告，或者回复他人的公告。新闻组是一种很好地讨论与分享信息的方式。对于一个企业来说，选择在与本企业产品相关的新闻组上发表自己的公告是一种非常有效的传播自己的广告信息的方法。

9. 网络黄页

网络黄页是指互联网上专门提供查询检索服务的网站，代表性的网络黄页如中国黄页（见图 12-11）。

这类站点就如同电话黄页一样，按类别划分，便于用户进行站点的查询。采用这种方法的好处，一是针对性强，查询过程都以关键字区分；二是醒目，广告处于页面的明显位置，易于被用户注意。

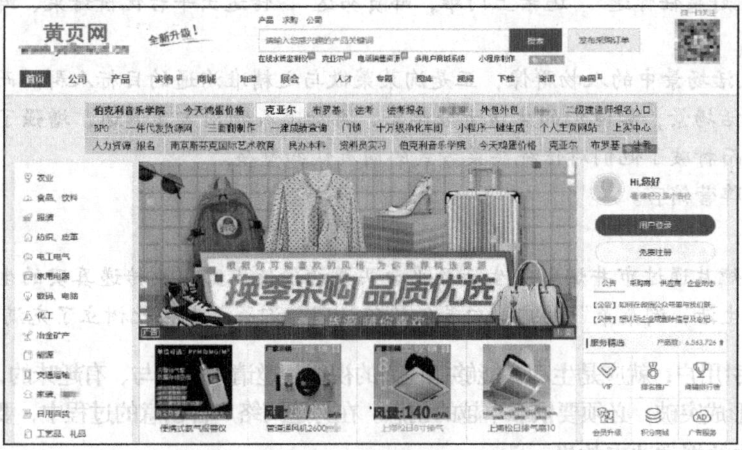

图 12-11　中国黄页网站主页

10. 短视频平台

短视频相较于文字和图片，表现方式更为直观，对受众的刺激更为强烈，而且在内容上更为有趣。随着移动互联网技术的发展，网速越来越快，视频播放也越来越流畅，同时，手机流量资费的大幅下降使得资费因素对用户的限制越来越小，这为短视频的爆发式发展奠定了坚实的基础。如今，短视频 App 已成为时下互联网上最热门的应用之一，抖音、快手等短视频平台的用户规模数以亿计，因此成为商家投放网络广告的重要平台。

12.3.4 打造网络广告创意

网络广告策划中极具魅力、最能体现水平的部分就是创意。它包括两个方面：一是内容、形式、视觉表现、广告诉求的创意；二是技术上的创意。网络广告的创意主要来自互联网本身，互联网是一个超媒介，它融合了其他媒介的特点。因为有不同的传播目的、传播对象，互联网可以承载不同的广告创意。同时，互联网是计算机科技和网络科技的结合，注定具有高科技特性，这也带来了更加多变的表现方法，为网络广告创意提供了更多的方向。

案例讨论

"接地气"的淘菜菜广告短片

或许，对于很多人来说，买菜只是生活中的小事，琐碎而繁杂。但会生活的人，总能从一餐一饭的烟火气里收获满满的幸福感。

在我国消费升级大背景下，下沉市场用户也不再仅仅追求价格，而是对商品的品质、丰富的品类和品牌的信誉有了更多的关注。而且相较于一线城市的用户，下沉市场的用户生活节奏较慢，更有机会关注生活本身的乐趣。

基于上述消费市场洞察，阿里巴巴旗下社区电商平台淘菜菜整合盒马集市和淘宝买菜，开启全新的品牌升级。其从与消费者强关联的"生活"出发，喊出"会生活，淘菜菜"的广告口号，将买菜和幸福生活的智慧巧妙相连，助力用户消费升级，重塑平台用户的心智。

此次淘菜菜品牌升级，瞄准的是下沉市场用户群体，目的是让他们的买菜场景从传统菜市场转移到线上。针对这群特殊的大众家庭买菜决策用户，淘菜菜该如何打破他们固有的认知？

淘菜菜通过短片呈现的4个生活场景，延伸出“好牌靠好运，好菜凭好价”“舞伴不常有，好货常在手”“好女婿难找，好菜任你选”“远亲上门难，鲜货易达”，传达出平台优价好菜、鲜货直达和好货任选的差异化优势。

短片的4个生活场景中的人物群像，正是淘菜菜欲与之精准沟通的目标人群。而短片营造的极具烟火气和人情味的生活场景，和他们的生活十分契合，再加上人物用方言沟通，增强了用户的代入感，引发了情感共鸣，进而打破了他们对传统买菜方式的固有认知壁垒。

资料来源：品牌营销官。

案例评析

淘菜菜的广告短片通过市井烟火气生活及平台买菜的价值点露出，传递真实的生活幸福感，无形中增强了用户对“会生活，淘菜菜”的广告口号的价值认同，淘菜菜也由此树立了充满温情的品牌形象。

网络广告要吸引用户，就应是生动、能够抓住人的视线、邀请人们参与、有趣味的，并且是让人无法拒绝的。网络广告要形成突破，必须要依靠卓越的创意。在打造网络广告创意的过程中，要注意以下关键点。

1. 打造强有力的视觉冲击效果

网络信息浩如烟海，如果广告不具有强大的视觉冲击力，必然不能为目标受众所关注。因此，广告创意者一定要创作出能瞬间吸引受众注意的广告作品，以便引起受众的兴趣。

2. 传递简单易懂而又有趣的信息

当今社会生活节奏加快，网络用户的时间越来越碎片化，如果广告内容冗长、晦涩难懂或平淡无奇，实在是难以吸引网络用户。事实上，简单易懂而又有趣的广告更容易被受众所关注。为什么抖音上的很多广告都不让我们反感？这是因为这些广告时长很短而又非常有趣，很难让我们产生厌烦的感觉。当然，这也与抖音强大的后台算法有关，它可以根据用户的喜好，进行精准的广告推送。

3. 适度的曝光率

网络用户的一个基本特点是喜新厌旧，即用户的关注度会随着广告上网时间的增加而降低。因此，当某一则广告的曝光率达到某种程度，并且出现下降倾向时，广告创意者就必须考虑更换该广告。

4. 发展互动性

随着网络技术的研究和发展，未来网络广告必定朝着互动性方向发展。网络广告如能增加游戏活动功能，则点击率会大大提高。索尼在线的娱乐站发布的凯洛格仪器公司的网络游戏广告，以一组游戏为特色，用户在参加其中一个游戏后有机会赢得一盒爆米花。发布这则广告后，凯洛格仪器公司主页的访问者增加了3倍，访问时间增加了2倍，该广告的浏览率高达14.5%。

阅读资料12-1 打造网络广告创意的原则

1. 独创性原则

所谓独创性原则是指广告创意者在打造网络广告创意时不能因循守旧、墨守成规，而要勇于标新立异，独辟蹊径。独创性强的网络广告创意具有极强的心理突破效果。与众不同的新奇感能引人注目，且其鲜明的魅力会触发受众强烈的兴趣，能够在受众脑海中留下深刻的印象，使广告内容被长久地记忆，这一系列心理过程符合网络广告传达的心理阶梯的目标。

2. 实效性原则

独创性原则是打造网络广告创意的首要原则，但独创性不是目的。网络广告创意能否达到促销的目的基本上取决于网络广告信息的传达效率，这就要求网络广告创意具有实效性，它包括理解性和相关性。理解性即易为广大受众所接受，广告创意者在打造网络广告创意时，就要善于将各种信息符号元素进行组合，使其具有适度的新颖性和独创性，其关键是在“新颖性”与“理解性”之间寻找最佳结合点。相关性是指网络广告创意中的意象组合和网络广告主题内容具有内部联系。

3. 简洁性原则

消费者的记忆能力是有限的，其时刻都在接受各种广告的轰炸，在网络中更是会接触到大量的信息，所以网络广告与其他广告形式一样，要尽可能简洁明了，即广告所传达的信息必须简洁、单纯和突出。好的广告一般每次只和消费者沟通一件事，只有这样，消费者才可能印象深刻。

4. 系列变化原则

一种产品的推销必然是一个长期的过程，其网络广告应该随着产品的发展阶段的变化而变化。大卫·奥格威说过，所有的广告都应该是系列广告的代表作，如果不能根据自己的创意发展出系列广告，那就不是杰出的创意。利用时间的连续性采用系列广告宣传同一个主题不能不说是一种加强广告宣传效果的重要手段。

5. 及时性原则

成功的经营者一般都很注意将一些重要的事件与广告联系起来，利用一切机会来宣传自己的产品，这种原则在事件营销中最为重要。这就要求网络广告策划者能敏锐地捕捉关键事件及其与产品的关联，并及时创作出有创意的网络广告。

资料来源：杨立钒.网络广告理论与实务.北京：中国电力出版社，2014.

12.3.5 选择网络广告发布平台

选择网络广告发布平台应注意以下问题：该平台用户是否与广告目标受众一致、该平台是否有足够多的活跃用户、平台是否具备流量和数据优势、平台的管理水平如何、广告计价是否合理、平台支持哪些广告形式、平台在审核方面是否有特殊要求等。

阅读资料12-2 快手的广告形式

短视频平台快手目前有两种广告形式。一种广告形式是快手粉丝头条，主要针对快手视频进行推广，如果用户拍摄了快手视频，并且有推广的需求，即可申请开通推广服务，该项服务按 CPM 计费，即按曝光收费。快手粉丝头条适用于增加视频曝光量、增加快手粉丝量等推广需求，因为其推广的素材为快手视频，并且快手粉丝头条有严格的审核标准，对于不适合使用快手粉丝头条服务的视频，平台将会拒绝用户使用该服务进行推广。

另一种广告形式是快手开辟的专门的视频信息流广告，快手“发现”“同城”频道页的第 5 个位置是一个广告位，广告主可以通过官方的广告后台投放符合需求的广告。该广告形式支持视频、图片以及超链接等，相比于粉丝头条，该广告形式可以更好地满足广告主的宣传需求。

12.4 网络广告预算与效果评估

12.4.1 网络广告预算

投入广告活动费用是一项商业活动。对广告活动费用的设计、安排及分配就是广告预算，它规定了计划期内广告活动所需的金额以及费用在各项工作上的分配。对广告主来说，编制广告预算的目标就是以最低成本获得最佳的广告效果。

1. 网络广告预算的编制方法

目前常用的网络广告预算的编制方法主要有以下几种。

（1）期望行动制。这种原则或编制方法是指以购买者的实际购买行动为参照来确定广告费用。一般的做法是，先预期一个可能的购买人数的范围，再用它乘以每一单位购买行动的广告费用，取其平均值就得到广告预算结果。预期的购买人数一般参照同类产品以往年份的统计数字，每一单位的广告费用可根据产品及企业的目标来定。这种方法尤其适合农产品、大众消费品、家用电器等有较稳定购买量的产品，它们的购买量较容易得到接近客观的数字。

（2）产品跟踪制。这种预算的编制方法通常只确定每一单位产品用多少广告费，再根据实际成交量来确定预算，常常使用以往的数据，具有时滞性。其好处是便于操作，具有一定的客观性。

（3）阶段费用制。这是广告预算编制中最常用的方法之一，就是根据企业营销计划要达到的阶段性目标来制订广告预算。这种方法能够根据变化的市场环境和产品生命周期的广告要求，及时调整广告费用投入，因而被普遍采用。

（4）参照对手制。这种预算的编制方法主要是参照竞争对手的广告投入情况来制订广告预算，不仅具有较强的针对性，也较为灵活。

（5）市场风向制。这种广告预算的编制方法是依据商业环境的变化而制订广告预算的，在商业环境恶化时，一般采取加大广告力度、增加预算的措施，这有助于乘机扩大市场。但这时打开市场往往要有较大的预算投入力度，并且效果要在商业环境改善后才能有所表现。在市场繁荣、产品销售情况好时，广告预算则可以适当减少。

（6）比例提成制。这种预算的编制方法是根据销售比例或赢利比例来制订广告预算。按销售额计算的方法是先确定销售额基数，然后根据一定的广告投入比率得出广告预算。这种方法简便易行，制订预算的过程也不复杂，有一定的科学性。

2. 网络广告的收费模式

（1）千人成本

在传统媒体的广告业中，通常以千人成本作为确定该媒体广告价格的基础。由于各网站可以精确地统计其页面的访问次数，所以这种收费模式更为适用。

（2）每千次点击成本

每千次点击成本（cost per thousand click-through，CPC）是以网页上的广告被点击并链接到相关网站或详细内容页面 1 000 次为基准的网络广告收费模式。

（3）每行动成本

每行动成本（cost per action，CPA）是按广告投放的实际效果，即按回应的有效问卷或订单来计费，而不限广告投放量的广告收费模式。CPA 广告收费模式对于网站而言有一定的风险，但若广告投放成功，其收益也比 CPM 广告收费模式要大得多。

（4）每购买成本

每购买成本（cost per purchase，CPP）是广告主为防范广告费用风险而采用的一种广告收费模式，也称销售提成收费模式，即广告主在广告带来产品的销售后，按销售数量付给广告网站较一般广告价格更高的费用。

（5）按业绩付费

按业绩付费（pay-for-performnance，PFP）是从 CPM 转变而来的一种收费模式。基于业绩的定价计费标准有点击次数、销售业绩和导航情况等。

12.4.2 网络广告效果评估

网络媒体具有较强的机动性和可调整性，一旦网络广告效果不佳，相关人员就应该对其进行调整，调整曝光次数、修正广告内容等，检测期一般为一周或每 10 万次曝光时。

对网络广告效果而言，较准确的评价指标是曝光次数（impression）及广告点击率（click through rate，

CTR）。曝光次数是指有广告的页面被访问的次数，即广告管理软件的计数器所统计的数字。广告点击率是指访客点击广告的次数占曝光次数的比率。

评估网络广告效果还要考虑事先设定的广告目的和目标，不同的目的将导致不同的结果。比如，当广告的目的是建立品牌形象时，广告点击率并不是主要的评价指标，有效的曝光次数才是评估的重点。

为了获得公正的网络广告效果评估，广告主除了运用网站自身的广告管理软件和稽核工具外，还应与第三方认证机构合作。许多传统的大广告主，如宝洁、英特尔、微软等，都愿意在公正的数字稽核的支持下，支付比传统媒体更高的价格来刊登网络广告。

习　题

一、单选题

1．网络广告1994年诞生于（　　）。

A．中国　B．日本　C．英国　D．美国

2．（　　）是常见的网络广告形式，又名横幅广告，是互联网上最为传统的广告形式。

A．按钮广告　B．分类广告　C．旗帜广告　D．视频广告

3．（　　）可以将文字、声音、画面、视频等完美地结合之后供用户主动检索，重复观看。

A．杂志广告　B．网络广告　C．电视广告　D．报纸广告

4．网络广告策划的第一步是（　　）。

A．确定网络广告目标　B．进行市场调研

C．确定网络广告的目标受众　D．选择网络广告的发布渠道

5．在（　　）上投放广告，覆盖面广、针对性强、目标精准，而且其按效果收费，性价比高。

A．网络黄页　B．企业主页　C．门户网站　D．搜索引擎网站

二、多选题

1．网络广告的主要特点有（　　）。

A．非强迫性　B．实时性与交互性　C．广泛性

D．易统计性和可评估性　E．视听效果的综合性

2．网络广告的广泛性表现在（　　）等方面。

A．内容详尽　B．形式多样　C．传播范围广，无时间地域限制

D．传播速度快　E．经济性

3．网络广告的发布渠道包括（　　）。

A．企业主页　B．博客、微博、微信等自媒体平台

C．搜索引擎网站或门户网站　D．专类销售网

E．友情链接

4．下列选项属于网络广告的收费模式的有（　　）。

A．千人成本　B．每千次点击成本　C．每行动成本

D．每购买成本　E．按成本付费

5．目前常用的网络广告预算的编制方法包括（　　）。

A．期望行动制　B．产品跟踪制　C．阶段费用制

D．参照对手制　E．市场风向制

三、名词解释

1．网络广告　2．网络视频广告　3．网络广告目标　4．网络广告策划　5．网络广告预算

四、简答及论述题

1．与传统媒体相比，网络广告的特点主要有哪些？

2．在确定网络广告目标时应遵循哪些原则？

3．试论述网络广告的发布渠道的选择。

4．试论述打造网络广告创意的关键点。

综合案例

100岁的五芳斋，广告比电影好看！

五芳斋是源自嘉兴的地方品牌，有着“粽子大王”的美誉，依靠老字号的口碑与影响力，收获了一大批品牌忠诚度极高的消费者。因此，在很长一段时间内，五芳斋几乎不做广告。

但是，近些年来，随着互联网的发展，以及消费环境、消费人群的变化，五芳斋只靠口碑传播的营销方式，很难起到很好的效果。

终于在2009年，五芳斋确定了新的发展战略，走上了电子商务之路，并将部分传播重点从线下转移到了线上。同时，其开始尝试KOL、短视频、H5、快闪店等新鲜玩法，从多个维度共同发力，想方设法地打动消费者。不过，内容大多是围绕品牌理念、产品介绍等做的常规宣传，并不能真正地吸引大部分消费者。

直到2017年，牵手代理商环时互动后，五芳斋才突破自我，建立起全新的形象，并顺利地在社交平台上崭露头角。

而这些，是从最小的语言变化开始的。在微信、微博等社交媒体上，五芳斋大量地运用了互联网热词、流行“梗”等与用户进行沟通互动，慢慢地培养起品牌的网感。

2017年，五芳斋上线了一个关于裹粽大妈张改花的“无厘头”视频，用7个“抖机灵”场景，传递出了五芳斋“手工包粽”的产品特点，让人惊呼：原来广告还能这么玩！

2018年端午节前夕，五芳斋又推出了一则画风清奇的广告《白白胖胖才有明天》，用拟人的手法讲述了糯米的一生，该广告的截图如图12-12所示。

图12-12　五芳斋广告短片《白白胖胖才有明天》的截图

由于“脑洞清奇”，文案又“高深莫测”，这个视频在社交平台引起了很大的争论，同时让五芳斋一战成名，不少人甚至夸赞五芳斋广告比电影还好看。

五芳斋再接再厉，先后推出了两个口碑还不错的复古短片：用老影像重新配音剪辑的《相约1989》，以及用周璇等人演唱的《五芳斋》歌曲打造的一个一镜到底的黑白音乐短片。

通过展现旧时代的市井生活，这两个短片在彰显五芳斋历史文化底蕴的同时，也让年轻人感受到了那个时代的文化气息，将怀旧情怀变成历久弥新的品牌好感。

此外，每逢传统佳节，也就是五芳斋产品销售的旺季，五芳斋都会相应地上线相关的节点宣传片。对于风格迥异的各个广告，有人大赞很有五芳斋特色，也有人直呼看不懂。但其实在线下门店，五芳斋重点展示的还是功能性的食材微距拍摄图或视频，上述广告主要针对部分年轻群体，发布渠道也是微博、B站等社交平台。

另外，在产品形象包装上，五芳斋也没少花功夫，陆续与拉面说、元气森林等进行了礼盒包装设计、产品口味等方面的跨界尝试。

可以看到，五芳斋选择联名的品牌大多是年轻人喜欢的强IP或“网红”品牌。两者合作，不仅能让五芳斋这个名字频繁地出现在年轻人的视野中，设计出来的产品也能更加符合当下年轻消费群体的审美需求。

而除了跨界做营销之外，五芳斋还特别善于开展品牌联动，花式“蹭”各家官方的热度。

2020年端午节前夕，五芳斋就以“帮朋友打打广告”之名，一连为18位品牌朋友发布了独家海报。2021年中秋节，五芳斋还高调邀请各家品牌参与制作了“史上第一则共享广告”，并最终一口气联动了26个品牌。强大的品牌阵容加上颇有吸引力的转发抽奖活动，让这则中秋节共享广告收获了超1万次的转发量和超540万次的视频播放量。

整体来看，百年品牌五芳斋在顺应时代变化和品牌年轻化上，还是做出了较多的尝试与创新。

无论是时而复古、时而治愈的五芳斋视频，还是联合“网红”品牌设计的趣味包装，又或是在各个节点大胆推出的新品，五芳斋都是在试图打破以往的传统形象，并通过各种手段探索年轻人的兴趣点，从而重新打造五芳斋在用户心中的百年老字号形象。

可以说，相对于同类品牌，五芳斋在年轻化营销这一块还是很出彩的。毕竟，有百年历史的品牌，没几个有它能搞事的；而年轻会玩的品牌，又没几个有它的历史底蕴。

资料来源：顶尖广告。

问题讨论

1. 为什么说“100岁的五芳斋，广告比电影精彩”？
2. 本案例给我们的启示是什么？

第13章 广告监管

本章导读

广告活动和其他经济活动一样，要受到一定的约束和限制。广告监管使企业等主体明确在广告活动过程中必须遵守的行为规范以及相应的义务和权利，这对于广告行业的健康发展具有重大的意义。本章主要介绍广告监管及监管领域、我国广告监管的实施手段与法规、我国《广告法》的主要规定，以及我国广告行业自律及社会对广告的监督等。

知识结构图

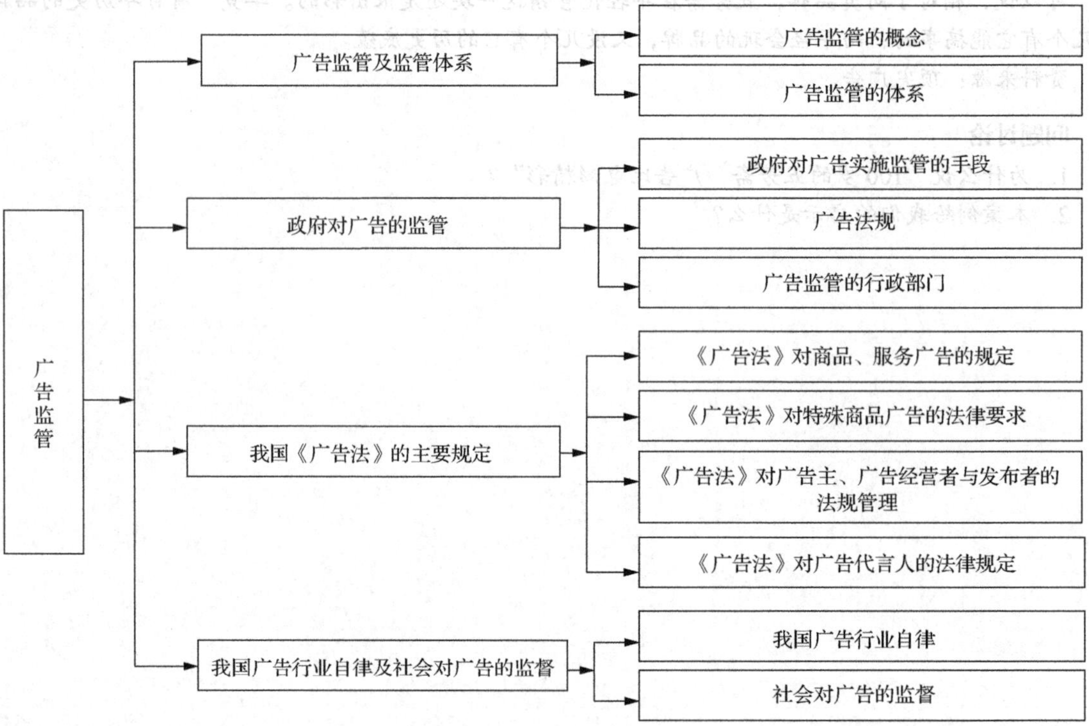

开篇引例

谁是虚假违法广告的“钉子户”？

发布“国产瘦脸针”广告、以患者名义卖药酒……日前，记者从广州市市场监督管理局获悉，该局曝光了2021年第二批虚假违法广告典型案例。据统计，2021年上半年，全市市场监督管理系统累计查处各类虚假违法广告案件156宗，罚没1 978万元，移送司法机关1宗。

虚假违法广告像苍蝇、蚊子一样，令人厌恶又难以消灭。市场监督管理部门每隔一段时间就会发布一批典型案例，那么谁是虚假违法广告的“钉子户”？请看记者所做的统计。

在广州2021年第二批虚假违法广告典型案例中，涉及医疗医药保健行业的占比近70%，高得惊人；再看2021年4月13日发布的2021年第一批虚假违法广告典型案例，15个案例中，医疗医药保健行业有7个，占了近一半。将时间线拉长到往年，或将地域扩大到全省、全国，仍然是这种情况。医疗医药保健行业广告“百病缠身”，虽屡被打击、整治，局面并没有太大改善。

医疗医药保健行业广告最主要的问题有二：一是广告中含有夸大宣传的虚假或引人误解的内容，误导与欺骗消费者；二是在非医疗、药品及医疗器械的广告中，涉及疾病治疗功能用语。其中，以第二种情况最常见。比如，根据典型案例描述，“理想微销”宣传销售“理想鲜三七口服液”保健食品、“理想三七花甜睡片”普通食品等时，图文详情页有“预防心脑血管疾病”等涉及疾病预防、治疗功能的内容。法律明文规定，保健品广告不得明示或暗示广告商品具有疾病预防或治疗功能，理想科技集团明知故犯。放眼望去，投放虚假违法广告的又何止这一家？

医疗医药保健行业虚假违法广告又牵扯出另一个问题：“坑老”。哪个群体对这个行业关注度最高、需求量最大？毫无疑问是老年群体。数据显示，我国每年保健品销售额高达2 000亿元，其中老年消费者占半数以上。多年来，保健品“坑老”问题不断扩大、涉案金额不断增加、作案手法不断翻新，成为社会风险点之一。万变不离其宗，夸大疗效、虚假宣传是蒙骗老年人最主要的手法。

对于虚假违法广告这个“钉子户”，相关职能部门要主动作为、有所作为，敢于出手、敢出重手，不让医疗医药保健行业中的虚假违法广告有藏身之所。

资料来源：广州日报。

案例分析

长期以来，医疗医药保健行业都是违法广告的重灾区。在众多典型违法案件中，“利用医药科研单位、学术机构、医疗机构或者专家、医生、患者的名义和形象做证明的”“处方药在大众媒体发布广告”“对药效夸大其词、甚至无中生有”“含有不科学的表示功效的断言或者保证的”这4类占了绝大多数。不良企业利用某些人“病急乱投医”及老人追求健康长寿的心理发布违法广告，无视消费者的健康和生命安全，相关监管部门必须要重拳出击，严厉打击。

要杜绝该类违法广告，必须要健全法律法规，还需要各部门通力合作以及发挥社会强大的监督作用。可采取的具体措施如下：重点监管违法广告的源头，建立违法责任机制；进一步完善广告法律、法规，加强对违法广告主体的追责；做好医疗医药保健广告的预选审查工作，将违法广告扼杀在发布之前；强化媒体的责任，使违法广告失去发布的平台；加强市场监管、媒体、药监等部门的合作，形成监管合力；加大宣传力度，增强消费者识别虚假违法广告的能力，并充分发挥社会的监督作用。

13.1 广告监管及监管体系

13.1.1 广告监管的概念

广告监管是市场监督管理部门、各类广告组织、社会和消费团体等，依照一定的广告法规、组织章程，对广告行业和广告活动所实施的监督、检查、控制和指导，以达到保护合法经营、取缔非法经营、查处违法广告、维护广告行业正常运行的目的。

广告活动本质上是商业活动，为防止企业间的不正当竞争，保护消费者的合法权益以及树立良好的社会消费风尚，必须要对广告活动进行监管。

13.1.2 广告监管的体系

由于不同国家在经济与社会发展方面存在着较大的差异，因此，广告监管的方式或领域也是不同的。但一般来说，广告监管的体系主要由政府监管、广告行业自律和社会监督这三个部分组成，如图 13-1 所示。

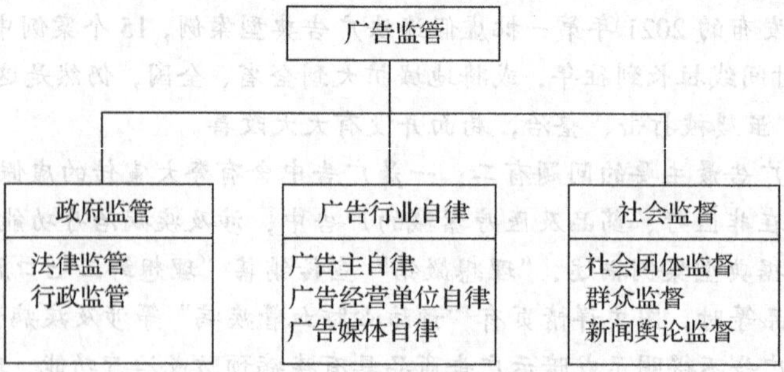

图 13-1 广告监管的体系

1. 政府监管

政府监管也叫他律监管，包括法律监管和行政监管。法律监管是指市场监管部门和其他部门依据《中华人民共和国广告法》（以下简称《广告法》）及其他政策、法规对参与者进行监督、检查、控制、协调、指导、规划和提供服务的过程。行政监管是以行政手段对广告活动所进行的管理、监督、审查等。

2. 广告行业自律

广告行业自律是由广告主、广告经营单位、广告媒体等自发成立的民间性行业组织，通过自行制定的广告行业自律章程、公约和会员守则等一系列规则，对自身从事的广告活动进行自我约束、自我协调和自我管理。

广告行业自律是广告业发展到一定时期的产物，是广告行业的自我监管，具有非强迫性、道德约束性和灵活性的特点。

3. 社会监督

广告的社会监督，是指社会各界和消费者组织，按照国家广告管理的法律、法规，对广告活动进行日常监督，对违法广告进行举报与投诉，并向立法机关提出有关广告监管的立法请求和建议。社会监督的目的在于制止或限制虚假、违法广告对消费者权益的侵害，以维护广告消费者的正当权益，确保广告市场健康有序的发展。

广告的社会监督包括社会团体（如消费者协会、残疾人联合会等）监督、群众监督和新闻舆论监督。

> **思考题**
>
> 为什么要对广告进行监管？具体的意义有哪些？

13.2 政府对广告的监管

13.2.1 政府对广告实施监管的手段

1. 制定和颁布广告法律法规

政府对广告实施监管，首先要根据广告活动的特点和社会公共利益的要求，制定和颁布广告法规，使广告活动有法可依、有规可循，这是广告监管的首要任务。

广告监管是广告发展的必然要求，所以广告监管的发展程度与广告的发展水平紧密联系在一起。中华人民共和国成立以后，广告业赢得了良好的发展契机。当时经济基础较好的上海、重庆、天津、西安等城市，均先后发布了地方性的广告监管法规。

根据广告业发展的需要，1982 年，国务院颁布了我国第一部全国性广告法规《广告管理暂行条例》。后来，国务院于 1987 年发布了《广告管理条例》，使广告监管法制建设又进了一步。20 世纪 90 年代，我国经济建设进入了一个新的快速发展时期，广告业更是发展迅速，因此国家需要将广告法规地位提高，并且进一步完善有关内容。在这种发展形势下，全国人民代表大会常务委员会（以下简称全国人大常委会）于 1994 年 10 月 27 日审议通过了《广告法》，该法自 1995 年 2 月 1 日起正式施行。2015 年 4 月 24 日第十二届全国人民代表大会常务委员会第十四次会议审核通过了新版的《广告法》，该法于 2015 年 9 月 1 日起正式施行。

2. 建立专门的广告监管部门

有了广告法律法规，还必须组建专门的广告监管机构对广告活动进行管理和监督。虽然广告活动是集信息传播活动、经济活动、社会活动、文化活动于一身的综合性活动，但是其最终还是为经济发展服务，因此，广告监管属于工商管理的范畴。我国 1982 年颁布的《广告管理暂行条例》就规定，由各级工商行政管理部门代表政府对广告进行管理。

3. 对违法广告行为进行查处

广告监管机关的任务虽然涉及多个方面，但是，其中最重要的是要对违法广告行为进行查处，以维护广告业的正常秩序，使广告业健康发展。所以，广告监管机关要利用广告法律法规赋予的权力，监督社会上的广告活动，对出现的违法广告行为，按照广告法律法规和其他相关法规予以处理。只有经常不断地对违法广告行为进行查处，才能净化广告运营环境。

查处违法广告行为是保护消费者和社会公众利益的重要手段，也是预防违法广告行为发生、保护合法广告行为的重要措施，尤其要把查处虚假广告和违法经营广告作为重点。

13.2.2 广告法规

1. 广告法规的范围

广告法规是广告监管部门行使监督职能，对广告宣传、广告经营、广告发布等涉及广告的活动和行为实施监管的各种法律、行政法规及行政规章的总称。广告法规规定所有从事广告活动的当事人，哪些行为是必须的，哪些行为是许可的，哪些行为是禁止的。它是广告监管部门依法管理、依法办事的依据，也是广告主、广告经营者和广告发布者从事合法广告活动的法律保障。

微课堂

2015 年版《广告法》新亮点

广告法规不是单指某一部具体的法律，而是所有约束广告行为的法律规范的集合。它包括以下几个方面。

（1）宪法。宪法是国家的根本大法，具有最高的法律地位和法律效力，是制定其他法律、法规的依据，也是司法、执法的依据。公民、组织和政府的一切行为都必须符合宪法的要求，广告行为和广告监管也不例外。

（2）法律。法律是国家最高权力机关根据立法程序制定和颁布的规范性文件，在我国是专指全国人民代表大会以及全国人大常委会制定和颁布的规范性文件。例如，《中华人民共和国刑法》《中华人民共和国商标法》《中华人民共和国广告法》等。法律是仅次于宪法的规范性文件。《广告法》是专门规范广告行为的法律。此外，与广告监管相关的法律有《中华人民共和国消费者权益保护法》《中华人民共和国产品质量法》《中华人民共和国食品安全法》《中华人民共和国反不正当竞争法》《中华人民共和国商标法》《中华人民共和国烟草专卖法》《中华人民共和国未成年人保护法》《中华人民共和国环境保护法》等。

（3）行政法规。行政法规是国家行政管理机关为执行法律和履行职能，在其职权范围内，根据宪法和法律赋予的权限，所制定和颁布的规范性文件。在我国，国务院是制定和颁布行政法规的最高行政机关，有权根据宪法和法律，规定行政措施，制定行政法规，颁布决定和命令。1982 年的《广告管理暂行条例》和 1987 年的《广告管理条例》都是国务院制定和颁布的行政法规。

（4）行政规章。行政规章是指国务院市场监督管理部门会同有关部、委、办、局联合制定的部门规章。这些行政规章数量众多，涉及多个领域，且几乎每年都会有新的内容颁布和实施。如仅医药行业就有《药品广告审查办法》《医疗器械广告审查办法》《药品广告审查办法》《医疗器械广告审查办法》《医疗广告管理办法》等多个行政规章。

2.《广告法》的基本内容

新版《广告法》共六章七十四条，分为总则、广告内容准则、广告行为规范、监督管理、法律责任、附则 6 个方面。

“总则”一章阐述了制定《广告法》的目的，界定了广告活动、广告主、广告经营者、广告发布者、广告代言人等基本概念，把真实、合法、诚实、健康、不得欺骗和误导消费者等作为从事广告活动的根本原则。

“广告内容准则”一章则对广告内容和广告表现形式做了详细的规定，并对医疗、药品、医疗器械、保健食品、农药、兽药、饲料、烟草、酒类等特殊广告的发布做出了明确的规定。

“广告行为规范”一章对所有从事广告活动的当事人的资格、条件和必须遵守的义务做了详细的规定，并对需要禁止的广告活动做了界定。

“监督管理”一章对医疗、药品、医疗器械、农药、兽药和保健食品广告，以及法律、行政法规规定应当进行审查的其他广告做了规定，并规定了市场监督管理部门履行广告监督管理的职责和职权。

“法律责任”一章对广告的各种违法行为进行了界定，并给出了相应的处罚规定。

“附则”一章指出，国家鼓励、支持开展公益广告宣传活动，传播社会主义核心价值观，倡导文明风尚。大众传播媒介有义务发布公益广告。广播电台、电视台、报刊出版单位应当按照规定的版面、时段、时长发布公益广告。公益广告的管理办法，由国务院市场监督管理部门会同有关部门制定。

案例讨论

微信上发布的烟草广告被查处

原北京市工商行政管理局朝阳分局互联网烟草广告监管专项机构在开展日常监测时发现，××公司（以下称当事人）涉嫌利用微信公众平台发布烟草广告，相关机构随即根据此线索立案调查。

经查，当事人于 2015 年 4 月 27 日在微信公众平台申请注册了一个公众号。该公众号于 2015 年 8 月 19 日发布“世界上你最爱的十款卷烟大排名”“No.1 品牌名称：××。所属公司：××公司。特征：极高的品质和勇于冒险的自由精神”“看来全球的烟民中很多是××迷，Mr. ××很高兴自己朋友遍布全世界”等内容，同时配有××香烟烟盒图片；于 2015 年 11 月 20 日发布“大牌驾到！原来他也是×迷”“金装××是社交界的宠儿，在一些社交场合经常会见到金装××，这也正是××需要经常出席的场合，而金装××柔顺的口感又契合了他那认真谦逊的性格”“完全诠释了金装××在××中所代表的卓越领导风范”等内容，同时配有××揣着××烟盒的图片；于 2016 年 5 月 5 日通过该公众号发布“在这些刺激和快感面前，男人永远是个孩子”“Mr. ××的最爱，当然是那部红××涂装的摩托车，经典还是经典”等内容，同时配有印有××商标的××摩托车及由××香烟烟盒拼成的××摩托车的图片。

资料来源：搜狐财经。

案例评析

烟草危害是我国面临的最突出的公共卫生问题之一。为全面推进烟草控制工作，保护公众健康，我国先后出台多部控烟法律法规及相关政策。自2015年起施行的《广告法》明确规定“禁止向未成年人发送任何形式的烟草广告”，并禁止在大众传播媒介、公共场所、公共交通工具、户外发布烟草广告，禁止变相发布烟草广告。自2016年9月起施行的《互联网广告管理暂行办法》进一步明确全面禁止利用互联网络发布烟草广告。

本案例当事人通过微信公众平台发布含有烟草广告的行为，违反了《互联网广告管理暂行办法》第五条“禁止利用互联网发布处方药和烟草的广告”的规定。有关部门可依据《互联网广告管理暂行办法》第二十一条转致《广告法》第五十七条对当事人进行查处。

13.2.3 广告监管的行政部门

根据《广告法》第六条规定，国务院市场监督管理部门主管全国的广告监督管理工作，国务院有关部门在各自的职责范围内负责广告管理相关工作。县级以上地方市场监督管理部门主管本行政区域的广告监督管理工作，县级以上地方人民政府有关部门在各自的职责范围内负责广告管理相关工作。

广告监管机关由国家市场监督管理部门，省、自治区、直辖市市场监督管理部门，地区、市市场监督管理部门，县市场监督管理部门组成网络，按照分级管理和属地原则对广告活动实施监督和管理。

所谓分级管理，就是按照广告活动的性质和设计的范围，由不同级别的市场监督管理部门实施管理。例如，对涉及国际、国家级的广告活动，如在我国境内举办的国际性运动会等的广告活动，需由国家市场监督管理局监督管理或授权给有关省区市市场监督管理部门监督管理；对一般性广告活动，则由所在地的市场监督管理部门监督管理。

所谓属地原则，即由广告发布地区的市场监督管理部门负责对当地的广告活动实施监督管理。如果发生违法广告行为，不论其广告主、广告经营者、广告发布者具体隶属关系在哪里，均由广告发布地的市场监督管理部门负责查处。

13.3 我国《广告法》的主要规定

自2015年9月1日起，修订后的《广告法》正式施行。修订后的《广告法》有较大变化，下面就对修订后的《广告法》的主要规定进行简要的介绍。

13.3.1 《广告法》对商品、服务广告的规定

1. 广告不得含有的情形

《广告法》第九条规定，广告不得有下列情形：

（一）使用或者变相使用中华人民共和国的国旗、国歌、国徽，军旗、军歌、军徽；

（二）使用或者变相使用国家机关、国家机关工作人员的名义或者形象；

（三）使用“国家级”“最高级”“最佳”等用语；

（四）损害国家的尊严或者利益，泄露国家秘密；

（五）妨碍社会安定，损害社会公共利益；

（六）危害人身、财产安全，泄露个人隐私；

（七）妨碍社会公共秩序或者违背社会良好风尚；

（八）含有淫秽、色情、赌博、迷信、恐怖、暴力的内容；

（九）含有民族、种族、宗教、性别歧视的内容；

（十）妨碍环境、自然资源或者文化遗产保护；

（十一）法律、行政法规规定禁止的其他情形。

2. 有关保护消费者合法权益的规定

为防止广告经营者利用广告对消费者进行欺骗和误导，切实保护消费者的合法权益，《广告法》对商品性能、产地、用途、质量、价格、生产者、有效期限的承诺，以及服务的内容、形式等都做了明确的规定。

《广告法》第二十八条规定，广告以虚假或者引人误解的内容欺骗、误导消费者的，构成虚假广告。

广告有下列情形之一的，为虚假广告：

（一）商品或者服务不存在的；

（二）商品的性能、功能、产地、用途、质量、规格、成分、价格、生产者、有效期限、销售状况、曾获荣誉等信息，或者服务的内容、提供者、形式、质量、价格、销售状况、曾获荣誉等信息，以及与商品或者服务有关的允诺等信息与实际情况不符，对购买行为有实质性影响的；

（三）使用虚构、伪造或者无法验证的科研成果、统计资料、调查结果、文摘、引用语等信息作证明材料的；

（四）虚构使用商品或者接受服务的效果的；

（五）以虚假或者引人误解的内容欺骗、误导消费者的其他情形。

3. 关于公平竞争的规定

《广告法》第十三条规定，广告不得贬低其他生产经营者的商品或者服务。

4. 有关广告可识别性的规定

《广告法》第十四条规定，广告应当具有可识别性，能够使消费者辨明其为广告。

大众传播媒介不得以新闻报道形式变相发布广告。通过大众传播媒介发布的广告应当显著标明“广告”，与其他非广告信息相区别，不得使消费者产生误解。

广播电台、电视台发布广告，应当遵守国务院有关部门关于时长、方式的规定，并应当对广告时长作出明显提示。

13.3.2 《广告法》对特殊商品广告的法律要求

《广告法》对涉及国计民生的某些特殊商品，如药品、医疗器械、农药、房地产、烟草、食品和化妆品等的广告进行了进一步的专门规定，具体内容如下。

《广告法》第十五条规定如下。

麻醉药品、精神药品、医疗用毒性药品、放射性药品等特殊药品，药品类易制毒化学品，以及戒毒治疗的药品、医疗器械和治疗方法，不得作广告。

前款规定以外的处方药，只能在国务院卫生行政部门和国务院药品监督管理部门共同指定的医学、药学专业刊物上作广告。

《广告法》第十六条规定，医疗、药品、医疗器械广告不得含有下列内容：

（一）表示功效、安全性的断言或者保证；

（二）说明治愈率或者有效率；

（三）与其他药品、医疗器械的功效和安全性或者其他医疗机构比较；

（四）利用广告代言人作推荐、证明；

（五）法律、行政法规规定禁止的其他内容。

药品广告的内容不得与国务院药品监督管理部门批准的说明书不一致，并应当显著标明禁忌、不良反应。处方药广告应当显著标明“本广告仅供医学药学专业人士阅读”，非处方药广告应当显著标明“请按药品说明书或者在药师指导下购买和使用”。

推荐给个人自用的医疗器械的广告，应当显著标明“请仔细阅读产品说明书或者在医务人员的指导下购买和使用”。医疗器械产品注册证明文件中有禁忌内容、注意事项的，广告中应当显著标明“禁忌内容或者注意事项详见说明书”。

《广告法》第十七条规定，除医疗、药品、医疗器械广告外，禁止其他任何广告涉及疾病治疗功能，并不得使用医疗用语或者易使推销的商品与药品、医疗器械相混淆的用语。

《广告法》第十八条规定，保健食品广告不得含有下列内容：

（一）表示功效、安全性的断言或者保证；

（二）涉及疾病预防、治疗功能；

（三）声称或者暗示广告商品为保障健康所必需；

（四）与药品、其他保健食品进行比较；

（五）利用广告代言人作推荐、证明；

（六）法律、行政法规规定禁止的其他内容。

保健食品广告应当显著标明“本品不能代替药物”。

《广告法》第十九条规定，广播电台、电视台、报刊音像出版单位、互联网信息服务提供者不得以介绍健康、养生知识等形式变相发布医疗、药品、医疗器械、保健食品广告。

《广告法》第二十条规定，禁止在大众传播媒介或者公共场所发布声称全部或者部分替代母乳的婴儿乳制品、饮料和其他食品广告。

《广告法》第二十一条规定，农药、兽药、饲料和饲料添加剂广告不得含有下列内容：

（一）表示功效、安全性的断言或者保证；

（二）利用科研单位、学术机构、技术推广机构、行业协会或者专业人士、用户的名义或者形象作推荐、证明；

（三）说明有效率；

（四）违反安全使用规程的文字、语言或者画面；

（五）法律、行政法规规定禁止的其他内容。

《广告法》第二十二条规定，禁止在大众传播媒介或者公共场所、公共交通工具、户外发布烟草广告。禁止向未成年人发送任何形式的烟草广告。

禁止利用其他商品或者服务的广告、公益广告，宣传烟草制品名称、商标、包装、装潢以及类似内容。

烟草制品生产者或者销售者发布的迁址、更名、招聘等启事中，不得含有烟草制品名称、商标、包装、装潢以及类似内容。

《广告法》第二十三条规定，酒类广告不得含有下列内容：

（一）诱导、怂恿饮酒或者宣传无节制饮酒；

（二）出现饮酒的动作；

（三）表现驾驶车、船、飞机等活动；

（四）明示或者暗示饮酒有消除紧张和焦虑、增加体力等功效。

《广告法》第二十四条规定，教育、培训广告不得含有下列内容：

（一）对升学、通过考试、获得学位学历或者合格证书，或者对教育、培训的效果作出明示或者暗示的保证性承诺；

（二）明示或者暗示有相关考试机构或者其工作人员、考试命题人员参与教育、培训；

（三）利用科研单位、学术机构、教育机构、行业协会、专业人士、受益者的名义或者形象作推荐、证明。

《广告法》第二十五条规定，招商等有投资回报预期的商品或者服务广告，应当对可能存在的风险以及风险责任承担有合理提示或者警示，并不得含有下列内容：

（一）对未来效果、收益或者与其相关的情况作出保证性承诺，明示或者暗示保本、无风险或者保收益等，国家另有规定的除外；

（二）利用学术机构、行业协会、专业人士、受益者的名义或者形象作推荐、证明。

《广告法》第二十六条规定，房地产广告，房源信息应当真实，面积应当表明为建筑面积或者套内建筑面积，并不得含有下列内容：

（一）升值或者投资回报的承诺；

（二）以项目到达某一具体参照物的所需时间表示项目位置；

（三）违反国家有关价格管理的规定；

（四）对规划或者建设中的交通、商业、文化教育设施以及其他市政条件作误导宣传。

《广告法》第二十七条规定，农作物种子、林木种子、草种子、种畜禽、水产苗种和种养殖广告关于品种名称、生产性能、生长量或者产量、品质、抗性、特殊使用价值、经济价值、适宜种植或者养殖的范围和条件等方面的表述应当真实、清楚、明白，并不得含有下列内容：

（一）作科学上无法验证的断言；

（二）表示功效的断言或者保证；

（三）对经济效益进行分析、预测或者作保证性承诺；

（四）利用科研单位、学术机构、技术推广机构、行业协会或者专业人士、用户的名义或者形象作推荐、证明。

13.3.3 《广告法》对广告主、广告经营者与发布者的法规管理

《广告法》第二条规定，在中华人民共和国境内，商品经营者或者服务提供者通过一定媒介和形式直接或者间接地介绍自己所推销的商品或者服务的商业广告活动，适用本法。

本法所称广告主，是指为推销商品或者服务，自行或者委托他人设计、制作、发布广告的自然人、法人或者其他组织。

本法所称广告经营者，是指接受委托提供广告设计、制作、代理服务的自然人、法人或者其他组织。

本法所称广告发布者，是指为广告主或者广告主委托的广告经营者发布广告的自然人、法人或者其他组织。

《广告法》第四条规定，广告不得含有虚假或者引人误解的内容，不得欺骗、误导消费者。

广告主应当对广告内容的真实性负责。

《广告法》第五条规定，广告主、广告经营者、广告发布者从事广告活动，应当遵守法律、法规，诚实信用，公平竞争。

《广告法》第三十一条规定，广告主、广告经营者、广告发布者不得在广告活动中进行任何形式的不正当竞争。

《广告法》第三十二条规定，广告主委托设计、制作、发布广告，应当委托具有合法经营资格的广告经营者、广告发布者。

《广告法》第三十三条规定，广告主或者广告经营者在广告中使用他人名义或者形象的，应当事先取得其书面同意；使用无民事行为能力人、限制民事行为能力人的名义或者形象的，应当事先取得其监护人的书面同意。

《广告法》第三十四条规定，广告经营者、广告发布者应当按照国家有关规定，建立、健全广告业务的承接登记、审核、档案管理制度。

广告经营者、广告发布者依据法律、行政法规查验有关证明文件，核对广告内容。对内容不符或者证明文件不全的广告，广告经营者不得提供设计、制作、代理服务，广告发布者不得发布。

《广告法》第三十五条规定，广告经营者、广告发布者应当公布其收费标准和收费办法。

《广告法》第三十六条规定，广告发布者向广告主、广告经营者提供的覆盖率、收视率、点击率、发行量等资料应当真实。

13.3.4 《广告法》对广告代言人的法律规定

《广告法》第二条规定，本法所称广告代言人，是指广告主以外的，在广告中以自己的名义或者形象对商品、服务作推荐、证明的自然人、法人或者其他组织。

《广告法》第三十八条规定，广告代言人在广告中对商品、服务作推荐、证明，应当依据事实，符合本法和有关法律、行政法规规定，并不得为其未使用过的商品或者未接受过的服务作推荐、证明。

不得利用不满十周岁的未成年人作为广告代言人。

对在虚假广告中作推荐、证明受到行政处罚未满三年的自然人、法人或者其他组织，不得利用其作为广告代言人。

思考题

新版《广告法》为什么要增加对广告代言人的法律规定?

13.4 我国广告行业自律及社会对广告的监督

13.4.1 我国广告行业自律

1. 广告行业自律的特点

广告行业自律主要有以下特点。

（1）自愿性。遵守行业规范、践行行业规范、自律，是广告活动参与者完全自愿的行为，不受任何组织或个人的强制。他们一般是在自愿的基础上组成行业组织，制定组织章程和共同遵守的行为准则，目的是通过维护行业整体的利益来维护各自的利益。因此，行业自律主要是依靠参加者的信念以及社会和行业同仁的舆论监督来实现。违反者，也主要以受到舆论的谴责作为惩戒。

（2）广泛性。广告行业自律调整的范围比法律、法规调整的范围更加广泛。广告活动涉及面广且不断发展变化，广告法律、法规不可能把广告活动的方方面面都规定得十分具体，而行业规范可以做到这一点，不仅能在法律规范的范围内发挥作用，也能在法律没有规范的地方发挥其自我约束的作用。因而，广告行业自律是限制广告法律、法规所不能约束的某些行为的思想和道德武器。

（3）灵活性。广告法律、法规的制定、修改和废止要经过严格的法定程序，而规范等自律规章只要经过大多数广告活动参与者同意，即可进行修改、补充。

2. 我国广告行业组织与行业自律

实施广告行业自律首先要成立行业组织，这些组织通常以广告协会的形式出现。有了它们，广告行业自律便能从组织上得以落实。下面以中国广告协会为例进行阐述。

中国广告协会成立于 1983 年 12 月，是由具备一定资质的广告主、广告经营者、广告发布者、广告代言人（经纪公司）、广告（市场）调查机构、广告设备器材供应机构等经营单位，以及地方性广告行业组织、广告教学及研究机构等自愿结成的行业性、全国性、非营利性的社会组织。

中国广告协会的职能是在市场监督管理部门的领导下，承担抓自律、促发展，指导、协调、服务、监督的责任。

《中国广告协会自律规则》包括总则、广告内容、广告行为、自律措施、规则体系和附则 6 个部分。

《中国广告协会自律规则》规定，对于违反该规则的相关责任者，经查证后，中国广告协会将采取自律劝诫，通报批评，取消协会颁发的荣誉称号，取消会员资格，降低或取消协会认定的中国广告业企业资质等级，报请政府有关部门处理等措施。

受篇幅所限，本书不对该自律规则内容进行详述。有学习需要的读者可登录中国广告协会网站阅读全文。

13.4.2 社会对广告的监督

1. 社会监督的必要性

一方面，社会监督是社会各方主动参与广告监管的重要手段。

由于广告的特殊性，广告监管已经并非只是关系广告行业的事，而是关系到社会公共利益的大事，要求社会各方共同关心和参与，社会监督就是社会和公众主动参与广告监管的重要手段。

另一方面，社会监督是广告监管公开化、透明化的具体体现。

社会参与广告监管，对违法广告行为进行揭露，能让全社会都认识到广告管制的重要性。社会各方都来关心广告，使广告管制公开化、透明化，不仅不会影响国家对广告的管理，反而会对广告的管理起到促进和帮助作用。

2. 社会监督的主要途径

社会各方对广告实施监督的途径主要有以下3个。

（1）新闻媒体的舆论监督

对违法广告行为，新闻媒体通过报道和揭露，将之公之于众，既可以为广告监管机关提供线索；也可以使消费者了解真相，避免上当受骗；还能使这些违法广告行为的制造者感受到舆论压力，从而迅速采取措施，改正错误。

（2）社会团体的积极参与

对广告行为的监督，社会团体的积极参与是必不可少的。因为这些社会团体成立的宗旨就是关注社会公众利益，保护公民的合法权益不被侵犯。在我国，对损害消费者利益的违法广告行为，中国消费者协会应义不容辞地给予消费者关心和帮助；对损害妇女和儿童合法权益的违法广告行为，中华全国妇女联合会参与监督是理所当然的；中国残疾人联合会关注损害残疾人利益的违法广告行为等，都是合理且正当的社会监督行为。

（3）公民举报投诉

每个公民都有责任和义务对违反法律的行为进行揭露。同时，在个人的合法权益受到不法侵犯时，公民既可以向政府主管部门反映和投诉，也可以通过法律途径提起法律诉讼。当发现某一广告行为违反法律法规或侵犯自己的合法权益的时候，公民可以向广告监管部门举报和投诉，或者向司法机关提起法律诉讼，以保障社会公共利益和自己的合法权益不被侵犯。

习　题

一、单选题

1. 全国人大常委会于1994年10月27日审议通过了《广告法》，该法从（　　）起正式施行，我国广告法制建设又进入了一个新的阶段。

A．1994年12月1日　　B．1995年1月1日

C．1995年2月1日　　D．1995年3月1日

2．根据新版《广告法》的规定，县级以上地方（　　）主管本行政区域的广告监督管理工作，县级以上地方人民政府有关部门在各自的职责范围内负责广告管理相关工作。

A．市场监督管理部门　　B．公安局
C．检察院　　D．城管大队

3．根据属地原则，由（　　）的市场监督管理部门负责对当地的广告活动实施监督管理。

A．广告制作地区　　B．广告主注册地
C．广告设计地区　　D．广告发布地区

二、多选题

1．广告行业自律的特点包括（　　）。

A．非强迫性　　B．道德约束性　　C．法律强制性
D．法规约束性　　E．灵活性

2．2015年新版《广告法》共六章七十四条，分为总则、广告内容准则、（　　）、附则6个方面。

A．法律责任　　B．行为准则　　C．广告行为规范
D．法律义务　　E．监督管理

3．《广告法》中的“广告行为规范”一章对所有从事广告活动的当事人的（　　）做了详细的规定，并对需要禁止的广告活动做了界定。

A．资格　　B．年龄　　C．性别
D．条件　　E．必须遵守的义务

三、名词解释

1．广告监管　2．广告法规　3．广告经营者　4．广告行业自律　5．中国消费者协会

四、简答及论述题

1．政府对广告实施监管的手段主要有哪些？

2．《广告法》对医疗、药品、医疗器械广告有何具体规定？

3．试论述《广告法》对广告代言人的法律规定。

4．试论述社会对广告的监督的必要性。

5．试论述社会各方对广告实施监督的主要途径。

综合案例

P2P产品“爆雷”，代言明星需要担责吗？

2020年年初这段时间，知名主持人W的日子过得颇不太平。打开搜索引擎，输入W的名字，几乎随处都可以看到对他的抨击。让W卷进争议漩涡的，是一款他曾经代言的互联网P2P（peer to peer，个人对个人）金融产品“爱钱进”。由于这款金融产品疑似“爆雷”，投资者无法按约正常兑付账面资产，许多愤怒的投资者都将矛头指向了曾在广告中为“爱钱进”说尽好话的W。

2020年7月2日，面对汹涌的网络舆论，W发出了一份代表其正式立场的声明。在声明中，W一方面对“爱钱进”投资者的遭遇表示“十分痛心”，另一方面也称自己一直在敦促平台解决问题，并为自己“未及时向大家通报”致歉。声明发出后，许多媒体都以“W致歉”为题报道了这则消息，但仔细分析W的措辞，人们也不难看出其中一些厘清责任的成分。

在声明里，W专门提到了自己为“爱钱进”代言的时限——“从2016年年底到2018年”。结合“爱钱进”在2020年疑似“爆雷”的情况，这似乎是在强调：“爱钱进”出事时已经与W无关。与此同时，W表示自己一直在敦促“爱钱进”解决问题，避免让自己站到有关维权行动的对立面。

声明发出后，“W致歉”的消息迅速登上热搜榜。但是，许多“吃瓜网友”没有注意到的是，W并

未为其代言行为道歉，而只是为其没有及时向投资者通报其敦促“爱钱进”解决问题的情况而道歉。这样的道歉既无对其代言行为的反思，也无对其轻信“爱钱进”的悔意，有避重就轻的嫌疑。也正因如此，许多“爱钱进”的投资者对这份声明并不买账。

在这些受到“爱钱进”欺骗的投资者看来，尽管W的代言发生在产品疑似“爆雷”之前，但是“爱钱进”的运营模式并未在W停止代言之后发生明显改变。其中，不少投资者在2018年之前就已经开始在“爱钱进”进行投资，他们之所以信赖这一产品，与W的背书不无关系。为此，这些投资者认为：W在代言过程中并没有尽到了解产品的义务，使得他们受到了明星代言效应的欺骗。也正是基于这样的认识，他们才执着于向W追责，以图挽回自己的损失。

一边是蒙受了巨大损失、不知如何挽回的投资者，一边是自认委屈、看似“躺枪”的W，两者孰是孰非？网友们一时为此争得不可开交：其中，既有同情投资者，认为W基于情理理应承担部分责任的人；也有将投资者的损失归因于其鉴别能力弱和判断力缺失，认为这样的结果与W无关的人。

然而，不论网友们究竟持有怎样的意见，这个问题归根结底都是一个法律问题。事实上，W不是第一个因为代言“问题产品”而被消费者追究的名人，也并不是第一个与“爆雷”的P2P金融产品扯上关系的明星。此前，黄××、杜××等人都曾因为代言类似的金融产品成为备受争议的对象，再往前追溯，更有小××代言“炫白牙膏”、郭××代言“藏秘排油”等相关案例。

面对层出不穷的“虚假代言”现象，2015年，新修订的《广告法》明确规定：“对在虚假广告中作推荐、证明受到行政处罚未满三年的自然人、法人或者其他组织，不得利用其作为广告代言人。”这一规定加强了对涉嫌虚假代言的明星的可执行性惩戒，也进一步明确了明星对其代言产品所负有的责任。

资料来源：中国青年报客户端。

问题讨论

本案例中，“爱钱进”的广告代言人需要承担法律责任吗？如果需要承担，其法律、法规的依据是什么？

第 14 章　国际广告

本章导读

国际广告是国际市场营销活动中最重要的促销手段之一。与国内广告相比，国际广告还会受到诸多迥异于本土的政治、经济、人口、法律、社会文化、科学技术发展水平等因素的影响和制约，因而策划和实施起来更加复杂，也更具挑战性。本章主要包括国际广告概述、国际广告的创意要求与策略和国际广告媒体的内容。通过本章的学习，读者能够了解国际广告的含义、特殊性及作用，掌握国际广告的创意和媒体投放策略。

知识结构图

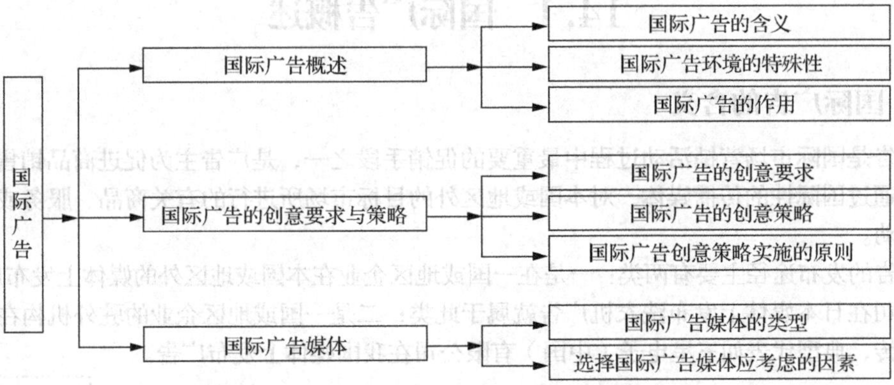

开篇引例

百威“蚂蚁”广告穿越大洋传递春节气息

2007 年 2 月 18 日，农历正月初一，专为欢庆中国春节而特别制作的百威“蚂蚁”电视广告首次亮相纽约时代广场大屏幕，并且连续 7 天滚动播放；与此同时，这一广告也登上了上海、北京、广州、温州、成都等中国大城市的电视荧屏。这是百威啤酒首次在国外投放中文贺岁广告，也是该品牌为全球华人定制的又一创意营销策略。

现代化的摩天大楼、朝气蓬勃的中国青年，还有满天喜气洋洋的百威春联——这则全新的贺岁广告通过现代元素与传统元素的巧妙结合，既展现了百威啤酒与中国人共同欢庆春节的场景，也将中国和谐、进步的全新面貌呈现给了世界。广告中甚至出现了雪山流云间蜿蜒的青藏铁路，体现了百威时刻与中国共举杯的本土化战略。而百威的广告明星——百威蚂蚁，当然也没有缺席。它不但为广告增添了娱乐性，更代表了中国文化中成功必备的元素：团队合作、智慧和荣誉。

春节是中国的传统佳节。在这样一个中国人与亲朋好友欢聚的时刻，纽约时代广场播放的中文版百威广告能够拉近百威与全球华人之间的距离。百威希望借此机会，向全世界展现本企业对中国市场的长远承诺和坚定信心，更把中国的传统文化和现代风貌传播到全球更多地方。

位于纽约曼哈顿中心的时代广场，由于其绝佳的地理位置及商业环境，早已成为全球著名的企业推广和提升形象的重要场地，它的户外广告板和电子屏是全球商家的必争之地。它就像一张摆放广告盛宴的餐桌，展示着世界各地的风情和创意，也吸引着五湖四海的游客专程前往参观，时代广场每年接待的游客总数超过 4 000 万人。这次百威将独具中国特色的新春贺岁广告带到时代广场，是该企业针对全球华人的又一项创意营销策略。

资料来源：中国经济信息网。

案例分析

1995 年，百威第一次将“蚂蚁”电视广告片引进中国。该广告片一经播出，就受到中国消费者的好评，蚂蚁身上所体现出的机智、勤奋和团队精神也引发了他们的共鸣。根据中国消费者的审美情趣和价值观，百威不断对广告的内容和风格进行调整，在中国制作并投放了多个以“蚂蚁”为主题的系列广告。百威“蚂蚁”从此真正在中国安家落户，并为百威在中国建立起良好的品牌形象立下汗马功劳。案例中由百威中国团队打造的、富有中国特色的百威“蚂蚁”广告又穿越大洋，回到美国并登上纽约时代广场大屏幕，向全世界展示中国的风采。

14.1 国际广告概述

14.1.1 国际广告的含义

国际广告是国际市场营销活动过程中最重要的促销手段之一，是广告主为促进商品销售，主要以付费的方式，通过国际性的传播媒体，对本国或地区外的目标市场所进行的有关商品、服务或企业形象的信息传播活动。

国际广告的发布途径主要有两类：一是在一国或地区企业在本国或地区外的媒体上发布广告，例如，我国海尔公司在日本媒体上发布洗衣机广告就属于此类；二是一国或地区企业的驻外机构在当地市场上进行广告宣传，典型代表如三星电子（中国）有限公司在我国媒体上发布广告。

14.1.2 国际广告环境的特殊性

微课堂

国际广告环境的特殊性

国际广告环境的特殊性主要体现在以下几个方面。

1. 经济环境的特殊性

经济环境包括宏观经济环境和微观经济环境两个层面，是影响广告活动的重要环境因素。宏观经济环境主要指一国或地区经济发展的阶段和发展水平、经济制度与市场体系、财政预算、贸易与国际收支状况等。有利的宏观经济环境能够促进企业的发展，而不利的宏观经济环境会让企业生存异常困难。微观经济环境主要包括组织所在地区或所需服务地区消费者的收入水平、消费偏好、储蓄情况、就业程度等因素，这些因素直接决定着市场的规模和消费的结构。

当一个国家或地区经济繁荣、人民生活富足时，就会对知名品牌和高档产品有更多的需求。广告的宣传策略也应该是突出品牌形象，强调产品的高品质；而在经济发展程度较低、人民生活较为困难的国家和地区，价廉物美的产品更受欢迎，企业在进行广告宣传时要充分考虑到这一点，此时，广告的诉求应重点放在宣传产品的经久耐用和物美价廉等方面。

2. 社会文化环境的特殊性

社会文化环境包含一个国家或地区的消费者特定的受教育程度、价值观念、行为方式、伦理道德规范、审美观念等内容。社会文化环境影响和制约着人们的消费观念、购买行为和生活方式，具体表现如下：价值观念会影响消费者对组织目标、组织活动以及组织的态度；审美观念则会影响人们对组织活动内容、活动方式以及活动成果的态度等。

我们都生活在特定的社会文化环境中，受其影响，我们认识事物的方式、行为准则和价值观等通常会异于生活在其他社会文化环境中的人们。例如，由于价值观念不同，不同国家或地区的消费者对周围事物的美丑和重要性等的评价也不同。对于同一种款式的产品，某些国家或地区的消费者认为是美的，而其他国家或地区的消费者也许认为是丑的；对于同一种色彩的产品，低收入国家或地区的消费者可能十分喜爱，但发达国家或地区的消费者可能很少问津；同一种消费行为，在这方土地上是习以为常的，在另一方土地上则可能被认为是不可思议的。再如，社交礼仪等方面的差异往往影响广告活动的内容与形式。

因此，在开展国际广告活动时，广告主必须要全面了解、认真分析目标市场的社会文化环境，以准确把握消费者的需求、欲望和购买行为，做出正确的广告决策。日本立邦漆在中国发布的“立邦漆盘龙”广告曾引起轩然大波，这足以让从事国际广告宣传活动的广告主、广告策划机构和广告媒体引以为戒。

阅读资料 14-1　国际广告的民族化问题

民族化是反映一个国家、民族独特气质、精神和传统的内在规定性。广告是在国际社会宣传一个国家或地区的企业和产品的信息传播形式，对一个企业来说，它代表企业的形象，但对整个国家或地区来讲，它代表了一个国家或地区的形象。因此，国际广告的策划水平，往往成为国际社会认识和评价一个国家或地区的重要途径。在国际广告的内容选择上，企业既要考虑国际市场的特定环境，更应注意体现本民族的特色，民族特色是吸引国际消费者的有力武器。从内容上看，民族化反映一个国家、民族独特的气质、精神和传统；从形式上看，表现为民族的美学观念以及独有的形象展现出的色彩、文字和图案。通过民族特色来宣扬产品的特点，就能形成独特的广告风格。鲜明的个性与风格特征、基于广泛调查确立的战略，这是世界上一切优秀广告的共同特点。没有鲜明的个性与风格，没有合理的战略安排，广告就会流于平庸，无法把产品或服务的信息送入消费者的记忆中，促使其购买。

3. 政治法律环境的特殊性

政治法律环境指一个国家或地区的政治制度，政治形势，政府的方针、政策以及国家制定和颁布的各种法律、法规等，上述因素都会对国际广告活动产生重大的影响。例如，一些国家严禁刊播比较广告，认为比较广告有可能会损害公平竞争。而有些国家则对此没有限制，如我们所熟悉的百事可乐与可口可乐经常发布针对竞争对手的比较广告，这类广告不仅可以直截了当地指出对手的不足，甚至可以尽情地揶揄和讽刺对手。

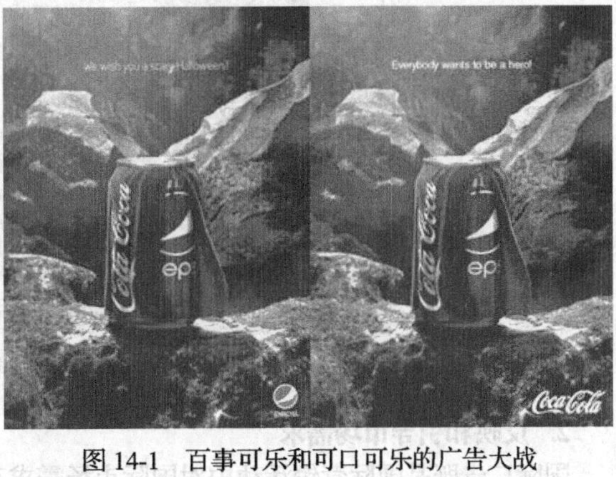

图 14-1　百事可乐和可口可乐的广告大战

在比较广告方面，百事可乐与可口可乐的“万圣节之战”堪称经典，如图 14-1 所示。比利时一家广告代理商让百事可乐在万圣节换装，打扮成披着“可口可乐披风”的“超人”，并搭配文案“We wish you a scary Halloween!”(祝你有一个恐怖的万圣节。) 不过仔细一看就会发现，披风上写的并不是“Coca Cola”而是“Cola Coca”，百事可乐这张海报文案的潜台词就是，穿上可口可乐披风，人们就可以在万圣节出来吓人了，这无疑是在暗讽老对手。

可口可乐对此快速回应，使用了同样的画面，但将文案更改为：“Everybody wants to be a hero!”（每个人都希望成为英雄。）可口可乐对此的回应可谓兼具创意和幽默，表示只要穿上可口可乐披风就能成为大英雄。可口可乐使用与对手相同的海报画面，只是改了一句文案，就化解了百事可乐的嘲讽。

4. 科学技术环境的特殊性

科学技术是社会生产力的表现，是企业把资源转化为符合人们需要的物品的基本手段。科学技术的进步，使得广告行业也随之发生巨大的改变，如网络媒体的异军突起对传统媒介产生了巨大冲击，广告传播手段也因此更加丰富和更具选择性。但由于不同国家和地区在科学技术方面存在客观差异，国际广告在广告创意、制作和发布方面也面临着不同的困难和制约。如一些国家或地区媒介技术落后，企业在该国或地区开展国际广告活动就会大受影响，这表现为一些先进的传播手段无法使用，广告的宣传效果因此大受影响。

> **思考题**
>
> 除了经济环境、社会文化环境、政治法律环境和科学技术环境外，国际广告环境的特殊性还体现在哪些方面？

14.1.3 国际广告的作用

1. 树立品牌形象，推广国际品牌

由于地域上的差异，一个在本国或地区家喻户晓的品牌在其他国家或地区可能籍籍无名，甚至是其他国家或地区的消费者闻所未闻的。企业可以通过新闻媒体对产品进行介绍和宣传，但宣传形式本身具有一定的局限性，如宣传范围有限、展现形式单一、内容难以完全控制等。而具有传播范围广、信息传播速度快、展现形式多样等优势的国际广告，可以有效帮助企业顺利进入国际目标市场。例如，20 世纪 80 年代，当我国消费者还保持着品茶、购茶的传统时，雀巢咖啡以一句“味道好极了”的广告语唤醒了国内消费者新的味觉追求，朴实无华的广告诉求一下子拉近了这一品牌与中国消费者之间的距离。雀巢咖啡在中国的广告设计如图 14-2 所示。

图 14-2 雀巢咖啡在中国的广告设计

2. 反映和引导市场需求

国际广告既是国际营销活动中对国际市场需求有灵敏反应的“风向标”，又是引导市场需求走向的“领航者”。设计良好的国际广告能充分体现国际市场需求的特点，迅速、有效地反映市场需求；国际广告也能够发掘市场潜在需求，倡导新的消费理念，引发消费者的购买动机。

3. 促进国际间文化交流，增强目标市场企业的竞争意识

国际广告应以了解不同国家或地区的文化差异为前提，尊重别国或地区人民的习俗，才能达到预期的广告效果。广告作为一门艺术，具有美或情感的表现力、感染力，比其他沟通方式更能表现国际产品或企业的价值，从而以其特有的文化内涵赢得目标市场消费者的喜爱。此外，有些国际广告通过公关广告、情感广告来联络民族情感，加深与目标市场消费者的友谊，为进一步经济合作奠定基础。当然，本国或地区之外的产品和广告的进入，会对目标市场的民族工业带来一定的压力。但目标市场企业为了生存和发展，必须参与国际竞争，增强竞争能力，这也在客观上增强了目标市场企业的国际竞争意识。

拓展知识

海尔洗衣机在日本走红

14.2 国际广告的创意要求与策略

14.2.1 国际广告的创意要求

1. 国际广告必须考虑目标市场的经济环境

广告主在进行国际广告策划时，必须首先分析目标市场的人口规模、国家或地区的经济类型，以及由此形成的市场需求、市场潜力、收入分配等经济状况，并以此确定广告活动的基本思路和方针。

2. 国际广告必须适应目标市场的语言文化

开展国际广告活动，必须要了解目标市场的文化背景。由文化不同带来的消费差异是国际广告必须要正视的问题，而在各国或地区的文化元素里，语言文化是最直接的体现。能否正确地“用目标市场消费者乐于接受的语言说话”是国际广告成功与否的关键。例如，七喜（7-UP）在进入中国市场时，译者用“喜”代替“起”，迎合了中国人讲究吉利的心理。百事（pepsi）可乐则以意译为主，以至于现在中国人经常相互祝福“百事都可乐”。雪碧（Sprite）直接翻译过来就是“妖精”，而音译成“雪碧”则给人以清凉之感。化妆品“REVLON”在中国译为“露华浓”，给人高雅、艳丽的感觉，迎合了女性消费者浪漫诗意的口味。

3. 国际广告必须尊重目标市场所在国家或地区的民众的宗教信仰

不同国家和民族的宗教信仰不尽相同，因此会有不同的禁忌。国际广告应尽量避免涉及目标市场所在国家和地区的宗教问题，更要远离宗教敏感话题。否则可能会引发目标市场所在国或地区民众的不满，进而造成严重的危机，现实中这样的案例不胜枚举，必须引以为戒。

思考题

国际广告为什么常会在文化方面出现“水土不服”的情况？该如何避免？

4. 国际广告应接受各国或地区对广告的管制

虽然国际广告是从母国广告中延伸出来的，但由于其广告受众及传播环境在目标市场，因此，国际广告必须接受目标市场所在国或地区对广告的管制，包括广告的内容、发布时间、传播范围等。这将直接影响到国际广告的传播效果及广告成本。

案例讨论

丰田汽车广告风波

2003 年 11 月，两则丰田汽车广告在网络上引起不小的波澜。其一为刊登在《汽车之友》第 12 期杂志上的“丰田霸道”广告：一辆“霸道”汽车停在两只石狮子的前面，一只石狮子抬起右爪做敬礼状，另一只石狮子俯首，背景为高楼大厦，配图广告语为“霸道，你不得不尊敬”。其二为“丰田陆地巡洋舰”广告：该汽车在雪山高原上以钢索拖拉一辆绿色国产大卡车，拍摄地点在可可西里。

广告刊登后，引起了无数人的愤怒。很多网友认为，石狮子有象征中国的意味，“丰田霸道”广告却让它们向一辆日本品牌的汽车“敬礼”“鞠躬”，“考虑到卢沟桥、石狮子、抗日三者之间的关系，更加让人愤恨”。对于拖拽卡车的“丰田陆地巡洋舰”广告，很多人则认为，广告图中的卡车系“国产东风汽车，绿色的东风卡车与我国的军队用车非常相像”。

为此，众多网友在新浪汽车频道等专业网站上发表言论，认为丰田公司的两则广告侮辱了中国人，伤害了中国人的自尊，更有网友发出过激的评论。

网友的声音迅速增大，仅新浪网上关于此事的网友评论就超过了 3 000 条，网友对丰田公司这两则广告的关注程度远远超过了其他汽车新闻。其中大多数网友把矛头指向了丰田公司、广告制作公司和刊登广告的杂志，要求他们赔礼道歉。一位网友甚至还模仿“丰田霸道”广告制作了一幅图，画面上，狮子把霸道汽车按在了爪子之下。

各家媒体也迅速跟进报道此事。2003 年 12 月 3 日，国内最具影响力的媒体——新华社对问题广告进行了报道，随后，国内的许多媒体都不同程度地对此事进行了追踪。而在日本颇有影响的报纸——《朝日新闻》也报道了此事，并带动了其他日本媒体对此事的关注。

原国家工商行政管理总局也对这两则广告表示了关注，并要求投放、刊登广告的杂志社提交了书面材料。

各方的强烈反应，让丰田公司、广告制作公司和刊登广告的杂志认识到了问题的严重性，开始通过各种途径道歉。

资料来源：作者根据网络相关资料撰写。

案例评析

国际广告面临着与本国或地区不同的特殊环境，尤其是社会文化环境，它潜移默化地影响着目标市场所在国或地区的广告受众，除非广告主深入了解，否则社会文化环境很难为外人所知晓。本案例中，日本企业在中国刊登如此张扬的广告，是一种对中国文化、民族情感极其无知的表现，严重伤害了中国人民的感情，从而激起了中国人民的愤怒。

14.2.2 国际广告的创意策略

根据消费者购买行为的差异，国际广告创意策略主要可以分为 3 种，即标准化策略、本土化策略以及全球性策划和本土化执行相结合的策略。若不同国家或地区消费者的购买行为习惯相似或差异较小，一般宜采用标准化策略；反之，如果差异较大，则适合采用本土化策略；为了综合各种创意策略的优点，当前，越来越多的企业采用了全球性策划和本土化执行相结合的策略。

1. 标准化策略

在全球经济一体化的浪潮中，最大限度地满足全球消费者需求、提升企业的国际统一形象、降低企业广告成本、扩大利润空间，是国际企业追求的最终目标。经过国际广告界多年的摸索与实践，广告界的一些专家与学者提出了国际广告标准化策略，其具体含义为，国际企业在不同的国家和地区，采用相同的广告策略、广告信息和创意，以及尽可能相同的媒介进行广告宣传。

这种策略的着眼点是全球消费者有着共通的"语言"和追求，如对美丽、亲情、健康的追求，对家庭团圆、幸福祥和的期盼，对美好爱情、友情的憧憬等。因此，广告活动可以完全基于上述共性开展，而不必考虑国家或地区的差异。广告采用标准化策略具有以下优点。

（1）使国际企业的整体目标保持一致，以统一的形象把广告信息传递给各个目标国家或地区，能够保持企业形象的整体性，易于消费者记忆，从而加深消费者对企业及产品的印象。美国的英特尔公司在国际市场上几十年来一直采用标准化策略，始终以统一的企业和产品形象出现。因此，无论在哪个国家或地区，消费者都能很清楚地感受到英特尔公司所要传递的品牌理念。

（2）有利于实现规模化经营。实施广告标准化策略的前提是产品的标准化，即在全球市场上生产与销售同样的产品。因此，企业无须再针对不同的消费群体设计不同的产品、建立不同的生产线以及采取不同的分销手段，从而可以有效地实现规模化经营。

（3）可以降低企业广告促销活动的成本。标准化策略下的广告采用统一的标准，企业无须再花费大量的人力、财力、物力进行多种不同广告的美术设计、文字撰写、排版、印刷、制片等，因而大大节省了广告的成本。

尽管实行标准化策略有上述诸多优点，但这是有前提条件的，即上文所说的"全球消费者有着共通的'语言'和追求"。然而，现实中的国际市场以及国际市场上的目标消费者之间的差异是客观存在的，所以标准化策略并不是都适用。

2. 本土化策略

国际广告创意的本土化策略是指鉴于不同国家或地区目标市场的实际差异，国际企业需要确定不同的广告目标，设计不同的广告主题，以及向广告受众传递不同的广告信息。国际广告创意的本土化策略承认不同国家或地区消费者需求的差异性，因此企业在设计广告时注意尊重目标市场所在国家或地区的文化并结合消费者的价值观，力争做到"入乡随俗"。本土化策略主要体现在品牌名称的本土化、广告语言的本土化、广告形象的本土化、广告代言人的本土化和广告创意的本土化等诸多方面。显然，本土化策略能够适应不同目标市场文化的差异和消费需求，使消费者更易于接受企业及产品，因而企业在标准化策略运用中遇到文化差异时可以用本土化策略化解尴尬。

（1）品牌名称的本土化

俗话说"名不正则言不顺，言不顺则事不成"，可见给产品取一个合适的名字是多么重要的事情。但由于语言文化上的差异，一些国外品牌如果简单按照字面含义或发音直译往往会"水土不服"，甚至让人啼笑皆非。

下面以宝马 BMW 为例来说明外来品牌名称翻译的重要性。"BMW"的德文全称是"Bayerische Motoren Werke AG"，意思为"巴伐利亚发动机制造厂股份有限公司"，英文全称是"Bavarian Motor Works"，缩写为"BMW"。然而对于中国消费者而言，这样的缩写并不能引起共鸣，但翻译成"宝马"之后就大不一样了。中国有"胯下有良驹，良将得宝马"的说法，将"BMW"翻译成宝马，既贴合汽车的功能，又体现出了汽车的品质，不愧是本土化名称中的杰作。

另一个将品牌名称成功本土化的企业是宝洁。可以说，宝洁将旗下品牌的中文名称与中国传统审美观结合得天衣无缝。宝洁在对中国市场进行充分调研之后，为其旗下洗发水产品进行了独具匠心的命名。例如，潘婷的目标消费群是都市职业女性，潘婷这一名称与该洗发水的定位十分吻合。而飘柔更是将中国人心中美女长发飘飘、温柔多姿的典型形象表现得淋漓尽致，使中国消费者非常容易接受这一品牌，并且向往和品牌名称一样美丽脱俗。在模特的选择上，宝洁精心挑选了深受都市女性喜爱的演员作为潘婷的代言人，该演员拍摄的潘婷洗发水广告如图 14-3 所示。该演员清新脱俗的气质与潘婷的产品定位完美结合，进一步诠释了潘婷产品的内涵。

图 14-3 潘婷洗发水广告

当然，也有由于忽略了本土化而造成巨大失败的案例。我国一款叫“芳芳”的口红，在推向国际市场时，将其品牌名称直接音译为“fangfang”，却忽视了“fang”恰好是一个英文单词，意为狗的长牙或蛇的毒牙，结果这一名称使外国消费者联想到涂上这个牌子的口红就变成了张牙舞爪、毒液四溅的恶犬或毒蛇。试想有谁愿意变成青面獠牙的“魔鬼”呢？所以这款口红销路不畅也就不奇怪了。

（2）广告语言的本土化

以法国人头马酒品广告为例，在欧美国家，其广告是“干邑艺术，似火浓情”，而面对东方人特别是在华人市场上，该品牌则采用了“人头马一开，好事自然来”的广告语。这是因为商家看到了东西方酒文化的差异，实施了本土化策略。在欧美国家，消费者崇尚激情、浪漫，而“干邑艺术，似火浓情”的广告语，把白兰地比作艺术品般精美诱人，把酒的醇香比作情火般浓烈，符合欧美风情与文化，很容易唤起西方人内心的共鸣，引起西方人的购买欲望和购买行为。但中国的酒文化则浸透着“吉”字——国家庆典、迎宾要喝，过年过节要喝，婚嫁更要喝，中国人特别喜欢在吉庆的日子把酒言欢。因此当人头马酒进入中国市场时，其广告语就改为“人头马一开，好事自然来”，充满祝福，使人马上联想到欢天喜地的氛围。相反，如果不了解目标市场所在国家或地区消费者的民族性格，道德价值取向错误，就会造成不可弥补的损失。

（3）广告形象的本土化

广告形象的本土化，可以大大拉近品牌与目标市场上的目标消费者的距离，让广告受众倍感亲切。例如，在 2003 年春节期间，肯德基的山德士上校一改平日白色西装的经典形象，开始在中国 170 座城市的 800 余家分店统一换上大红色唐装，头戴瓜皮小帽迎接消费者。上校还是那个上校，可着装的改变却凸显出一派喜气洋洋的中国年气象。这一下子拉近了肯德基与中国人的距离，令人感到十分亲切，同时也吸引了原本可能对“洋快餐”具有排斥心理的中老年消费者，扩大了潜在的目标消费群体。①

此外，肯德基专为中国消费者打造的新产品川辣嫩牛五方，颠覆了传统西式牛肉汉堡的形象，摒弃了将碎牛肉压制成饼的做法，改为精选牛排肉，将其切成条状，腌制成独特的川辣口味，并配以新鲜的蔬菜和香脆玉米片，用面饼包成五方形奉客，充分考虑了中国消费者的口味和营养需求。其产品海报上的广告画面处处体现着中国的文化元素，如图 14-4 所示。

① 田丽. 国际广告的本土化策略研究. 现代经济信息，2010（1）：176-177.

图 14-4　肯德基专为中国消费者推出的新产品

（4）广告代言人的本土化

国内运动品牌“李宁”初进美国市场时并不为人所知，在市场上默默无闻，经营惨淡。为了塑造李宁的国际品牌形象，李宁签约 NBA 最著名的强力中锋、绰号“大鲨鱼”的奥尼尔为形象代言人，以确立高大霸气的品牌新形象。借助奥尼尔的超高人气，李宁终于顺利打开了美国市场。

（5）广告创意的本土化

本土化广告创意策略有助于让目标受众产生情感上的共鸣。例如，我国青岛啤酒进入东南亚市场时，企业在广告宣传中刻意强调了啤酒的产地——山东青岛崂山，并巧妙地运用了“美不美，家乡水”的广告语。我们都知道，东南亚是广大华人聚集的地方，他们虽然远在异国他乡，但无时无刻不对家乡有着浓浓的思念之情。这句话引起了当地华人的共鸣，使他们感到青岛啤酒仿佛将他们带回了魂牵梦萦的家乡，所以他们喝下去的不仅是地道的美酒，还有对家乡的深深眷恋与热爱。

3. 全球性策划和本土化执行相结合的策略

国际广告创意的标准化策略和本土化策略各有千秋，孰劣孰优很难简单评判。过分强调标准化或本土化都会带来一定的问题，这在前文已经做过分析。因此，全球性策划和本土化执行相结合无疑有助于克服国际广告中过分强调标准化和本土化带来的缺点。例如，高露洁-棕榄公司一直热衷于进行全球性广告的推广活动，但是它的广告策略允许根据目标市场所在国家或地区的实际情况，对全球性广告进行修改和重新拍摄，不过这样做的前提是必须保留原创意中“微笑的地球”这个统一概念和视觉形象。

14.2.3　国际广告创意策略实施的原则

在国际广告创意策略实施的过程中，应该注意以下几个原则。

1. 充分表现国际产品的核心内容及特色

国际广告创作应该表现国际产品的核心价值，因为核心价值是国际产品的理念与精髓，它既是企业面向国际市场的绝佳卖点，也是目标市场上的广告受众最为关注的利益点。国际产品的核心内容及特色能否在广告中被出色地展现，关系到国际广告最终的成败。

2. 恰当选择诉求方式

国际广告应该根据目标受众的不同心理采用恰当的诉求方式。例如，基于美国和日本两国消费者对广告的不同认知心理，日本松下电器公司（以下简称“松下”）的迷你冰箱在这两个国家采用了不同的诉求方式。这是因为美国人比较重视广告中所表现的产品的实际利益，而日本人则比较重视广告中模特对产品的情感体验。松下在美国的广告采用的是理性诉求的方式，广告强调的是迷你冰箱体积小、价格低、适合单身者使用等特点。其在日本的广告中则采用了情感诉求的方式，广告中，一位单身妇女沮丧地望着地板上那张离去的恋人的照片，而房间里放着一台迷你冰箱。这时，画外音响起："在这样的夜晚，与其为他的离去而犯愁，不如痛饮一杯，这样，你的心情会好受一些。忘掉他吧！你还拥有你的迷你。"这时广告的女主人公从地板上爬起来，走向迷你冰箱。广告中的"迷你"一语双关，使这位单身妇女平添了几分信心，对未来重新充满了希望。

3. 重视广告语言文字的翻译

国际广告中语言文字的翻译非常重要，稍有不慎，企业就会因不了解其他国家或地区的语言含义和文化背景招致不必要的麻烦。因为同样的词在不同的国家或地区有不同的释义，如果不重视广告语言文字的翻译，就会带来很多文化上的歧义，甚至会引发文化上的冲突，从而对企业及其品牌造成不利的影响。例如，上海产的"白翎"钢笔，其名称直译为"white feather"，但这款钢笔在英语国家无人问津，其原因在于英语中有句话是"to show the white feather"，即"临阵脱逃"，白色羽毛象征的是胆小鬼。

4. 国际广告必须与国际公关活动相结合

国际广告与国际公关活动虽然在宣传形式上有所区别，但它们的目标是一致的，都是加强和目标市场消费者的沟通，增进国际企业和各国或地区人民之间的友谊，促进产品销售。将国际广告与国际公关活动结合在一起，有时能够起到事半功倍的效果。

14.3 国际广告媒体

14.3.1 国际广告媒体的类型

国际广告可以选择的媒体有两种类型，即国际媒体和当地媒体。国际媒体是指面向国家或地区内外或者面向多国或地区的媒体，甚至包括面向全世界的全球媒体。国际媒体一般是比较具有权威性和可信度的，企业通过国际媒体打入国际市场犹如"站在巨人的肩膀上"，能让目标受众对广告中的信息更加信服。当地媒体是指目标市场面向本国或地区的媒体。当地媒体的针对性较强，更加熟悉目标市场消费者的需求。选择当地媒体做国际广告，有利于国际产品差异化和集中化战略的实施。企业应根据自身的实际情况来选择上述两类媒体。

一般来说，广告主题直接明了、易被大众理解，广告信息为大众熟知，不存在文化接受差异的国际广告宜选用国际媒体。这是因为这类广告受目标市场所在国家或地区文化的影响较小，企业采用标准化策略，通过国际媒体进行广告发布，不仅高效、便于管理，还有助于节省广告费用。

但如果广告主题可能会在不同国家或地区产生歧义、广告以情感诉求为主，应多选用当地媒体来进行广告宣传。此类广告在理解上有一定难度，受目标市场所在国家或地区文化的制约较多，选用熟知目标市场情况的当地媒体可以有效避免上述问题。

阅读资料 14-2 国际广告的媒体选择策略

面对错综复杂的国际市场，企业国际广告业务所面临的难点是标准化与本土化的抉择问题。主张本土化的观点认为，世界上国与国之间、地区与地区之间在政治、经济、文化等各方面都存在着巨大的差异，国际营销者应根据各国或地区市场的不同特征，为不同的国家或地区设计制作内容不同、形式相异的广告，这是国际广告的本土化策略。另一种截然相反的观点则认为，世界各国或地区的市场存在着共性，消费者的需求在许多方面表现出一致性，国际营销者完全可以为世界各国或地区统一设计制作在内容和形式上相同的广告，这样有利于企业在世界上树立起企业及其产品的统一形象，这就是所谓国际广告的标准化策略。

这两种策略各有侧重。本土化策略强调各国市场或地区的独特性和差异，具有相当强的针对性，主要以不同的产品特色满足当地目标市场消费者的特殊需要，如美国的吉列公司采用的就是本土化策略。该公司在世界 200 多个国家和地区销售 800 多种产品，大部分产品在不同国家或地区使用不同的品牌名称，其设计制作的广告也有较大的差异。这种策略虽然会导致较高的广告成本，但较好地满足了消费者需要，能提高销量，带来较高的促销效益。标准化策略则强调各国或地区市场的共同特征，把相同的广告信息向各国或地区的不同的市场传递。最为典型的例子是美国可口可乐公司，该公司运用广告标准化策略，在世界上 100 多个国家和地区从事营销活动，取得了令人瞩目的成功。这种策略有利于企业整体促销目标的制定、实施和控制，并且有利于成本控制和统一管理，从而获得规模经济效益。

14.3.2 选择国际广告媒体应考虑的因素

选择国际广告媒体，应从以下几个方面重点考虑。

1. 广告产品的性质和特点

不同的广告媒体有着不同的目标受众和广告表现力，开展国际市场营销的企业应根据广告产品的性质和特点选择最适合的广告媒体。例如，服装类产品不仅要突出款式，还要传递出色彩的搭配效果，因此彩色的时装杂志是最佳的选择；如果选择报纸作为广告的发布媒体，服装的表现效果就会大打折扣。

2. 目标消费者的媒体习惯

国际目标市场上的消费者有其特定的接触媒体的习惯，充分了解他们的媒体习惯，有助于增强国际广告刊播效果的针对性和有效性。例如，电视和互联网对青少年来说可能是最为有效的广告媒体，而女性报刊或儿童杂志则是发布妇女、儿童用品较为适合的广告媒体。

3. 媒体费用

不同媒体的广告费用各不相同，这不仅取决于媒体自身的声誉及影响力，还受到广告时间长短、时段质量和版面位置、大小等因素的影响。例如，黄金时段电视广告的费用很高，而其他时间段则相对低一些。因此，企业应根据自身的财务实力量力而行，选择最为经济有效的媒体。

4. 媒体发布广告的时间是否适宜

广告发布必须及时，错过时机的广告发布，其效果会大打折扣甚至变得毫无意义。因此，只有了解广告媒体的发布周期和时间安排，才能在最适宜的时间点刊播广告。例如，在印度，由于纸张供应紧张，报纸广告版面不足，广告主一般需提前 6 个月预订广告位置。因此，广告主在制订广告计划时需把握好广告发布的时间，密切配合产品的上市时机，做出恰当安排。

习　题

一、单选题

1．相较于国内广告，国际广告更加（　　）。

A．简单　　B．复杂　　C．标准化　　D．个性化

2．（　　）的本土化，可以大大拉近与东道国目标消费者的距离，让广告受众有一种倍感亲切的感觉。

A．广告代言人　　B．广告语言　　C．广告形象　　D．广告创意

3．德国产的汽车“Mercedes Benz”进入中国市场时，译者在翻译这一品牌时省略了复杂的 Mercedes 一词，将该品牌译为“奔驰”，这采用的是（　　）策略。

A．广告创意的本土化　　B．广告形象的本土化

C．广告语言的本土化　　D．品牌名称的本土化

4．若不同国家和地区消费者的购买行为习惯相似或差异性较小，一般宜采用（　　）的国际广告创意策略。

A．本土化策略　　B．标准化策略

C．全球化策划和本土化执行相结合　　D．国际化策略

5．日本松下电器公司的迷你冰箱在美国采用的广告诉求方式是（　　）。

A．理性诉求　　B．感性诉求　　C．幽默诉求　　D．USP 式诉求

二、多选题

1．国际广告环境的特殊性主要体现在（　　）。

A．经济环境的特殊性　　B．社会文化环境的特殊性

C．政治法律环境的特殊性　　D．地理环境的特殊性

E．科学技术环境的特殊性

2．国际广告的主要作用包括（　　）。

A．树立品牌形象　　B．增强目标市场企业的竞争意识

C．降低广告费用预算　　D．反映和引导市场需求

E．促进国际间文化交流，提升东道国企业竞争意识

3．国际广告的社会文化环境包含一个国家或地区的居民特定的（　　）等内容。

A．受教育程度　　B．行为方式　　C．价值观念

D．审美观念　　E．伦理道德规范

4．以下属于国际广告创意本土化策略的有（　　）。

A．将“Bayerische Motoren Werke AG”（巴伐利亚发动机制造厂股份有限公司）翻译为“宝马”

B．宝洁旗下洗发水品牌命名为“潘婷”

C．肯德基在中国市场的海报上处处体现着中国文化元素

D．青岛啤酒在东南亚市场上以“美不美，家乡的水”作为广告语

E．海尔在国内市场使用“海尔，真诚到永远”的广告语

5．以下有关国际广告创意要求的说法错误的有（　　）。

A．国际广告必须要考虑目标市场的经济环境

B．国际广告不一定必须适应目标市场的语言文化

C．国际广告必须尊重目标市场所在国家或地区民众的宗教信仰

D．国际广告必须要接受母国或地区对广告的管制

E．国际广告的一切出发点是符合母国或地区的文化

三、简答及论述题

1．何谓国际广告？其发布途径主要有哪些？

2．何谓国际广告创意的本土化策略？

3．国际广告创意策略实施的原则有哪些？

4．试论述选择国际广告媒体时应考虑的因素。

综合案例

“恐惧斗室”广告事件

篮球运动员勒布朗·詹姆斯代言的某运动品牌广告《恐惧斗室》在中国播出后引发争议，最后被禁播，成为国际广告的一个失败案例。

该广告画面大气磅礴，情节生动连贯，沉稳而不失个性。它鼓励亚洲青少年直面恐惧，勇往直前，

表现个人篮球风格。

这则广告失败在未对中国本土的文化和历史进行思量。广告的 3 个镜头都表现出对中国文化的"怠慢"：身穿长袍的中国人模样的老者和身穿中国服装的形似飞天的妇女以及两条龙纷纷被詹姆斯打败。也就是说这则广告在市场调查分析这方面没有深入，盲目为广告策略添加创意。

广告活动的目的就是更好地推销产品，所以广告公司应该对推销地所在国家或地区的文化、历史、受众心理有深入研究和深刻了解。

该广告运用这些中国元素，也许本意是为了贴近中国受众心理，但是因为盲目运用，不了解其中深意，所以适得其反。身着长袍的老人在中国一般是值得尊重的，而飞天也是中国经典的艺术形象，龙更是中国的传统图腾，在一定意义上是中华民族的象征，然而这些元素在广告中被丑化，自然会让看广告的中国观众感觉不痛快，从而产生抗拒甚至厌恶心理。

资料来源：百度文库。

问题讨论

1. "恐惧斗室"广告被停止播放的原因是什么？
2. 在国际广告的创意打造、设计、制作、发布过程中，企业需要注意哪些问题？

参考文献

[1] 严学军，汪涛．广告策划与管理．3 版．北京：高等教育出版社，2015.

[2] 周茂君．广告管理学．3 版．武汉：武汉大学出版社，2012.

[3] 崔晓文．广告学概论．北京：清华大学出版社，2009.

[4] 维尔斯．广告学：原理与实务．桂世河，王长征，译．北京：中国人民大学出版社，2009.

[5] 蔡嘉清．广告学教程．4 版．北京：北京大学出版社，2015.

[6] 陈培爱．中外广告史教程．北京：中央广播电视大学出版社，2007.

[7] 袁安府．现代广告学导论．杭州：浙江大学出版社，2007.

[8] 史晓燕，单春晓．网络广告设计与制作．武汉：华中科技大学出版社，2014.

[9] 尚恒志．网络与新媒体广告．北京：北京大学出版社，2018.

[10] 李宝元．广告学教程．3 版．北京：人民邮电出版社，2010.

[11] 丁俊杰，初广志．中国广告传播研究轨迹．北京：中国传媒大学出版社，2015.

[12] 李静．影视广告设计．北京：人民邮电出版社，2016.

[13] 李东进，秦勇，陈爽．市场营销．北京：人民邮电出版社，2021.

[14] 庞隽，毕圣．广告诉求：品牌来源国刻板印象匹配度对品牌态度的影响机制．心理学报，2015，47（3）：406-416.

[15] 李东进．消费者搜寻信息努力与影响因素的实证研究：以广告媒体为中心．南开管理评论，2000，3（4）：52-59.

[16] 李儒俊．从网络定制剧看广告植入．东南传播，2015（1）：107-109.

[17] 张志，陆亚明，孙健．新媒体广告．北京：人民邮电出版社，2021.